本书由 2013 年度国家出版基金・丝绸之路大项目
（项目批号：13×ZD011）资助

本书由 2013 年度国家社会科学基金重大项目
（项目批准号：13&ZD011）资助

廉政理论与实践丛书　黄先耀　郑德涛　主编
廉政研究学术系列　倪星　主编

Measuring Corruption

测量腐败

（澳）查尔斯·桑普福德（Charles Sampford）
（澳）亚瑟·沙克洛克　（Arthur Shacklock）　主编
（澳）卡梅尔·康纳斯（Carmel Connors）
（英）弗雷德里克·加尔东（Fredrik Galtung）

李泉　译

中山大学出版社
SUN YAT-SEN UNIVERSITY PRESS

·广州·

版权所有　翻印必究

图书在版编目（CIP）数据

测量腐败／（澳）桑普福德（Sampford, C.），（澳）沙克洛克（Shacklock, A.），（澳）康纳斯（Connors, C.），（英）加尔东（Galtung, F.）主编；李泉译．—广州：中山大学出版社，2016.7
ISBN 978-7-306-05548-4

Ⅰ．①测… Ⅱ．①桑… ②沙… ③康… ④加… ⑤李… Ⅲ．①反腐倡廉—研究—世界 Ⅳ．①D523.4

中国版本图书馆 CIP 数据核字（2015）第 289189 号

Measuring Corruption 1st Edition / Edited by Charles Sampford, Arthur Shacklock, Carmel Connors and Fredrik Galtung / ISBN: 0-7546-2405-6

Copyright© 2006 by Ashgate Press.
Authorized translation from English language edition published by Ashgate Press, part of Taylor & Francis Group LLC; All rights reserved; 本书原版由 Taylor & Francis 出版集团旗下，Ashgate 出版公司出版，并经其授权翻译出版。版权所有，侵权必究。

Sun Yat-sen University Press is authorized to publish and distribute exclusively the Chinese (Simplified Characters) language edition. This edition is authorized for sale throughout Mainland of China. No part of the publication may be reproduced or distributed by any means, or stored in a database or retrieval system, without the prior written permission of the publisher. 本书中文简体翻译版授权由中山大学出版社独家出版并限在中国大陆地区销售，未经出版者书面许可，不得以任何方式复制或发行本书的任何部分。

Copies of this book sold without a Taylor & Francis sticker on the cover are unauthorized and illegal. 本书封面贴有 Taylor & Francis 公司防伪标签，无标签者不得销售。

出版外国图书合同登记号：19-2016-051

测量腐败　CELIANG FUBAI

出版人：	徐　劲
策划编辑：	嵇春霞　王　睿
责任编辑：	王　睿
封面设计：	林绵华
责任校对：	陈　霞
责任技编：	何雅涛
出版发行：	中山大学出版社
电　　话：	编辑部 020-84111996，84111997，84113349，84110779
	发行部 020-84111998，84111981，84111160
地　　址：	广州市新港西路 135 号
邮　　编：	510275　传　真：020-84036565
网　　址：	http://www.zsup.com.cn　E-mail：zdcbs@mail.sysu.edu.cn
印　刷　者：	虎彩印艺股份有限公司
规　　格：	787mm×1092mm　1/16　18 印张　373 千字
版次印次：	2016 年 7 月第 1 版　2016 年 11 月第 2 次印刷
定　　价：	42.00 元

如发现本书因印装质量影响阅读，请与出版社发行部联系调换

"廉政理论与实践丛书"编委会

主　　编	黄先耀　郑德涛
执行主编	王兴宁　喻世友
编　　委	（按姓氏拼音排序）

陈伟东　公　婷　何少青　黄　力　黄先耀
李成言　刘连生　马国泉　马　骏　倪　星
任建明　王兴宁　肖　滨　杨　飞　喻世友
曾凡瑞　郑德涛

"廉政研究前沿译丛系列"编委会

主　　编	倪　星
编　　委	（按姓氏拼音排序）

陈国权　杜创国　杜治洲　公　婷　过　勇　何增科
李成言　李胜兰　刘　恒　马国泉　马　骏　毛昭晖
倪　星　肖　滨　张增田

作者简介

A. J. 布朗（A. J. Brown BA LLB PhD）

格里菲斯大学法学院的高级讲师和资深研究员，宪法律师、政治学家，曾在联邦与州政府、司法系统工作；教授和研究宪法理论、公共责任和环境政策。

卡梅尔·康纳斯（Carmel Connors）

格里菲斯大学伦理、法律、公平与治理研究中心的高级研究助理兼出版经理，对于激励伦理和挑战腐败做出突出贡献（Noel Preston and CharlesSampford，Federation Press，2002）；《公共部门中的管理、组织和道德》（Patrick Bishop and Charles Sampford，Ashgate，2003）的参编人。

尼克·邓肯（Nick Duncan）

尼克·邓肯研究中心同发展研究学院、东英格兰大学、MA发展经济学中心、东英格兰大学腐败研究中心的创始主持人；尼克与杜塔（Indranil Dutta）皆是即将召开的"世界发展、分析与测量腐败专刊"的编辑；在参与学术研究之前，曾在国际商务中担任职务，是2002年"再建及构建腐败"国际会议组织者。其研究兴趣为分析和测量腐败问题。

弗雷德里克·加尔东（Fredrik Galtung）

透明国际的创始人以及研究部负责人，自2003年10月，弗雷德里克与杰里米教皇（Jeremy Pope）共同担任TIRI（治理访问学习网）董事；过去十年，弗雷德里克为各国政府、国际组织（欧洲理事会，世界银行，联合国秘书处、开发计划署、教科文组织、儿童基金会、毒品和犯罪问题研究中心等联合国办事处)、数家企业(尤其是在医药和国防领域),以及基金会和政府及发展机构提供战略性腐败控制的咨询服务;TIRI 与中欧大学联合举办的公共诚信教育网负责人。

安吉拉·戈培(Angela Gorta PhD)

新南威尔士州警务人员廉政委员会(总部设在悉尼)研究理事;曾在麦考瑞大学教授心理学和统计学,研究犯罪学十几年,并在过去十一年中与新南威尔士州独立委员会的廉政公署和新南威尔士州警务人员廉政委员一起致力于减少公共部门的腐败。

里奥·胡博思(Leo Huberts)

公共行政与治理品质教授,任教于荷兰阿姆斯特丹自由大学公共行政和组织科学系。

约翰兰·布斯多夫(Johann Graf Lambsdorff)

德国帕绍大学经济学理论首席专家,透明国际的高级研究顾问;已有关于腐败、制度经济学和金融经济学方面的多部著作。

帕特·朗色瑟(Petter Langseth PhD)

联合国维也纳办事处、毒品控制与犯罪预防中心、国际犯罪预防中心预防腐败全球计划的项目负责人,曾任世界银行公共部门管理领域的高级研究员。

卡琳·拉斯瑟真(Karin Lasthuizen)

荷兰阿姆斯特丹自由大学治理品质研究团队成员。

李少光(Ambrose Lee)

香港大学理学学士,在清华大学、哈佛大学、牛津大学接受过专业培训;香港特别行政区廉政公署前任专员;香港特别行政区安全部秘书;2003 年 8 月担任香港特别行政区最高决策机构执行委员会会员。

威廉·米勒 [William L. Miller MA（Edinburgh）PhD（Newcastle）FBAFRSE]

格拉斯哥大学爱德华·凯尔德政治学教授；研究领域为东欧、西欧（包括英国）与东亚的政治行为和公众舆论，尤其是选举、投票与媒体的特别参考，民主价值、公民权利与腐败；移民、种族与身份；全球化与公众、政府官员和民选代表冲突的关系。

艾琳娜·潘妮费罗法（Elena A. Panifilova）

反腐败研究中心的总负责人，俄罗斯透明国际的倡导者；毕业于国立莫斯科大学政治科学系与外交学院政治科学系国际发展方向；任职于经济与合作组织（OECD），之前曾是自由的政治专栏作家。

卡雷尔·彼得斯（Carel Peeters）

荷兰阿姆斯特丹自由大学治理品质研究团队成员。

马克·菲利普（Mark Philp MA MPhil DPhil）

牛津大学奥里尔学院辅导员、CUF政治学讲师兼系主任，研究兴趣包括政治理论、腐败、公共生活准则及政治思想史。

查尔斯·桑普福德（Charles Sampford）

1991年担任格里菲斯大学法学教授兼基金会会长，之后又担任伦理、法律、公平与治理研究中心主任以及由联合国大学和格里菲斯大学联合倡议建立的伦理、治理与法律研究机构的负责人。其文章涉及法学、法律教育及应用伦理学等80篇，并已有18部书和编著。共获得1200多万美金的研究基金、奖金（包括牛津大学圣约翰学院1997年度高级访问学者奖和哈佛大学2000年度富布莱特高级研究员奖）；英国及澳大利亚的企业、政府和议会各委员会都争相聘任其为顾问。

1998年9月，应世界银行之邀前往印度尼西亚协助政府进行改革以应对腐败；自2002年年初开始，成为马德琳·奥尔布赖特（Madeleine Albright）主持的应对威胁民主工作组的成员。2004年9月，查尔斯为新一届ARC治理研究网络的会议召集人。

亚瑟·沙克洛克（Arthur Shacklock PhD）

格里菲斯大学伦理、法律、公平与治理研究中心高级研究员兼"诚信与反腐败研究"的项目负责人，富有人力资源管理经验并在澳大利亚及西澳大利亚公共服务机构担任管理者和政策顾问。其研究领域为组织伦理、领导能力与人力资源管理。

戈帕库玛·坦比（Gopakumar K. Thampi PhD）

印度公共事务基金会的项目主席，前透明国际驻亚洲执行主任。

锡塔·塞卡尔（Sita Sekhar）

班加罗尔公共事务研究中心的首席研究专家。

安妮·魏格乐（Anne Waiguru MA Econ. Policy）

透明国际驻肯尼亚的研究人员，透明国际研究顾问大卫博士（DavidNdii）"肯尼亚城市贿赂指标研究"的首席助理；肯尼亚领袖学院（林德仕研究院）的项目顾问。

致　　谢

本书是透明国际和格里菲斯大学伦理、法律、公平与治理研究中心合作的成果。

透明国际在反腐败发展战略中享有盛誉。透明国际作为唯一的非政府间国际反腐败组织，形成了民间社会、商界和政府的强力联盟。透明国际通过国际秘书处和世界上 80 多个独立国家的分会的不懈努力，无论是在国家还是在国际层面上都有效遏制了腐败加深的趋势。在国际舞台上，透明国际致力于提高国际社会对于腐败及其危害之意识，倡导政策改革，促进落实国际多边条约，督促政府、企业及银行落实其反腐承诺。透明国际专注于预防腐败和改革系统以期获得反腐败的长期效益。

格里菲斯大学伦理、法律、公平与治理研究中心通过理论工作者和实践工作者在法律、伦理、政治和犯罪领域的活动应对自由民主的价值观及其体制受到的挑战，这种方式极富特色并有显著影响。它通过一系列的研究项目、咨询服务及为项目提供资金支持以实现其机构目标。

澳大利亚研究理事会的"工业、研究和培训"战略合作伙伴（SPIRT）及透明国际为该项目提供了资金支持，并资助了测量腐败指标的开发及利用，包括计算腐败指数、抵制腐败。

目录

译者序 / Ⅰ
序言 / Ⅳ

导　论
　　亚瑟·沙克洛克　查尔斯·桑普福德　卡梅尔·康纳斯 / 001

第一部分　确定问题

第一章　腐败测量
　　　　帕特·朗色瑟 / 007

第二章　腐败的定义与测量
　　　　马克·菲利普 / 039

第三章　我们试图测量什么？回顾腐败定义的基础
　　　　A. J. 布朗 / 050

第四章　测量腐败
　　　　——客观指标的有效性和精确度
　　　　约翰兰·布斯多夫 / 074

第五章　测量不能测量的
　　　　——（宏观）腐败指标的边界与功能
　　　　弗雷德里克·加尔东 / 092

第六章　基于非感知的腐败测量
　　　　——从政策的视角回顾问题和方法
　　　　尼克·邓肯 / 121

第七章　感知、经历和谎言
　　　　——用什么测量腐败？腐败的测量方法用于测量什么
　　　　威廉·米勒 / 150

第二部分　案例研究

第八章　俄罗斯区域腐败指数

　　　　　艾琳娜·潘妮费罗法／173

第九章　腐败风险区和腐败抵制

　　　　　安吉拉·戈培／185

第十章　公众

　　　　　——反腐败的伙伴

　　　　　李少光／201

第十一章　公民报告卡

　　　　　戈帕库玛·坦比　锡塔·塞卡尔／213

第十二章　腐败与政治庇护

　　　　　——肯尼亚的"Harambee"

　　　　　安妮·魏格乐／227

第十三章　测量腐败

　　　　　——对冰山的探索

　　　　　里奥·胡博思　卡琳·拉斯瑟真　卡雷尔·彼得斯／240

译者序

20世纪70年代末以来，伴随着我国快速的经济转轨和社会转型，腐败与反腐败问题日益突出，已经成为影响国家治理、政权建设和社会和谐发展的重要议题。近些年来腐败形势趋于严峻，引起了国内外学者的高度关注。来自不同学科领域的学者们纷纷介入廉政研究，从各自的学科视角和逻辑进路出发，对中国当前的腐败与反腐败问题进行探索。在目前腐败研究领域中一个基本的也是极为重要的一个问题是：在中国当代的经济社会转型过程中，腐败活动的规模及其所造成的影响如何？在这个问题上，尽管西方学界有人提出腐败可能成为经济社会发展的"润滑剂"的观点，但这一观点并未得到学者们的支持。国内学者们对此普遍坚持的看法则是，腐败对中国社会、经济、政治环境和秩序的侵害是全方位的。首先，腐败是经济发展的障碍、社会不稳定的根源并会导致政府效率的下降。其次，对社会整体而言，腐败不仅不会创造新的社会财富，而且会将大量的社会财富从广大消费者转移到少数垄断生产者，或将大量的国家财政收入和支出、国有资产、公共资源转移给少数腐败分子、特殊利益集团及其利益相关者身上。此外，腐败在加剧社会不公的同时，也对中国经济增长和社会发展及人民生活福祉产生了巨大危害，并对中国的社会稳定、长治久安构成了巨大隐患。

上述学理分析和定性判断，需要坚实的数据支持和经验确证。因此，对中国腐败规模和影响的量化估算得到了学者们的重视。这项估算研究在学界往往就是以寻租理论为基础展开的。早在20世纪80年代，胡和立就对我国价格双轨制时期的腐败活动金额进行了初步估算。他认为在半统制半市场的双轨制下，广泛存在着各种资源（如商品、资金、外汇）平价与市价的差价。1987年存在的这种差价高达2000亿元以上，约占整个国民收入的20%，即使腐败干部通过滥用权力攫取这种差价收入的5%，受贿金额也在100亿元以上。1988年价差、利差和汇差为当年数额最大的三项租金，连同其他杂项租金，总额估计在4000多亿元，占当年国民收入的40%左右。① 随后，万安培对90年代中我国的租金规模进行了估算，将各项租金予以加总，得出结论认为，1992年的租金价值为6343.7亿元，占当年国民收入的32.3%，而1996年的租金总额为6229亿元，租金额与1992年大致相当。他据此认为，从80年代末以来，我国每年的租金流失如果均

---

① 参见胡和立《1988年我国租金价值的估算》，载《经济社会体制比较》1989年第5期，第10~15页。

以5000亿元计算的话，8年就是40000亿元的天文数字。即使只有1/8的比例落入个人腰包，也会培育出50万个"灰黑色"的隐性百万富翁。① 此外，根据胡鞍钢的估算，在20世纪90年代后半期（1995年至1999年），腐败造成的经济损失和消费者福利损失平均每年都在9875亿~12570亿元之间，占全国GDP总量的13.2%~16.8%。②

新世纪伊始，国内学者则开始采用多种来源的数据和综合性方法对腐败规模进行测算。例如，倪星、王立京尝试从我国官方公布的腐败案件、腐败黑数和破案率，以及经济转型过程中各类租金的规模来测量腐败的规模和损失。③ 吴一平则利用我国检察机关和法院审查腐败案件数据，对中国腐败活动的后果进行估算。结果显示：腐败程度呈不断加深的趋势，腐败黑数也在不断扩大，反映出中国反腐败机构本身也存在着严重的腐败问题，反腐败机构及其执行者反而被腐败者所俘获，形成了集体腐败。④ 此外，有学者考虑了除政府腐败之外的金融腐败的宏观经济成本，认为金融机构的寻租扭曲了资源价格，进而造成了金融资源使用效率的低下。⑤ 值得指出的是，上述学者们在研究中使用的大多为客观测量法，但由于统计方法的局限和腐败黑数的存在，在操作中难以对腐败程度做出比较精确的测量。为了克服这种困难，任健明结合透明国际和中国香港的最新测评实践，提出了一种新型的行为测量法。⑥ 这项方法为推进廉政风险水平的测量实践做了可贵的创新尝试。

综观过去20多年学界关于腐败规模和影响的讨论，可以发现，学者们取得了丰富的成果。但是从方法论角度来看，关于测量腐败方法的专门讨论和研究还处在初步阶段，有待新一代学者的继续深化和拓展。基于这样的考虑，我们选择推出了《廉政研究前沿译丛系列》，聚焦国际上廉政方面的最新理论研究成果和行之有效的实践经验，为中国廉政理论研究和实践进展提供参考。作为这套系列丛书的第一本译作，《测量腐败》将该领域目前国际前沿的研究成果介绍给国内学界，希望借此可以有效推动学者们开发设计出更加科学、完备和符合我国国情的腐败测量方法。

《测量腐败》一书汇集了来自不同国家（地区）的腐败测量专家和重要学者的论文，他们针对透明国际（Transparency International）开发的"腐败感知指数

---

① 参见万安培《租金规模的动态考察》，载《经济研究》1995年第2期，第75~80页。
② 参见胡鞍钢《腐败造成了多少经济损失》，载《中国改革》2002年第5期，第36~37页。
③ 参见倪星、王立京《中国腐败现状的测量与腐败后果的估算》，载《江汉论坛》2004年第10期，第18~21页。
④ 参见吴一平《经济转轨、集体腐败与政治改革》，载《当代经济科学》2005年第27期。
⑤ 参见谢平、陆磊《金融腐败：非规范融资行为的交易特征和体制动因》，载《经济研究》2003年第6期。
⑥ 参见任建明《廉政风险水平测量方法的研究》，载《北京航空航天大学学报》（社会科学版）2013年第1期，第6~11页。

（Corruption Perception Index，CPI）"和"受贿感知指数（Bribery Perception Index，BPI）"等国际主流方法的利弊展开了严肃的检讨和反思。全书聚焦的问题主要包括：这些方法在何种程度上可以成为测量腐败的可靠方法；基于历年调查问卷采集的数据是否足够反映腐败活动的变化；腐败测量的结果如何为反腐败工作的成效提供有价值的参考等等。可以说，在尝试回答这些问题的过程中，书中的作者们不仅展现出了各地测量腐败和反腐败的经验与教训，而且为我们提供了富有借鉴意义的理论框架和分析方法。

  本书的中文译本得以在国内面世，并推向学术界同仁，首先要感谢香港城市大学公共政策学系公婷教授的热情推荐。在历时近两年的翻译过程中，我们得到了中山大学政治与公共事务管理学院在读硕士研究生陈珊珊、刘雅文、杨远立、李俊贤四位同学的积极协助。最后，我们还要感谢公婷教授及其研究助理邓丽君博士，以及美国加州州立大学洛杉矶分校政治科学系马国泉教授所承担的校订工作，是他们在繁忙科研工作之外的倾力付出使本书中译本的质量有了可靠保障。尽管如此，囿于译者自身学识和语言能力的局限，书中难免会出现个别疏漏，盼望学界同行和广大读者予以指正。

中山大学政治与公共事务管理学院政治科学系讲师、
中山大学廉政与治理研究中心研究员李泉
2015年6月

序　言

十多年的反腐败运动清楚表明，腐败测量对于实现治理更好的品质、透明度和问责性都是必要的。只有摸清腐败的底——存在多少腐败、在哪些地区、后果将会如何，我们才可以制定出所需的政策应对腐败。"测量的必要性"是持续不断的，然而，或者现有的测量手段不总是能够适用，或者测量腐败缺乏资金，从长远来看，也许两者兼有。

在这个意义上说，本书的所有作者已经形成一股渺小却蓬勃发展的挑战腐败测量研究的力量。透明国际所有人员作为全球反腐败运动的积极分子，许多人为本书已经贡献了腐败测量研究前沿的真知灼见——寻找新方法、新手段识别和评估腐败，并铲除腐败。

贯穿腐败测量研究的一个主要挑战是为了限定测量指标，怎样定义腐败现象。虽然理想的定义还未达成一致，但是透明国际给出的腐败是"为谋取私利滥用公权力"的定义为测量腐败奠定了广阔的框架，即集中于行贿、裙带关系和利益冲突等非道德行为和做法。同时，其他诸如缺乏公信力等相关现象的测量也可以帮助我们理解腐败。然而，正如许多学者所坚称的那样，现有的腐败定义所限定的规范迫使我们不仅要仔细考虑我们在测量什么（指标），而且考虑我们从哪里开始测量，因为这两者本身就是相辅相成的。

调查工作仍然使用现有的测量工具，但是测量腐败的方法却千变万化。考虑到腐败测量的困难——从缺乏数据到某些测量方法施行成本过高——仍然存在，有必要在这个领域引入实用主义和代理概念。虽然感知指数尤其是作为全球比较腐败的测量工具，具有很大的价值，但是其结果尚不足以运用于特定目的，比如说诊断。正如文中许多作者指出的，对腐败进行三个维度的测量是必要的——自上而下、自下而上地反映主观和客观的数据——尽可能展现这个问题的全貌。与此同时，目的必须佐证手段——所有测量工具必须考虑需要达到什么样的目标，以及怎样做才能有助于更好地理解腐败并制定对症下药的改革政策。

透明国际已经引入测量链的概念帮助我们在政策和倡导框架中嵌入腐败研究工具。该测量链包括：①确保测量工具得有所用；②适应当地条件；③实现其价值；④处理、交流其结果；⑤评估测量工具造成的影响。这种模型的发展和运用已经引起透明国际测量工具的创新和相互补充的巨大变化。同时，该测量链识别测量影响的评估需求，正如透明国际的清廉指数在过去十年所展现的一样，具有实质性的价值。

毫无疑问，如果我们需要应对腐败这种最"隐蔽"的现象，那么腐败的测量必须长期坚持并不断进步。本书获得透明国际和格里菲斯大学的主要研究中心合作项目的资助，说明众多的学者和活动家都怀有对腐败进行测量的浓厚兴趣。改进测量工具的本质在于提高测量的清晰度和准确度，但更重要的是引起学术界的共同探讨。为了世界各地深受腐败戕害的人民，我们有义务、有责任做得更多，做得更好。

罗宾·霍迪斯
政策与研究总监
透明国际

导 论

亚瑟·沙克洛克　查尔斯·桑普福德　卡梅尔·康纳斯

为什么要测量腐败

腐败不仅破坏社会的公平、稳定和效率，而且削弱社会持续发展的能力。个人贿赂的程度和腐败的发生率，只不过是腐败深层扭曲的症状。贿赂，使公共资源装进私人腰包，可谓非常严重的行为。然而，更甚者是腐败收入影响着政府官员的政策决定。

腐败扭曲了采购过程，导致许多发展中国家由于选择不经济的"白象"项目（西方谚语，泛指庞大、无用而累赘的东西，这里指需要高额成本维护而实际上无利可图的投资项目）而背上了无法偿还的债务。如果腐败不能得到控制，民主制度和市场经济的生命力就会受到威胁。此外，对腐败的普遍预期会产生一个使腐败愈发频繁的恶性循环。胡作非为会得到回报而诚实守信却受到打击，其结果是，在群众眼中，国家的合法性大打折扣。

腐败行为应该受到打击，不光因为它是一个道德问题（它确实是），也不只是因为它有碍于商业发展（它亦是的），而是因为世界各地的人们，特别是发展中国家和经济转型国家的人们，以这样或那样的方式在为腐败埋单。这并不是说，发达国家就能够负担得起腐败的奢侈，正如在英国、美国和澳大利亚出现的各种丑闻所表明。

随着市场经济日益全球化的步伐，腐败的规模和机会越来越多。公司的规模和财富与国家息息相关，这就为腐败行为提供了资源。国际金融市场的自由化使腐败收益更趋隐蔽。在东、西方私有化的进程中官员们同时掌管着国家的收入和财物，这被视为不可多得的机遇，诱引腐败规模空前发展。

本书源自透明国际（TI）与格里菲斯大学伦理、法律、公平和治理研究中心（KCELJAG）的一个合作项目。透明国际是专业的合作伙伴，获得麦克阿瑟基金会和开放社会研究所（OSI）的资助开展此项目。非常感谢澳大利亚学术研究理事会（ARC）、麦克阿瑟基金会、开放社会研究所和透明国际的鼎力支持。这个项目支持透明国际发展测量腐败的手段——产生了其著名的腐败感知指数（CPI），并增加两个新的手段作为CPI的补充，一为贿赂感知指数（BPI，从2000年起），另一为全球腐败指数（从2003年起）。

概述

本书将考察各种测量腐败的尝试，并探讨这些不同的研究在测量腐败上的可靠性。后面的章节给出了一些来自于特别注重腐败测量的国家的案例研究。

在第一章中，帕特·朗色瑟（Petter Langseth）通过提出基本问题为本书设置了框架——为什么要测量腐败？他认为，腐败问题代表着服务于社会目标的机构里的资源"漏洞"。无论是如合同操纵之类的大规模漏洞，还是小规模的桌底交易，漏洞成为重大腐败和挪用稀缺公共服务资源的沃土。腐败需要测量的另一个原因是，资源不能无限增多，公共服务的使用者有权利知道他们的钱应该购买什么样的服务。朗色瑟论述了其在分析尼日利亚案例中对数据的要求、数据收集方法和适用的评估工具。

研究腐败问题的难点之一在于要对"腐败"做出准确的定义。虽然这看起来似乎是一个语义上的问题，但实际上腐败的定义将最终决定着测量什么以及建立怎样的模型。在第二章中，马克·菲利普（Mark Philp）简要地讨论了与定义"腐败"相关的概念性问题以及在发展评估政治腐败的发生率和严重性的适用手段过程中所遇到的困难。

在第三章中，A. J. 布朗（A. J. Brown）讨论了各种文献中提及过的定义方法和类型。在此章的第一部分，他重点讨论了现存腐败概念中的共性与差异，并描述了现有定义方式变化的轨迹。他在关系/行为方法的基础上，提出了一种新的主要和次要的分类法。布朗认为，虽然这种方法的基本要素不是新的，但它试图找出已经发生的以重组基本工作原则为目的的演变过程。

定义一经确定，就会遇到困难。这些困难包括：如何测量这一现象？更重要的是，腐败可以被测量吗？在第四章里，约翰兰·布斯多夫（Johann Graf Lambsdorff）讨论了透明国际的腐败感知指数（CPI）并深入解释了2002年的指数背后的方法论。腐败感知指数是自1995年以来一直被采用的年度指数。其在全球已经产生相当大的影响，并且主流媒体对这一指数的公布使腐败问题备受关注。

在第五章里，弗雷德里克·加尔东（Frederick Galtung）提出另一种观点。他概述了他所认为的腐败感知指数（CPI）的失败之处。他指出"CPI指数的七个失败之处使这一影响深远的社会指标亟待全面的重新评估和彻底的检查"，他的结论是"……它不应该再以目前的形式被公布出来，因为它实际上在无形中阻碍着改革"。

在第六章中，尼克·邓肯（Nick Duncan）指出以感知为基础的测量措施被广泛应用，并讨论了随之而来的问题。邓肯提出一种"交易网络结构"作为基准去诠释某些技术的适用性和由此带来的方法的综合意义。

在第七章中，威廉·米勒（William L. Miller）的结论是，"最好避免围绕'单一的'腐败定义而辩论"。他建议，比起"腐败"本身，重点应少些放在涵盖一切的概念，多些探讨更具体的、特定的概念。此外，他还认为，"从道义上的谴责中分离出实证研究"是有价值的。他总结说："对腐败的印象或感知，虽然有趣，但不是测量腐败行为的准确方法。然而，以调查为基础的准确的方法，需要明确具体的行为定义以及清晰的问题，并抱持怀疑态度对问题做出回应。"他告诫，不管有什么缺陷，我们都不应该放弃测量腐败行为的尝试。

在腐败问题研究领域内，腐败的地区差异备受关注。下面的章节，对跨国家和地区研究的方向和方法进行了讨论。

在第八章中，艾琳娜·潘妮费罗法（Elena A. Panifilova）探讨了一项由反腐败研究和创新中心（透明国际）进行的民意调查结果。该调查的主要目的是，对俄罗斯联邦及其地区的腐败情况进行多维的描绘。这项调查虽是一项试验性研究，但设想对腐败的范围和结构的变化进行定期监测。

在第九章中，安吉拉·戈塔（Angela Gorta）探讨了新南威尔士州廉政公署所使用的一种实证方法。此方法旨在通过确定腐败的风险，以测量"腐败的阻力"。

在第十章中，李少光（Ambrose Lee）概括了香港廉政公署（ICAC）的工作。廉政公署强调社区参与反腐败的重要性，也特别强调警示性新闻资讯对香港廉政公署的反腐败信息传播的重要性。

在第十一章中，戈帕库玛·坦比（Gopakumar K. Thampi）和锡塔·塞卡尔（Sita Sekhar）探讨了"公民报告卡"在班加罗尔的开发和利用。他们认为，"公民报告卡"为提高公共服务透明度和公众问责提供了一个简单且可推广的工具。该技术提供了一个简单且非常灵活的方式来收集公众的意见，而且在操作层面上而言，可实现对提供的公共服务的比较评估及作其他战略用途。

在第十二章中，安妮·魏格乐（Anne Waiguru）检视了肯尼亚的"Harambee"及其助长政治腐败的倾向。魏格乐为了编制"Harambee"的活动和影响的确切数据进行了试验研究，并为此次研究撰写了报告。

在第十三章中，里奥·胡博思（Leo Huberts）、卡琳·拉斯瑟真（Karin Lasthuizen）和卡雷尔·彼得斯（Carel Peeters）分享了对荷兰腐败问题的研究信息。此章的第一部分，概述了他们的研究所使用的概念和方法。接着是对一些腐败研究项目的讨论。最后一节对研究结果进行了总结，并对所采用方法的有效性进行了反思。这几位作者的结论是："腐败的研究应该包括对不同来源、不同收集方法、不同部门及不同时间点的信息收集和比较。"

第一部分 确定问题

第一部分 概念与回顾

第一章

腐败测量

帕特·朗色瑟①

为什么要测量

从公共服务用户的角度来看，公共服务的低效和不公平是对公共权力的滥用。它们造成了本该用于公众服务系统的资源"流失"。轻微腐败和系统漏洞可能不如腐败大案具新闻价值，但它们为重大腐败创造了一个有利的环境。

但是，如果要求像世界银行这样的开发机构的经理和/或项目工作人员，去查明在其项目和/或客户国家因腐败而造成的"流失"的程度，你可能就会听到一个具新闻价值的故事。问题是，国际援助机构的负责人并没有被要求去确定在其项目中因腐败造成的"流失"程度，但如果要求他们这样做的话，他们可能也并不知道如何来确定这些损失。

腐败说明机构中用于实现社会目标的资源存在"漏洞"。"漏洞"不仅表现在大规模的合同操纵、索取回扣以及滥用或简单地挪用公款，"漏洞"也可以以非正式的收费、关系费或因不提供服务而得来空闲时间等形式出现。桌底交易的用户收费、缺勤、售卖本应免费的药品或肥料，或出售试卷等，都是滥用公共资金谋取私利的表现。

漏洞使已稀缺的公共服务资源被挪用，为重大腐败的发生提供土壤。此外，它是对公众的"重复征税"。在乌干达和坦桑尼亚进行的腐败调查证实，腐败会降低服务的效率。在乌干达，与其他地区的农民相比，在腐败的农业分支机构管

---

① 联合国毒品和犯罪办公室（UNODC）：《全球反腐败计划》（*Global Programme Against Corruption*），文中仅代表作者的观点，而不一定是联合国的。

辖下的农民就不得不为化肥和农药支付更多的费用。此外，他们的生产水平也较低。在坦桑尼亚，住户不得不为取得警方的协助和土地的转让而行贿，但他们发现，贿赂并不能解决他们的问题；使问题更糟的是，警察和土地官员经常接受另一方的贿赂——经常使问题得不到适当的处理（或使问题的处理结果有利于支付最多贿款的那一方）。调查经常会发现这样的事实。

测量腐败的另一个原因是，由于信息的不对称和受限制，资源不能最大化。不对称的一个主要原因是机构信息系统的内省特性。公共服务要求，所有国家实际上都有权利用常规的信息系统所产生的数据。然而，即使在最好的环境中，数据往往是内省的，关注的是机构（学校、诊所或派出所）的观点而非（公共）服务的对象。许多"用户"不会得到服务，因此他们的意见不能被录入一个基于服务的信息系统。此外，因为公共服务的传统规划始于机构而不是公众，因此，它通常不会考虑如服务的覆盖范围或影响等关键问题，至于系统漏洞的问题就更不用说了。

另一个不对称性问题是缺乏基于人们所期望的信息。通常，公共服务的使用者对他们的钱应该购买什么样的服务缺乏确切的想法，因此就任由当地市场状况来决定。此外，因为他们无法判断某一特定服务的不足是由于服务工人造成的，还是由于公共服务投入不足或与系统漏洞相关的原因造成的，因此就难以形成对公共服务的期望。

改革可以进一步加剧他们试图纠正的信息限制。诚然，管理者对于提高公平性、有效性、效率和处理系统漏洞所需的改革往往有一个精确的"布局"，比如精简机构、裁员和重新调整服务目标。然而，提高回应速度和改善服务质量的承诺经常得不到兑现，因为精简机构通常会降低机构在测量服务覆盖率和影响（以及系统漏洞）的能力。

在提供公共服务方面，如果公共服务的管理者要克服信息制约的因素，他们需要回答很多问题。

第一组的问题涉及什么是需要改革的议题。什么是可以改变的？应首先改变什么？所采取的每一个行动会有多少收益？如何测量进度？这些答案的可信度如何？

第二组的问题关注的是某些行动，其中包括以下一些问题：我们是不是应该关注特定的服务供应商？服务使用者中是否存在着格外受系统漏洞损害的特殊群体（典型的分层法是以种族、世代和性别划分）？是否存在着乘数效应，或者说组合行动所产生的效果大于所有单个行动所产生效果的总和？

第三组的问题涉及减少系统漏洞的财务和政治成本。建立利益相关者的信息系统的成本是多少？我们需要等待多久才有回报？有什么证据可以证明社区、选区接受变革，或公众准许变革？提供服务的机构对制度的接受程度有多高？

解决这样的信息不对称和受限制的问题需要一个服务和用户之间的评估界

面：一个把社会各界的意见发展成规划的过程。为了提供这样一个评估界面，一些国家已经设计并实施了关于服务供给的调查。

定义腐败①

目前，关于腐败，没有一个单一的、全面的、被普遍接受的定义。在许多国家里，尝试发展这样的一个定义，总是会遇到法律上的、犯罪学上的和政治上的问题。

2002年年初，开始联合国反腐败公约的谈判时，一个备选方案是根本不给腐败下定义而列出腐败的具体类型或行为。此外，要求各国把腐败定为犯罪的提议主要涉及特定的违法行为或群体违法行为，这些行为的认定取决于所涉及的行为是什么类型、所牵涉的人是否公职人员、是跨境行为还是国外官员牵涉其中，以及案件是否与非法或非正当收入有关。②

许多特定形式的腐败行为已有明确定义和理解，并成为许多法律或学术定义的条目。当中许多也是刑事罪行，尽管在某些情况下，政府认为，用法规或民事法律控制来处理特定形式的腐败会更好。下面关注一些比较常见的腐败形式。

重大腐败和轻微腐败

重大腐败是牵涉到一个国家的政府最高领导层的腐败，将会导致广泛地削弱民众对于善治、法治及经济稳定的信心（罗斯·阿克曼，2000）。轻微腐败则涉及小额的金钱交易、通过优惠待遇给予小恩小惠，或为亲戚朋友安排非重要职位。

重大腐败和轻微腐败之间最关键的区别是，前者扭曲或破坏政府的核心功能，而后者在已建立的治理和社会框架内存在和发展。

"主动"和"被动"的腐败

在交易性罪行（如贿赂）的讨论中，"主动行贿"通常是指提供或支付贿赂，而"被动受贿"是指收受贿赂③。在刑事法律术语中，此术语可用于分辨是特定的腐败行为还是只是意图的或未遂的违法行为。例如，"积极的"腐败包括，所有支付和/或接受贿赂都已发生的情况。这将不包括提供贿赂但不获接纳，

---

① 参见 Langseth. *United Nations Anti Corruption Toolkit*. Vienna, 2003。
② 最初的公约提案是在一个非正式的预备会议上形成的，预备会议于2001年12月4至7日在布宜诺斯艾利斯举行，提案已编写成文件 A/AC/261/3，第1—4部分。提案第一部分定义"腐败"，第二部分说明腐败的犯罪行为。
③ 参见《欧洲刑法腐败公约》（*European Criminal Law Convention on Corruption*）第2条和第3条，ETS #173。

或索贿但没有成功的情况。在结合刑事司法与其他元素制定全面的国家反腐败战略时，这样的区分则不太重要。然而，还是应小心避免混淆这两个概念。

贿赂

贿赂是给予利益从而对一个行动或决定产生不适当的影响。它可以源自寻求或索取贿赂的个人，或源自提供并支付贿赂的个人。贿赂可能是已知的腐败形式中最常见的。在一些国际文书中，在大多数国家的国内法律里，以及在学术刊物中都会有对它的定义或描述[1]。

贿赂中的"利益"，实际上可以是任何诱惑——金钱和贵重物品、公司的股票、内部信息、性或其他好处、娱乐活动、就业安排，当然也包括单纯的奖励承诺。利益可以直接或间接地交给受贿人或第三方，比如朋友、亲戚、合伙人、选定的慈善机构、个人企业、政党或竞选活动。收受贿赂后的行为可以是积极的，如施加行政或政治上的影响力；或者，它也可以是消极的，如无视某些罪行或义务。行贿可能是以个案为基础的，也可能是官员定期收受贿赂的长期权钱交易关系中的环节。

一旦发生了贿赂，它可能会导致其他形式的腐败。收受了贿赂的官员变得更容易受到要挟。大多数国际和国内的法律定义都试图以刑事罪界定贿赂。某些定

---

[1] 定义或判定贿赂负有刑事责任的规定包括：《联合国打击跨国有组织犯罪》（UN Convention Against Transnational Organized Crime）第8条，GA/Res/55/25，附件和1996年3月29日的《美洲国家反腐败公约（美洲国家组织公约）》（Inter-American Convention against Corruption）第Ⅵ条，要求订约方界定，向公职人员提供或公职人员接受不正当利益交换该公职人员在履行公职时作为或不作为的行为为刑事罪行。《经济合作与发展组织（OECD）关于打击在国际商业交易中贿赂外国政府官员的公约》（OECD Convention on Combating Bribery of Foreign Public Officials in International Business Transactions）第1条；《美洲反腐败公约》（Inter-American Convention against Corruption）第Ⅷ，要求订约方界定，在商业交易中，一个国家的国民贿赂另外一个国家的政府官员的行为为刑事罪行。《欧洲联盟关于打击欧共体官员与欧盟各成员国官员腐败的公约》（European Union Convention on the Fight Against Corruption Involving Officials of the European Communities or Officials of Member States of the European Union）第2条和第3条，C类195，25/06/1997，第2—11页（197），要求订约方界定，公职人员索取或收受任何好处或利益交换该公职人员在来换取官方执行公务时作为或不作为（"被动贿赂"），以及承诺或提供任何这样的好处或利益于公职人员（"主动贿赂"）的行为为刑事罪行。《欧洲理事会反腐败刑法公约》（The Council of Europe's Criminal Law Convention on Corruption），ETS第173号（1998），则更进一步界定，尤其是国内公职人员、国际公职人员、国内外公共联会的"积极"和"被动"贿赂行为。《联合国反对国际商业交易中的贪污和贿赂宣言》（Declaration against Corruption Bribery in International Transaction），GA/Res/51/191，附件，1996，呼吁将在国际商业交易中的贪污行为和贿赂外国政府官员的行为界定为刑事罪行；《打击腐败与保障司法和安全官员廉洁的指导原则》（Guiding Principles for Fighting Corruption and Safeguarding Integrity among Justice and Security Officials document），打击腐败斗争的全球论坛（Global Forum on Fighting Corruption），华盛顿，1999年2月24-26日，E/CN.15/1999/CR，第12页，原则4。在这个工具包和CICP的《全球反腐败计划（GPAC）》中使用的定义是，"滥用（公共）权力谋取私利"。《联合国反腐败政策手册》（The United Nations Manual on Anti-Corruption Policy）所讨论的模型的基础论点是，涉及创造利益冲突或利用这些利益的腐败的所有形式已经存在。

义试图把刑事定罪限定在受贿者为公职人员或使公众利益受损的情况下，而其他情况下的贿赂则留待使用非刑事化或非司法的手段来解决。

在必须有公职人员涉案才会认定为贿赂罪的司法管辖区内，违法的贿赂行为通常定义宽泛，并延伸至个人因收受贿赂而在履行公职时受到影响的行为，如履行选举职责或履行陪审员职责。对公共领域的贿赂旨在通过贿赂影响公共事务的结果，它的对象可以是任何有权做出决定或能以行动影响他人的个人，政治家、监管者、执法官员、法官、检察官和监察员都是公共领域贿赂的潜在对象。特定类型的贿赂包括以下八种：

（1）兜售影响力：政府官员、政治或政府内部人士兜售其公职所专有的而外界人士通常不能获取的特权，如接触或影响政府决策。兜售影响力与合法的政治宣传或游说是不同的。

（2）提供或接受不正当礼品、小费、帮助或佣金：在一些国家，政府官员普遍收取小费或赏钱才提供服务。因为酬金和结果之间总有着联系，因此这样的酬金变得难以与受贿或敲诈区分开来。

（3）以避免税负或其他费用为目的的贿赂：征税机构的官员，如税务部门或海关，容易接受贿赂。他们可能会被要求减少或免除大笔的税项或应缴费用；或隐瞒、忽略错误行为的证据，包括税收违法行为或其他犯罪行为。他们可能会被要求忽略非法进口或出口，或者隐瞒、忽视或协助如以洗钱为目的的非法交易。

（4）支持欺诈的贿赂：处理薪资的官员可能被收买参与滥用职权，如加入并给付薪酬于不存在的雇员（"影子工人"）。

（5）以避免刑事责任为目的的贿赂：执法人员、检察官、法官或其他官员可能被收买，以确保犯罪活动不被调查或起诉，或者即使被起诉也有一个有利的结果。

（6）支持利益或资源的不公平竞争的贿赂：负责订立商品或服务合同的公共或私营部门的员工可能被收买，以确保对支付最多贿赂的一方有利的条款并与之订立合同。在某些情况下，贿赂的开支由合同所含的收益支付，这也可被描述为"回扣"或私下的佣金。

（7）私营部门的贿赂：贿赂腐败的银行和金融官员，让他们批准那些不符合基本安全标准且日后无法被收回的贷款，从而对个人、机构和经济造成广泛的经济损失。

（8）以获取机密或"内幕"信息为目的的贿赂：公共部门和私营部门的员工经常被收买，以披露有价值的机密信息，因而危害国家安全和曝光行业秘密。内幕信息被用于不公平的股票或证券交易，并被用于秘密和其他有价值商业信息的交换。

贪污、盗窃和欺诈

在腐败的背景下，贪污、盗窃和欺诈都涉及金钱、财产或有价值的物品被因职务便利而可接触它们的非产权人拿走或转移①。在贪污和盗窃的情况下，受委托看管财物的人侵吞财物。然而，欺诈则是利用虚假或具误导性的资料使产权人自愿放弃财产。例如，官员侵吞和贩卖部分用于赈灾的捐赠物资、食物或医疗用品即为盗窃或贪污行为；而官员通过歪曲或虚报需要救助的人数使援助组织提供超额援助则为欺诈行为。

与贿赂和其他形式的腐败相同，许多国内和国际上关于这些行为的法律定义，都是判定刑事罪行的基础。因此，它们只涵盖了那些涉及公职人员或公众利益受到重大影响的情况。"盗窃"本身远远超出腐败的范畴，其包括了任何非产权人擅取财物的行为。同样以赈灾的捐赠物资为例，一个普通的路人从一辆卡车上偷走了赈灾包裹，这是盗窃行为而非腐败。因为，本质上，"贪污"是受委托看管财物的人偷取了财物，因此，"贪污"一词常被用于腐败案件。在一些法律定义中，"盗窃"仅限于偷取有形之物的行为，如偷取财物或现金，但是，非法律的定义则倾向于涵盖偷取任何有价值东西的行为，包括偷取无形资产，如有价值的信息等。

与腐败相关的盗窃、诈骗和贪污的例子比比皆是。特别是，如果在审计或者监管不足或不存在的情况下，任何负责保管或处理现金、贵重物品或其他有形财产的人，实际上几乎都处于一个可偷取或可协助他人偷取这些东西的位置。有权使用公司或政府经营账户的雇员或官员可进行未经授权的提款或把提款所需的信息告诉他人。诈骗行为的要件更为复杂。官员可能会列出虚假费用；"影子工人"可能会被加入在职员工名单，或加入到假账单中虚报购物、服务或旅行的费用。私人房产的购置或修缮的费用可能会由公共资金支付。公务配置，如汽车，可能会被私用。例如，世界银行资助的车辆，约有 25% 的使用量被用于接送官

---

① 最近一系列国际法律文书都试图确保，订约方在不同程度上具体地涉及这类行为。这些包括《美洲国家组织泛美反腐败公约（1996）》[Organization of American States' Inter – American Convention Against Corruption (1996)]，以及在《欧盟条约（1995）》(European Union's Convention) 中关于保护欧洲共同体的财务利益的第 K.3 条的基础上起草的《欧盟公约》(European Union's Convention)。《泛美公约》(Inter – American Convention) 第 XI 条（1）(b) 和 (d) 款呼吁订约方考虑，把政府官员不当使用或转移政府财物（包括资金和证券）的行为，不论财产转移的人或组织是谁，都界定为刑事罪行，而第 XI 条（1）(a) 款则呼吁订约方考虑，把政府官员不当使用机密信息的行为界定为刑事罪行。第 IX 条要求，受某订约方的宪法和法律体系的基本原则的约束，界定"不当得利"为刑事罪行，意为"公职人员在任职期间与合法收入不相称的大幅增加的个人资产"。论及保护欧洲共同体金融利益免受欺诈和腐败的狭窄区域，《欧盟公约》第 1 条要求订约方，把使用或陈述虚假或错误信息，或隐瞒导致非法挪用欧洲共同体资金或保留资金预算相关信息的行为界定为刑事罪行。对这些文书更详细的分析，参见联合国文件 E／CN.15/2001/3（秘书长关于论述腐败行为的现有国际法律文书的报告）。

员的孩子上学。

敲诈勒索

贿赂涉及使用酬金或其他积极的报酬，而敲诈勒索则涉及依赖强制手段达成合作，如使用暴力、以暴力或揭露具破坏性的信息作威胁。与其他形式的腐败相同，敲诈勒索的"受害者"可能是公众利益或因某个腐败行为或决定而受害的个人。不过，在敲诈勒索案件中，有着一个更深层的"受害者"，即被强迫合作的人。

政府官员或内部人士可以是敲诈勒索的实施者；同时，这样的官员也可以是敲诈勒索的受害者。例如，一个官员可以索取贿款作为其提供帮助的报酬，而一个需要帮助的人也可以用威胁的方式强迫这个官员帮忙。

在某些情况下，敲诈勒索与贿赂仅是在强迫的程度上有所不同。一个医生可能会因病人需要马上就诊而索取贿赂，但是，如果在医疗上必须安排就诊，那么用"敲诈勒索"来描述这种"贿赂"行为更为恰当。在极端情况下，如果通过敲诈勒索的方法而不是法定的医疗优先次序来安排医疗服务的话，重症患者可能会遭受疾病，甚至死亡。

居于有权提出、实施刑事诉讼和处罚位置上的官员经常以起诉或处罚作威胁，以此作为敲诈勒索的基础。在许多国家，人们在牵涉如交通事故等小事当中时，可能会被威胁付费以免遭到更严重的指控。此外，有腐败或其他不当行为的政府官员可能会被威胁支付"掩口费"以免他们的行为被曝光。低级别的敲诈勒索行为在许多国家中广泛存在，如支付"加急费"以确保官员及时审理和决定某些无关重要的事情。

滥用自由裁量权

在某些情况下，腐败可能涉及为个人谋取私利而滥用自由裁量权。例如，负责政府合同的官员可能会行使酌情权，向其本人拥有个人利益的公司购买商品或服务，或提出能增加其个人财产的房地产发展计划。这种滥权往往是与有着广泛的个人自由裁量权但缺乏监督或问责架构的官僚体制有关，或此体制中的决策规则非常复杂，以致任何现存的问责架构都无效。

偏袒和裙带关系

一般情况下，偏袒和裙带关系涉及滥用自由裁量权。然而，这种滥用并非服从于官员自身的利益，而是服从于因某种成员身份而与其相关的某人的利益，如家庭成员、政党成员、部族成员、宗教或其他组织成员。如果某人为求获得聘用而行贿官员，那么这个官员为的是自身的利益。如果腐败官员雇用了一个亲戚，那么他或她的行为是为了增加家庭或这个亲戚（裙带关系）的利益这种较无形的好处。偏袒某人，或者歧视某人，其基础可能是各种不同的群体特征：种族、宗教、地理因素、政治或其他从属关系，以及个人或组织的关系，如友情或俱乐部或协会的成员。

制造或利用利益冲突

联合国的反腐败政策手册提及，大多数腐败的形式都涉及制造或利用腐败者的职业道德与其个人利益之间的冲突。收受贿赂即制造出这样一种利益冲突。大部分的贪污、盗窃或诈骗案件都涉及个人抵受不住诱惑并非法利用已经存在的利益冲突。在公共和私营部门，雇员和官员们日常都会遇到个人利益与其维护国家或雇主的最大利益的职责相冲突的情况。

不当的政治捐献

制定反腐败措施的最大的挑战之一，在于区别对政治组织的合法捐款和用于影响一个政党及其成员当前或将来掌权后的行动而支付的款项。捐献是因为捐赠者支持这个党派和希望增加其当选的机会，这不是腐败；它可能是政治体制的重要组成部分，并且，在一些国家，这是表达意见的基本权利和受宪法保护的政治活动。为了令所支持的政党上台后把捐赠者利益凌驾于公众利益之上而给予的捐赠，无异于贿款。

实践证明，政治捐赠难以规范。捐赠所采取的形式可能是直接的现金支付、低息贷款以及提供商品、服务或有利于相关政党利益的非物质贡献。对付这个问题的一个常用方法是，要求披露捐赠信息以确保透明度，从而确保提供和接受捐赠的双方均负有政治责任。另一种方法是限制捐赠的规模，以防止某一捐助者具有过大的影响力。

对腐败性质和程度的评估

导言

对腐败的性质和程度的评估是用以定量测量一个国家或一个国家某些特定领域的腐败程度。它还对普遍的腐败类型、腐败是如何发生的，以及是什么导致或促成其发生等方面作出定性评估。

通常，这些评估在制定国家反腐败战略之前被使用：

（1）在初期阶段，用于协助制定国家反腐败战略、帮助确定优先次序、对战略所需时间做出初步的估计，以及确定实施战略所需的资源。初步评估应涵盖所有的公共管理部门，如果必要的话，将私营部门也包括进去，以确保没有任何细节被忽略。在这个阶段收集到的数据将是日后进度评估的基准。

（2）在后续阶段，用于协助进行基于起步阶段收集到的基准数据的进度评估、定期提供关于战略要素的实施情况及其反腐作用的信息,以及帮助决定如何调整战略要素/优先次序以应对战略的成功或失败。

(3)用于帮助制定战略及其各要素的明确、合理的目标,并且为这些目标设置可测量的绩效指标。

(4)用于提高关键的利益相关者和公众对腐败的真实性质、程度和影响的认识。提高认识,将有助于加深对反腐败战略的理解、动员支持反腐败举措,以及鼓励和允许人们要求和坚持对公共服务的廉正和绩效的高标准。

(5)用于为其他国家的反腐败工作提供基本的帮助。

所需数据的类型

(1)腐败的发生。这些信息可能包括对公共或私人部门的特定活动、机构或关系的认定。例如,收集到的数据通常是关于特定的政府机构、关系以及如公共服务的人员招聘、商品或服务合同的制定等过程。

(2)腐败的类型。对于什么样的腐败类型目前正在流行的问题,全面的评估工作或者已在进行。然而,通常还需要更细致地关注,在已被认定存在腐败问题的各具体机构、关系或程序中,容易出现的腐败类型分别是什么。例如,研究表明,当公职的任命较多地受到裙带关系影响时,贿赂就成为制定政府合同过程中的一个主要问题。

(3)腐败的成本和影响。对于安排孰重孰轻和动员对反腐败措施的支持,了解腐败带来的相对影响是至关重要的。在可能的情况下,信息应包括直接的经济成本加上对间接给人们带来的无形影响的评估。

(4)促成腐败的有利或相关因素。通常,某特定的腐败事件的发生不是由可识别的单一原因导致的,而是由一系列可识别的因素促成的。举例而言,这些因素一般包括:公职官员因贫穷或社会经济地位低下而更易于接受贿赂;存在特定的腐败势力,如集团犯罪;或者,结构性因素,如过于宽泛的自由裁量权且普遍缺乏监管和问责。对于理解腐败的本质并制定对策,这些因素的相关信息是至关重要的。已知的有利因素的存在,可能也会促使研究人员或调查人员找出先前未知的或预料不到的腐败事件。

(5)参与者与受影响者对腐败的认知。所有对腐败的评估都应包括客观的测量(关于实际发生了什么事情)和主观评估(关于参与者如何看待或理解正在发生的事情)。我们需要这些方面的信息,因为人们的认知决定着他们对反腐败措施的反应。应对以下各具体领域进行研究:

1)参与者(罪犯、受害者和其他)对于所发生的腐败类型的看法。

2)参与者对于相关的行为规则和标准以及腐败是否违反哪些标准的看法。

3)参与者对于腐败行为所带来的实际影响和效果的看法。

4) 参与者的其他一些看法，如怎样应对腐败，以及针对他们的特定情况，在现有的补救措施中，哪些可能是有用的，哪些可能是无用的。

收集数据的方法

腐败本质上是一种隐秘的活动。这一本质使有关腐败的准确信息变得难以获取，并使许多参与者有了提供歪曲或虚假信息的动机。因此，要获得准确的评估，至关重要的是，从尽可能多的渠道获取信息并确保信息来源及所采用的信息收集方法的多样性。这样可以发现由于篡改信息而导致的偏见或错误，以及抽样或其他方面存在的问题，并仔细考虑或排除这两个方面影响。收集信息的主要技术包括：

（1）书面材料审查。通常，从现有的原始资料中收集尽可能多的数据是一个开始的步骤：学者、利益集团、政府官员、审计长或监察员以往所做的研究或评估，以及来自媒体报道的信息。

（2）调查。调查是评估的重要手段。调查收集的信息来源于问卷的书面回复或口头访谈。它们可能直接在一般人群中进行，或者也可能为了与其他样本进行比较而在专门选取的样本中进行。它们搜集可能是客观的数据（例如，受访者所知道的腐败的性质或腐败事件的发生率），也可能是主观的数据（受访者的意见、看法或观点）。

从调查中可以获得各种各样的数据，如腐败的类型、性质、程度和地点，反腐败措施的效果，以及公众对以上各点的认知。然而，在调查中仍需要相当的专业知识以确保数据收集的有效性及能对数据做出正确的解释。

进行调查时，从人群中选择有代表性的样本是重要的一环，因为样本的性质是评估调查结果的一个主要因素。某项公众调查可能显示，只有一小部分的人经历过公共部门的腐败；但如果样本来自那些与政府有联系的部门、特定的政府领域或过程，如就业或承包，结果可能就会不一样。由来自政府内部人士的样本与来自外界的样本所得出的结果也可能不同。

从不同的样本中获取数据进行比较，是此类研究中一个有价值的组成部分，但是，首先必须正确地选取和识别所用的样本，这些比较才可能有效。必须注意，对于一般的民意调查，样本要从各个领域的人群中选取。一个常见的错误是，由于花费较少便可与城镇居民取得联系，因而导致在城镇地区采样过多而在农村或边远地区采样过少。如果，在腐败的现实或对腐败的认知方面，城市和农村之间存在着差异，那么就不能得出有效的调查结果。例如，要征询用户对某一特定服务的意见，在较窄的范围内选取的样本也必须涵盖各方面的服务用户。匿名和保密性也是重要的，假如腐败官员担心受到纪律处分或刑事处罚，他们将不会提供信息，同时，许多受害人也可能担心提供信息会遭到报复。

调查工具的制订是至关重要的。不论受访者的家庭背景或受教育水平如何，提出的问题必须是所有受访者都能明白的,所有的受访者都不会对问题产生歧义。遇到许多受访者都是文盲或无法完成书面问卷的情况时,经常会改用电话或个人访谈的方式。在这些情况下,至关重要的一点是,对访问员进行训练,以确保他们在发问每一个相同的问题时,统一使用相同的术语。

（3）焦点小组。焦点小组是在国家评估中使用的另一种诊断技术,政府和社会的目标利益群体借此进行深入的讨论。该技术通常会产生定性的而不是定量的评估结果,包括关于对腐败的看法、腐败的原因的详细信息,以及关于政府如何打击腐败的宝贵意见。各焦点小组的特定议程可以提前安排好,也可以由各小组于开始运作时自行制定或通过提前征询与会者意见自行制定。焦点小组也可用于一般性的初步评估,作为深入研究的基础,但不应该是进行此类评估的唯一方法。例如,由法官组成的焦点小组对于深入研究法律或刑事司法系统中的腐败可能非常有用,然而,由执法人员、检察官或法院官员等其他人员组成,则可能带来不同的结果。

（4）案例研究。基本的定量和定性评估可以确定腐败的程度及其发生的地点,在此基础上,通过案例研究可以获得更详细的定性信息。选定具体的腐败事件并对其进行详细的考察,以了解其中的腐败类型,以及事件究竟是如何发生的、谁参与了其中、以何种方式参与、事件带来了什么影响、结果怎样,所采取的各种行动有什么效果。尽管其他可靠的来源也可用于信息收集,如法院文件或报告,但信息通常还是通过采访有关人士收集而来的。对于腐败过程的评估,以及参与者、观察员与其他人之间的关系的评估、腐败的诱因之间的关系的评估,案例研究特别有用。对于官员和公众的腐败教育,它们也有用。与其他领域的研究相同,慎重选取案例也是重要的。例如,可以选取某一特定问题的典型例子,或者努力选出可用作例证的一系列案例,对某一特定问题或腐败作全面的阐释。

（5）实地观察。可以派观察员直接监测具体的活动。如果他们受过良好的训练,他们可以得到非常详尽的信息。然而,实地观察由于成本过高和耗时过长而难以广泛应用;通常,它较普遍地被局限于用作跟进其他方法和深入考察某些特定的问题领域。

派实地观察员去收集和报告被观察活动的各方面信息,可以得到通过其他大多数方法都不能获得的数据。例如,公职人员与公众互动的速度、效率或举止。最近有一个例子,作为对尼日利亚法官的廉洁和能力进行综合评估的一部分,实地观察员出席法庭,并报告法官们是否按时休庭以及他们每天开庭的实际时数。

在许多情况下,可能难以分清是使用观察员还是调查行动,前者的作用仅仅是为研究收集数据,而后者的作用则是找出做了坏事的人并为起诉或实施纪律处分收集证据。现实中,观察员往往是十分低调或匿名地开展工作,从而确保他们的出现不会影响观察中的行为。在宪法或法律上对刑事调查都有限制的国家工作的官员应该牢记,这些限制可能也适用于秘密或匿名观察,或也可能被用作防止这样得来的信息随后用于起诉犯人。如果发现有严重问题，观察员应得到适当的规则或指引，以明确是否需要或何时知会执法机关。

（6）对法律和其他条款及其操作的专业评估。在大多数国家，刑法和行政法的规定都旨在预防、阻止或控制各种已经存在的腐败行为，包括刑事罪行、违反专业行为规范或操作标准等。其中，最重要的条款通常包括：刑事罪行，如贿赂；公共服务规则，如关于信息披露和利益冲突的规定；监管重点专业人士的规章和操作守则，如适用于律师和会计师的条款。在其他行业，如医疗或工程专业和保险业，也可能有包含反腐措施的法规或标准。这些规定由具有专业资格并独立于被审查部门或团体之外的研究人员指导汇编而成，可对其进行一次评估。如适用，专业团体也可对其进行审查并作审查报告。

应该把审查结果汇编成一张完整的反腐措施清单，然后可作以下用途：

1) 各个部门逐一与清单进行比较，以确定该部门是否缺少其他部门已有的措施，如缺少，是否应该把它们补充进去。

2) 比较不同部门中相等或相似的措施，以确定哪一项最有效并向其他部门提出改善建议。

3) 一旦某些措施被确定下来，即对业内人士和他们的客户进行调查，以评估他们的意见，从而了解每项措施是否都有效；如果无效，为什么无效。

4) 发现差距与不一致的地方，并使差距缩小或令不一致处得到调整。

应对整个反腐败的立法框架进行评估，这将需要事先考虑哪些法律可以或可能被用于反腐败，以及怎样使用它们。这样的评估将包括以下四点：

1) 涵盖有关罪行的刑法；刑事诉讼中的要素；用于规范政府官员责任的法律，以及有关追缴和没收腐败收益和用于犯罪或与此相关的其他财物的法律。

2) 被大多数国家视为规章或行政法的要素，包括相关的公共服务标准和实践，以及规管主要职能的条例，如金融服务部门的运作（例如，银行业务以及股票、债券和商品的公开交易）、公务员的聘用和制定政府购买商品和服务的合同。

3) 其他法律领域，包括用于规管法庭程序的立法，以及用于规管使用民事诉讼作为向渎职或玩忽职守等腐败行为追讨赔偿的一种手段的实质性和程序性规章。

4) 接受国家制定或由该行业自行采用的既定规则监管的任何领域的专业实践，均有可能公开接受内部或外部的审查。至关重要的领域包括法律和会计专业及其下属群体，如法官和检察官；但其他自治性的专业或准专业机构可能也值得实施检查。应当指出，这种检查的主要目的不是去发现腐败，而是去发现并消除专业间的差距或不一致性，或是对已发展起来的反腐败措施进行评估，从而把这些措施作为改革其他专业的基础。

（7）对机构及机构间关系的评估。对机构及机构间关系进行的评估，大多数都需要考虑机构的反腐能力或潜力。机构及机构间关系也应该接受评估，从而确定各机构内部及机构间关系的腐败性质和程度。这种评估应包括公共机构和组织以及相关的民间社会组织，涉及传媒、学术界、专业团体及相关利益群体。

先决条件和风险

与评估有关的主要风险在于，获得不准确的数据，或者数据被错误地诠释，因而导致制定出不适当的反腐败战略，或对反腐败进展做出错误的结论，这两个后果都非常危险。如果初始战略过于保守，则一个国家在处理腐败上未尽全力；如果初始战略过激，则容易失败。如果人们确信国家的战略并不奏效，或者是因为战略过激，或者是因为使用了无效的数据评估进度，反腐败措施的执行程度就会下降，因而使战略遭到进一步破坏。

因此，收集、分析数据和报告结论的方法，必须是严谨而透明的。评估不仅必须是有效的，而且其有效性必须得到独立专家及人们的整体认可。

机构应对腐败的能力及反应的评估

关于机构应对腐败的能力及反应所做的评估涉及对机构的评估。其目的如下：

（1）判断各机构在初始阶段参与反腐败战略的潜力。

（2）测量各阶段所取得的成功，以确定各机构可以或应该在随后的阶段中承担什么职责。

对于战略的发展和优先次序的确定，机构评估也是重要的。在许多地方，机构评估是与腐败程度的测量重合的。例如，如果测量表明，法官和法院具有高度的机构性腐败，在大多数情况下，这项评估同时也表明，法官反腐败的潜力会比较低。反过来，这会使司法改革被纳入战略的早期阶段优先进行。那些很大程度上取决于法治以及法官和法院的公正性的战略项目，则不得不被推迟进行，直至有进一步的评估显示，司法界已具备足够的反腐能力。

决定需要被评估的机构并设定优先评估项目

腐败具有广泛性和普遍性。在某些时候，这就需要几乎所有的公共机构以及民间社会和私营部门中的许多组织都接受评估。然而，为了节约资源，并保持一个力量相对集中的国家战略，必须设置轻重缓急等级或次序。

在许多情况下，确定哪些机构应在评估过程中被优先考虑，将取决于相关国家的独特因素。尤其是在战略比较成功的情况下，这些因素可能会随时间而变化。事实上，定期的重新评估可能会显示，一些机构已经改善，原来是腐败问题的一部分，现已转变为解决方案的一部分。同样，评估也可能会警告指出，先前不存在腐败的机构正开始受到从反腐成功的领域中转移过来的腐败势力的影响。

因此，在评估不同机构需承担的责任时，重要的一点是，考虑在要实施反腐败措施的主要领域中（社会的、政治的，经济的、法律的及其他）这些机构现已或将要承担的责任。在大多数国家，这些责任涉及以下几个方面：

（1）评估。在反腐过程中，起始阶段和随后的不同阶段都需要可靠的评估。评估工作需要某些公共组织及私营机构加入以提供协助，负责收集统计信息及其他一手材料，或负责整理和分析从其他来源获取的信息。如果这些机构经评估后被认为不可靠，那么就需要建立特别的专门机构。

（2）预防。许多机构在预防腐败中都起到了一定的作用。刑事司法系统的一些部门也属于预防性的。例如，处理诉讼的部门以及负责关押或拘捕腐败犯罪分子的部门。更普遍的是，如中小学校、大学和宗教组织等机构都能在倡导和宣传反腐败的道德和实用观念上起到一定作用，某些社会和经济组织也起到类似作用；同时，它们也制定并实施制度、结构及文化等方面的措施以打击业内腐败。

（3）采取相应措施。对腐败采取相应措施主要由刑事司法系统和担负相等或相似民事职能的机构来承担，亦即任何负责侦测、调查、起诉和处罚腐败行为以及追缴腐败赃款的机构。在许多国家，非刑事司法机构负责制定廉政规则和其他相关准则、解雇或处分违反这些规定的人员，以及通过民事诉讼追缴款项或赔偿。

在一般情况下，评估和改革的首要任务是关注公共机构及其职能。然而，腐败的本质以及在腐败已成为一个严重社会问题以致人们不愿完全信任政府官员及其机构的情况下，促使某些民间社会的成分出现并承担起监督公共事务和反腐败措施、提供可信的准确信息证明反腐措施有效（或无效）等重要责任。

因此，应对民间社会的组成部分或组织进行类似评估，并特别关注媒体、学术界、专业团体以及其他有关的利益群体。通常，评估民间社会构成部分需要考虑的内容包括：在反腐措施中该部分已经或可能承担的任务、完成任务的能力、该部分与政府机构之间及与其他民间社会组成部分之间的关系。例如，对媒体进行评估，需要考虑的内容可能包括，评估现有的媒体类型（计算机网络视频、广播、平面媒体）以及社会各方使用这些媒体的便利性（识字率，收音机、电视机及电脑的使用机会）；各媒体在发现腐败中所起的作用；各媒体扩大作用范围的能力；以及其他相关因素，如媒体获得审查和评估政府活动所需要信息的能力。

承担其中一项或多项责任的组织或机构，通常包括：①政治组织，如政党（执政或在野）和政府的党派政治机关。②立法组织，包括各立法机构以及负责制定、批准或实施、执行具有立法性质的宪法、法律、法规和其他规则或标准的机构。③司法组织，包括各级法官、准司法官员以及启动或协助司法程序的人员，如检察官和其他律师、法院人员、证人、执法和其他调查人员。④刑事司法组织，包括负责调查、起诉、处罚和评估刑事犯罪的人员。⑤其他具有特定反腐败任务的组织，如审计员、巡视员和监察员。⑥民间社会组织，特别是那些参与增加公共管理透明度的组织，如媒体；参与设置标准的组织，如专业团体；以及参与评估或分析的组织，如学术机构。⑦私营组织，特别是那些被认为容易滋生腐败的组织，如政府的承办商；以及提供监督服务的机构，如私营的审计师。

机构评估

接受评估的具体机构一旦确定，除应对它们进行单独评估外，还应在它们与其他组织、与相关的外部因素之间的关系背景下对其进行评估。例如，对法官的潜在作用的总体评价，不但可能受到他们的专业能力和廉洁程度的影响，而且也可能受到检察官和法院职员的专业能力和廉洁程度的影响。法官们须在腐败案件中运用的法律的特征，也将影响他们作用的发挥。

借用评估反腐败机构的工具进行评估的主要目的是为了确定各机构打击腐败的潜能。然而，不可避免的是，这样的目的将要求根据成本、腐败的层次和类型、机构及其关联实体内部腐败的性质和程度来确定评估工具。法官自己或者那些他们需要依赖的人，比如法院官员和检察官，如果都是腐败的，那么就不能依靠法官打击腐败。在初次评估中即发现某机构出现腐败，这种情况通常意味着该机构的改革应优先进行。在改革得以实施前，该机构打击其他地方的腐败的潜力是相对有限的。机构评估的主要目标包括以下内容：

（1）在各机构内，撰写关于优势和劣势的分析报告，并以此作为基础，制定该机构内部反腐败战略及相关措施的实施计划。按照这种方式制定出机构各自的计划，可以在各种机构间相互比较并保持协调。

（2）在各机构中，找出具体的腐败领域和/或有腐败风险的领域。

（3）制定一份完整的组织和机构详细目录。该目录将包含关于各机构的成立和权限的简介以及其在反腐败相关活动中的任务。它将有助于各机构知道彼此的存在及责任，并且方便了机构间权限和行动的协调与合作。

（4）对各机构的权限和行动进行评估，从中发现并指出机构间的差距或不一致的地方。然后，可以考虑给薄弱或资源不足的领域增加权限或资源。

用于机构评估的数据或信息收集方法

用于评估机构的潜在作用的数据收集方法，与用于评估腐败程度的基本一致且许多注意事项都同样适用。

由于评估的对象是机构而非个人，因此对一个机构是否有效运作的主观评价显得更为必要。例如，机构服务对象、机构内部工作人员或其他利害关系方的意见。必要的程序机制可被纳入机构规则，如保存统计数据或其他记录、报告特定事件或事故。在许多情况下，这样的要求相当于让机构整理和评估关于它自己的数据。因此，在某些情况下，就需要防止篡改或伪造数据的保障措施。

应该对特定的反腐败法律进行审查，也应该对机构及其采取的反腐措施进行审查，从而整理出一份完整的规则目录。这份目录可作如下用途：

（1）用于全面检讨法例，从中发现可加入初始反腐战略发挥有效作用的条例，并发现需要修改或增加新措施的不足部分。国际法律文书、其他国家的法律和操作范例可能有助于找出不足和发现法律改革的领域和方法。

（2）用作单独评估各机构或部门的依据。如果该机构缺少其他领域中存在反腐败要素，就需决定是否引入那些"新"要素。

（3）用于促成不同机构所采用的相等或相似的规则之间的比较，并从中找出其中最有效的。这将有助于为改善其他机构提供建议。

（4）一个机构的反腐败措施一旦得确定，就可以在它们的"服务对象"中进行调查，以明确这些措施是否有效，若无效，为什么无效。

（5）发现、调整或消除反腐败措施之间的差距和不一致之处。

不同的评估工具

"服务供给情况调查"（SDS）

"服务供给情况调查"（SDS）有多种用途：它为服务供给方提供进行改革所必需的信息；它为服务用户提供信息以帮助他们推进改革。"服务供给情况调查"是有价值的，其原因在于：①它们表达消费者的意见，使消费者可以对服务供给方施加压力促其提高服务质量；②它们用比较清晰的方式提供关于认知方面的具体数据；③它们使服务用户更多地参与服务供给过程。

"服务供给情况调查"（SDS）是一种特别有用的管理工具。基本上，它可以被各级政府的管理人员用于内部管理，也可以被政府监管机关、政治家、公众及国际捐助者用于外部管理。"服务供给情况调查"为公共服务设立了一条可用于完善改革方案设计的基准线，可以定期对相关指标进行测量，从而明确改革的进度。"服务供给情况调查"也可增强国内设计及开展调查、实行以结果为导向的管理的能力。

服务供给情况调查的描述

"服务供给情况调查"（SDS）源于20世纪80年代中期在拉丁美洲发展起来的一个以社区为基础的行动研究进程，被称为"哨兵社区监测"。从那时起，在世界银行的支持下，这样的利益相关者的信息系统已在波斯尼亚和黑塞哥维那、马里、尼加拉瓜、坦桑尼亚和乌干达等国实施。在联合国儿童基金会（UNICEF）和联合国开发计划署（UNDP）的帮助下，玻利维亚、布基纳法索、哥伦比亚、哥斯达黎加、匈牙利、尼泊尔、尼日利亚和巴基斯坦等国也已建立该系统。

这个方案的初衷是为了在快速、低成本地生成准确、详细及"可操作"数据的过程中提高能力。通常情况下,"服务供给情况调查"重点关注的是,在直辖市、市、州、省或整个国家层面生成和传播以规划为目的的事实依据。在各个层级上,分别选取一个具有代表性的社区样本,用以说明整体的情况。这种一次定位一组问题的方法,允许以社区为基础、通过一个循环的过程寻找事实。

"服务供给情况调查"(SDS)程序从为一组典型社区制定服务覆盖范围、影响和成本方面的基准线开始。这需要进行一次入户调查,即训练当地的调查员入户查询关于服务使用、满意度、行贿次数及改革建议的几个重点问题。在各社区,服务工作者和社区领导都会参与讨论这些数据以及取自同一社区的机构审议意见。定量方面的数据用作制定基准以衡量之后反复进行的调查的进度。"服务供给情况调查"的后勤工作集中在对同一地点的反复测量、减少抽样误差和直接做出影响的估算。定性分析的数据提示应该采取什么措施来解决问题。

"服务供给情况调查"(SDS)的核心是与研究伙伴——社区的互动。因此,调查的产物是通过与社区互动从流行病学分析中提炼出来的数据集合。通过把信息反馈给社区,使家庭成员之间、社区成员之间以及社区与当地政府之间交换行动意见。由此,动员社区力量解决特定问题,这也成了向社区赋权的基础。与社区的互动不受调查主题的限制,需要按相当固定的节奏循环开展。40个国家经过十多年的实践经验表明,对成功的发展项目而言,所有权和对客户的保证是至关重要的。参与度越高(在信息共享、咨询、决策和采取执法行动等方面),发展就越具可持续性。

这种方法已被用于测量地雷、经济制裁、环境干预、城市交通、农业推广、医疗服务、司法与机构改组的影响、覆盖范围和成本。在一些国家,它也被证实有助于制定社区战略打击公共服务中的腐败。在短时间内、以低成本形成可行的方案。通常,从设计阶段到撰写报告,整个周期的持续时间是六周到八周。

"服务供给情况调查"(SDS)的一些结果

腐败(就其定义本身而言)就代表着领导人和他们的支持者之间、公务员和公众之间的分离。"服务供给情况调查"(SDS)为克服这种分离的影响所做的首要贡献是,使所有阶层的市民的意见都在其收集的数据中得到反映。这些数据表达了城市和农村、男性和女性、富人和穷人、年轻人和老年人,甚至因身体或社会原因而不能享受公共服务的那部分人的意见。按阶层划分的焦点小组为确定潜在的解决方案而聚集起来,使各个小组均有机会提出自己的意见和解决方案。

然而,代表社区意见的声音是微弱的,只简单地作为服务意见的代表被纳入样本。"服务供给情况调查"(SDS)用于缩短这种距离的第二种方法是,让利益相关者积极参与审计过程。把数据反馈给社区(如在坦桑尼亚和乌干达)并系统地使用数据构建解决方案,这是社区对规划发表意见的一个新增维度。在给出的例子中，焦点小组的成员被邀请参加会议，与当地的社区领导一起讨论解决方案的含义和可行性。

"服务供给情况调查"（SDS）用于消除这种分离的第三种方法是，以积极的方式提供反馈意见，利用调查结果给出促使目标实现的选项，而不是强调不足之处。给指标值最差的社区或地区说明如何通过某种改革改善它们的状况。此外，在结果数据的阐释和分析中把社区意见表达出来，有助于建立利益相关者的信心，并为调动社区力量提供一个有利的环境。

"服务供给情况调查"（SDS）用于帮助管理者与被管理者走到一起的第四种方法是，使用调查结果管理变革过程。这一过程从政府做出交流调查结果必要的承诺开始。然后，通过一系列的"变革管理"研讨会，使各轮的调查结果传达到公共服务供给方。在坦桑尼亚，调查结果是在一个内阁闭门会议上讨论的，同时制定了国家的反腐败政策。在乌干达，调查结果向国会的闭门会议提交。这两个国家的媒体研讨会，使记者对调查数据和正确管理的正面例子都相当熟悉。如此说来，变革管理研讨会有助于建立问责制、透明度和开放政府的观念。

"服务供给情况调查"也为以结果为导向的发展规划提供必要的数据。事实上，大多数发展中国家的地方政府都以糟糕的财政支出结果为特点。以结果为导向的方法有助于改善财政支出结果，但是以结果为导向的管理，需要详细的"可操作的"量化数据。对于一个为某一弱势群体做事的政府或市政府，它需要使用定量数据确定有关的群体及为政府制定测量进度的基准，它也需要使用补充的定性数据指出文化和性别上的限制和机会，以及证实对定量数据所进行的分析。

国际监督的不同类型

目前，被用作反腐败计划的一部分的监督机制至少有三种类型：①以国际测量标准为基础的监督机制；②以本国测量标准为基础的监督机制；③更具普遍性的监督机制。

以测量标准为基础的机制其优点在于：法律框架是明确的，重点监督各种标准条款的执行情况和影响。这种监督的例子有与经济合作与发展组织（OECD）的《关于打击国际商业交易中行贿（外国）公职人员的公约》、欧洲委员会的希腊计划以及欧盟内部的各种监督活动①相关的机制。

然而，即使没有这样一个正式的框架，也可通过问卷调查完成对国家战略成效的监测。立陶宛、波兰和罗马尼亚最近建立和使用的监察机制就是一个例子。这种监测不以法律文书为基础，而是在列有国家政策和法律相关问题的问卷调查的基础上开展。另外两个例子包括由透明国际制定的感知指数，以及香港特别行政区廉政公署（ICAC）开展的年度独立调查，此项调查特别对廉政公署和公众

---

① 预计未来《联合国反腐败公约》（*Inter-American Convention*）也将包含一个监测条款。

之间的信任水平、起诉率以及腐败的层次、类型、地区和原因进行测量。目前，联合国正通过事实、调查、焦点小组和案例研究等方式，在两个试点国家测试一种以事实和感知为基础的、被称之为国家评估的方法。

测量反腐败战略影响的挑战

在精确地测量反腐败战略、政策和措施的影响的过程中，必定会遇到很多挑战。

第一，必须由一个有能力提取数据精髓的、合格的独立机构来分析收集到的数据，随后展开分析，找出差别并确定所谓的"最佳实践"。有没有相关资源一直是影响分析可靠性的一个因素，即便对于以国际测量标准为基础的监测机制也是这样。显然，因为相关机构的办事部门并不会总有足够的相关资源去保证给予这些机制有效的支持和分析。

第二，当前的国际监测机制，在世界各地分布不均。国家倾向于在某些地区参与一个以上的监测活动，而在世界的其他区域，如在亚洲的大部分地区，则根本没有运行中的监测机制。当然，另一个相关的极端例子是，在同一地区实行多种机制，那么如何避免重复措施就成为挑战。

第三，监测，本身绝不是目的。更确切地说，它应该是改变国际和国家政策以及提高决策质量的一个有效工具。如果监测活动与一个国际监测标准相关，它的首要目标应该是确保此标准的技术内容得以正确实施并带来实际效果。因此，监测可以服务于两个直接目的。它有助于揭示对相关标准所做的阐释中的任何差异，而且它能快速、有效地把那些标准中的条文转化成国家政策和法律。如果断定发生了标准执行未遂或无效的情况，就可对此实行处罚，从而激发更大的努力以争取成功。因此，如果要成功地开始任何反腐败的倡议行动，精确的监测就至关重要。

按照经济合作与发展组织（OECD）的公约，实行一项内置的制裁需要把关于执行情况的讨论报告公布于众。这种公开性，是有助于提出更多有效措施的重要机制。在这方面，可参照透明国际（TI）的感知指数的宣传工作。尽管这些指数仅仅记录主要为国际私营部门（the international private sector）所感受到的腐败层次，它们也获得了广泛的关注。尽管透明国际指数有用，但它们也存在着明显劣势：

- 它们并不总是能反映现实状况；
- 它们没有涉及所调查国家的腐败受害人；
- 它们很少甚至没有提供解决问题的方法；
- 当各国反腐败措施的成功没有通过透明国际指数得分的提高反映出来时，可能会降低各国采取严厉反腐败措施的积极性。

第四，监测行为离不开技术支持。关键问题是，监测不仅仅表明了腐败的水平，还表明了腐败的地区、代价、原因以及不同补救措施的潜在影响。进而，由于公众和反腐败机构之间的信任水平对于反腐败的成功非常关键，公众的信任水平也需要被监测。

可能发生的情况是，参与国认同执行"最优措施"的必要性，但是缺乏财政、人力和技术支持。在这种情况下，如果辅以针对性的辅助计划，监测行为将会更加有效。然而，需要补充的是，并不是所有的措施都需要大量的资源，尤其是在有预防措施的情况下，很多事情只需要付出相对较少的代价即可完成。

传统发展机构所进行的大部分数据收集工作都基于一种能够被描述为"局外人收集数据作外部使用"的方式。国际调查有助于引发对腐败严重国家的讨论，有助于把腐败问题纳入国家议事日程并把它们置于公众讨论的前沿。然而，国际调查是有可比性的，并且充满统计上的难题。

然而，它们对强调当下日益全面的国内研究起到了重要作用。随着过去五年里公众对腐败的水平、类型、原因和补救措施关注的日益提高，有关腐败数据的收集也变得有意义了。这是因为，通过建立并定期、透明、独立地监测可测量绩效指标，加强了国家对公众的责任。

联合国的国家评估

联合国的国家评估（United Nations Country Assessment）旨在为特定国家现状描绘一个清晰、连贯的图景。其中，主要包括以下方面：
- 腐败的水平、地区、类型和代价；
- 腐败的原因；
- 腐败的补救措施。

然而，只有差不多20%的资源和努力用于这些评估项目。其主要目标是运用和传播已收集到的信息，来达到以下目标：
- 加强关键利益相关者和公众的意识；
- 赋予公民社会监督国家的权利；
- 为有据可依的行动计划提供基础；
- 建立可测量的绩效指标；
- 监督反腐败行动计划的执行情况。

（1）描述。由国家评估形成的腐败监督协定，可定期发布（每两年到四年一次），从而把腐败的水平、地区以及成员国反腐败的进展情况写入文件。联合国毒品和犯罪办公室（UNODC）与联合国国际刑事司法研究所（UNICRI）以及其他各种研究机构（如盖洛普），合作开展这种国家评估。

（2）腐败的类型、程度和地区。这种评估监控三种主要类型腐败的趋势：①公共管理中的腐败和"街道级别"的腐败。②商业腐败（尤其是在中等规模企业中的腐败）。③金融和政治中的高级别腐败。

为了评估腐败的类型、程度和地区，可使用先前特别提到的各种技术，如书面材料审查、调查、焦点小组、案例研究、实地观察、法律评析和制度评估等。而且，这些技术必须综合协调使用。

（3）前提条件和风险。尽管国际调查常常由国外的人来进行并用于国外，但是，国内或地方层面的调查，理想情况下是由当地人（某些情况下是在国外人辅助之下）进行并用于当地。

国际调查有助于引起对问题最多的国家的公众讨论；同时，它们也有助于把反腐败问题纳入国家议程，并把其置于公众讨论的最前沿。公众对于腐败的程度、类型和补救措施的认知在过去五年中得到了极大的提高，而且通过建立并定期、透明、独立地监测可测量绩效指标，有关腐败数据加强了国家对公众的责任。

尼日利亚的案例研究

接下来，笔者将会运用本章提出的方法，与读者分享一个来自尼日利亚的案例。

该项目运用"行动学习"（Action Learning）原则，将发展权、行动实施权、对其后果所负的责任转移给所在国。有时我们将之归纳为 CDAR 的缩写（意为联系、决策、行动、反馈），这一概念简单且不难理解。在尼日利亚这个案例的研究中运用的元素主要包括：集合利益相关者（廉洁会议）；确定潜在问题的性质和范围（评估）；运用从评估中得到的信息进行干预（行动计划），实现三个导向，测量其影响（评价），最后，周而复始——再次集合利益相关者，了解在实施过程中什么有效、什么无效、有何影响，然后相应地调整行动计划。行动学习原则也被运用于执行机构和小组委员会的建设和活动之中。联合国毒品和犯罪办公室（UNODC）的关键作用就是为该原则的运用提供方便。

这个案例研究所描述的项目，是 2001 年发起的，并且在近期由独立顾问威廉姆斯先生评估。

在某问题的适当背景下理解该问题是发现其解决方法的关键步骤。在过去，曾经广泛地开展过一些关于腐败问题的实证研究，然而，现在仍然缺少关于腐败的独特本性、范围和地区的具体数据以指导有意义的政策的制定和执行[1]。司法

---

[1] 过往对尼日利亚腐败问题所做的研究包括：Odekunle、Femi 等：《尼日利亚：腐败在发展》[G]，伊巴丹大学出版社，1982；Lame 等，《腐败和有组织犯罪——新世纪的挑战》[G]，Spectrum Books，阿布贾（Abuja），2001。在法律和规则方面，迄今为止实证研究最好的是《一个法律和规则特殊的研究小组报告（1985）》[*Report of A Special Study Group on Law and Order* (1985)]，The Presidency，联邦政府出版，拉各斯。也应该提到 NIALS 早些时候发布的一份《尼日利亚法庭程序项目技术报告（2001）》（*Technical Reporton the Nigerian Court Procedures Project*, 2001），包含关于《改革拉各斯州政府高等法院民事诉讼规则》（*Technical Reporton the Nigerian Court Procedures Project*）的建议。

廉洁性和与能力项目的目标之一就是桥接这一鸿沟，为此进行调查以确定在三个试点州的刑事审判系统中的腐败特性、类型、程度、地区及影响。随后，为了方便这个有据可依的计划性行动，联合国毒品和犯罪办公室（UNODC）把综合评估上述试点州的司法廉洁性及能力的任务转包给尼日利亚高级法律研究所（NIALS）。

研究目标

该评估的主要动力和目标是全面了解这个国家司法系统中的腐败问题，尤其是以下几个方面：①司法系统中腐败的程度、地区、类型和成本；②助长腐败行为的制度结构和缺陷；③在司法系统内部可能的腐败补救措施。简言之，该评估将会为司法系统改革提供监控基准。因此，本研究的目标包括：

- 确定司法系统中的腐败类型、表现及模式；
- 考察助长腐败行为的习惯做法，以及它们在刑事司法程序中的特殊定位；
- 确定腐败的程度和腐败对刑事司法系统的影响；
- 对有关腐败和其他相关罪行的书面材料进行审查，以及提出适当的建议。

信息项和变量

由于该评估目的在于加强三个试点州的司法系统的廉洁度及能力，其需要进行比较的信息项包括对刑事司法系统的效率及效果的态度和认知。因此，该研究的变量和研究对象是法官、律师、检察官、诉讼者和商人（包括男性和女性）①。

研究方法

对腐败的量化，无论以何种形式进行，都代表了对此项评估的一个主要挑战以及尝试减低这一威胁的全部努力。然而，假如我们接受概率性的假设和由于领域限制而引发的偶然性发现的话，这也并不是完全没有可能的事情。此研究的方法论包括：①查阅与司法系统有关的现有文献，包括试点州的程序规则和法律，以及报告和日常记录并同其他司法管辖区（地方和国外）相比较。②有关拉各斯州（Lagos）的腐败、审判案例分析、涉毒案件申请保释的规定、土地问题的法律文件的材料审查。③德尔塔州（Delta）的持械抢劫和土地案例。④博尔诺州（Borno）的盗窃和土地案例。

2001年10月26—27日，第一次联邦廉政会议（The First Federal Integrity Meeting）在阿布贾（Abuja）举行。该会议通过的指南是本次研究的基础。为了评估试点州的司法廉洁度和司法能力，会议决定在试点州中对以下效果指标进行测量：①诉诸司法的途径；②司法质量；③时效性；④公众信心：公平性和政治中立性；⑤腐败。

---

① 可惜的是，由于设计或执法遗漏，执法人员特别是警察并没有包括在受访者中。

抽样技术和步骤

研究组安排实地调查员运用准备好的问卷对以下界别/群体进行一对一的访谈：①法官；②律师、检察官、辩护人；③诉讼者；④商务人员；⑤法院工作人员；⑥退休法院员工；⑦候审人员。

尽管最初的目标是试点的法院，但是，为了保证所使用的抽样技术的科学性以及构成整个研究的不同群体具有足够的代表性，抽样范围扩大到各试点州的其他法院和城市。

抽样同时考虑到了不同试点州的特点、法律环境的特性、法院多样性和密度、试点州的律师和诉讼者。

用多层次与简单随机抽样相结合的方法确保同一样本框架中的各部分机会均等，并且确保各个类别或社会群体的样本数量按其在整体中所占的比例抽取。

为了确保抽样技术能使三个试点州中不同的司法部门和行政辖区的样本具有代表性，在每个州分别选出既定数量的地点/法庭进行抽样。为了得到最好的效果，使用了半结构化的、开放性的和封闭式的问卷①。

分析的结构

由尼日利亚高级法律研究所（NIALS）检测实地调查收集的数据，以确保回复的完整性、一致性和准确性，从中可检测出一些受访者胡乱作答的例子。然而，这些显然是极少量的。

分析的第一阶段是在 Microsoft Excel 文件中输入数据。第二阶段是由一个专家小组负责，这些专家来自联合国毒品与犯罪问题办公室（UNODC）的全球反腐败项目的减少罪案及罪案分析小组。这个阶段包括以下三个数据分类的主要环节：

（1）描述性环节。这个环节是校对受访者提供的数据：把数据归集起来，从而把握那些现象的概貌，然后根据上述指标把答案分类。随后，可在不同州的受访者之间、不同类别的受访者之间展开进一步的比较。

（2）数据分析。这个环节包括，通过使用"经历"数据和"感知"数据，建立与描述性环节中的发现相关联的研究假设。通过建立法院的腐败②、可及性、办案及时性、质量、公众信任度、独立性、公平与公正的指数，就可以测量这些问题的严重程度。通过使用统计参数、非参数的技术，就可以确定这些变量之间的关系及其关联度。这些关系已经被赋予特定的意义，它们可能将会或者已

---

① 在某些情况下，由训练有素的研究助理处理调查问卷。

② 指数被编译成所选变量的平均值，每个变量的范围从 1 到 10（因此指数的范围从 1 到 10）。在指数中，分数是负值。因此，在腐败经历指数中得分越高，测量对象所遭遇到的腐败情况就越严重。在关于可及性的感知指数中得分越高，根据被调查的感觉，法庭的可及性就越低，如此等等。

经通过有针对性的措施得到解决。基于得到的结果，随后通过主流的统计学和犯罪学理论比较和验证假设①。

（3）政策建议。一是根据诉讼者和商人也发现的主要问题和缺陷，调查研究那些被法官和律师鉴定为对加强司法系统的诚信和能力最重要的措施。二是提出更多的建议。分析结果表明，某些司法系统的缺陷与司法途径、腐败、及时性、执行司法的质量和公众的信任等有关。新措施已经被提出，它们特别考虑到那些可能会或者已经通过有针对性的措施在尼日利亚的司法改革框架内得到实现的目标因素，如计算机化、程序、惩戒机制等。

研究局限

应该指出的是，尽管尼日利亚被认为是一个习惯法国家，严格地说，它的结构混合了普通法、伊斯兰教法和习惯法。在开始选择试点州的时候，已充分考虑到这种多样性，因此，在所选的三个州中，只有博尔诺州全面实行伊斯兰教法。所以，这样的研究通常会遇到一些约束和相对差异。在调查过程中，实地调查员取得了如下经验：

（1）由于法官和律师日程安排繁忙，单独采访特别困难，他们一般更喜欢能留下让他们自行安排时间完成的调查问卷。

（2）诉讼者并不容易接受采访，一些人回答问题前要收钱，一些人被他们的律师屏蔽掉，而一些人对研究表示冷漠，声称之前的努力都没有带来预期的好处。

（3）调查问卷包含许多问题，其中一些问题需要向受访者解释才能做出合理的答复。因此，由于不能接受个人采访而没得到调查员的解释，少数受访者误解了问题的主旨。

（4）等待审判的人，一般都忧虑回答有关司法系统腐败的问题，尤其是与警察、监狱官员和法官相关的，因为他们怕受影响。更成问题的是，在大多数情况下，他们接受采访时必须有监狱官员在场。有一种普遍的感觉，他们被指示不要对司法系统有轻蔑言论。

（5）法庭的服务人员，因为怕受影响，也不愿意回答有关司法系统内部的腐败和纪律问题。

（6）退休的法院工作人员能够阐明他们在任时的司法系统的状况，但通常是很难采访得到的，因为当中很多人在退休后不久就回到各自的村庄。因此，在拉各斯州，访谈者采访不到这个类别的人也不足为奇。

（7）律师和商人更愿意对司法的腐败问题现身说法，谈论在司法系统中经历的腐败行为及这些腐败行为的责任人。

---

① 这里提及的假设（hypothesis），具有批判性的读者可能会对此有错误的理解。也许，使用"设想"（assumptions）一词会更好。

一般来说，虽然公众对高腐败发生率强烈不满，尤其是有关司法系统的，但是只有极少数被调查者愿意坦诚地讨论，更不用说把他们的观点和经历写在纸上。尽管有上述限制，仍然有相当数量的受访者——5766人——接受了采访，使得该项目成为在非洲进行的最大的关于司法廉洁的调查之一。

评估中的关键发现

公众信任指数

公众对刑事司法系统的信任程度是一个至关重要的元素。在尼日利亚，这需要仔细分析。试图创建两个指数，一个基于经历，另一个基于感知。然而，变量的性质和规模可能只允许建立一个涵盖这两类变量的指数。最终，研究开发了一种具有统计可靠性的单一指数，此指数可以显示对刑事司法系统内不同机构的信任感。

指数使用了关于国家司法系统能力的变量，包括维护公民权利、保证生命和财产安全以及保障经济等。公民的权利和司法的可及性，即对政府提起诉讼，被用作测试对司法系统的信任度的变量。这个指数的构建，是通过把这些变量编制成一个从0（高度的信任）到10（低度的信任）的量度完成的。数据分析结果表明，在各州中，德尔塔州（Delta）司法得分最高，得4.7分，而博尔诺州（Borno）和拉各斯州（Lagos），两个均得分5.12。见图2-1所示。

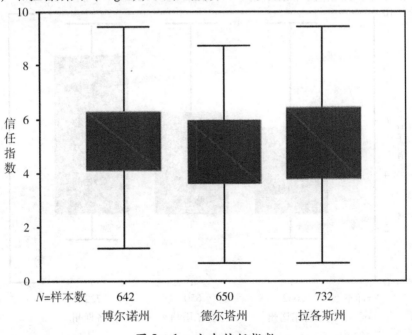

图2-1 公众信任指数

腐败指数

关于感知与经历的数据是更深入观察刑事司法系统内的腐败程度、原因及后果的重要变量。对"腐败"的感知可能受各种因素影响，很多可能与真实普遍的腐败行为不相关，但是其他因素则与之相关，如拖延或不称职。此外，实际经历并不一定被如实说出。通常，受访者可能不愿意公开承认他们曾贿赂法官或法院工作人员，或者不愿意通过指出同事的腐败现象批评他们自己的机构或行业。由于这些原因，考虑同时使用"经历"和"感知"似乎是明智的。

更具体地说，腐败经验指数是由关于经历的指标组成，包括支付给法院官员、法院工作人员和警察非正式酬金，以及为了获得有利判决、加速司法过程，或者更为普遍的为了解决争端时取得有利结果而支付酬金。此外，在一个案件过程中酬金的数量也在考量之中。

腐败感知指数包括司法系统的各利益相关者对问题的回答，从中了解他们对于法院腐败程度的看法。此外，该指数还包括了从各种问题中得出的结果，如询问受访者是否认为腐败是妨碍司法工作有效和高效进行的主要因素，以及他们将腐败与影响司法系统其他两个重要因素相比所做的评估。

这两项指标被编制为由 0（低腐败）到 10（高腐败）的量度。交叉比较各州的这两个指数，结果显示，拉各斯州得分为 5.6，其司法系统的腐败现象似乎比德尔塔州（4.7）和博尔诺州（4.17）更普遍。见图 2-2 所示。

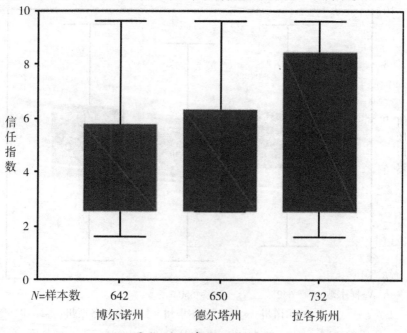

图 2-2　腐败经验指数

时效性指数

不同的人对时效性的感知是不同的，尤其是在对刑事司法系统的评估中。一方面，就勤勉和公平的结果/判断而言，一个"长时间"的审判可能是正当的；另一方面，审判的长度也可能是一种蓄意寻求贿赂的方式。一个商人或者诉讼者愿意在解决争端前等待多久，才会通过贿赂法官要求加速审理过程？对于司法的时效性，用"感知"变量来显示被认为"太长"和"适当"的审判时间之间的差异。

在分析中，时效性感知指数被用作这个国家司法系统运作速度的指标。同时，以时效性的感知与其他因素作比，从而确定它对司法服务提供的影响程度。

时效性经验指数考虑的是处理一个案件的实际时间，以及在案件处理过程的不同阶段中遇到拖延的情况。

两个指数都被编制出来，从而定义出一个（还不清楚）从0（一些延迟）到10（高延迟）的量度。跨州比较表明，相比于德尔塔州（6.32；5.20）和拉各斯州（4.68；5.16），无论是在经历（4.29）还是感知（4.37）方面，博尔诺州的司法中心（CJS）是目前时效最快的。见图2-3、图2-4所示。

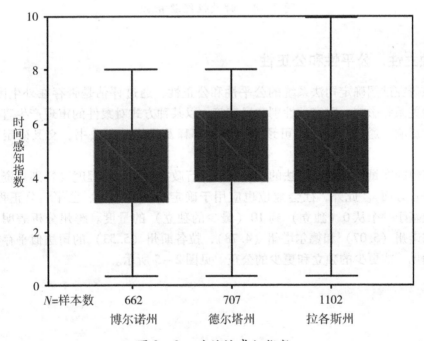

图2-3 时效性感知指数

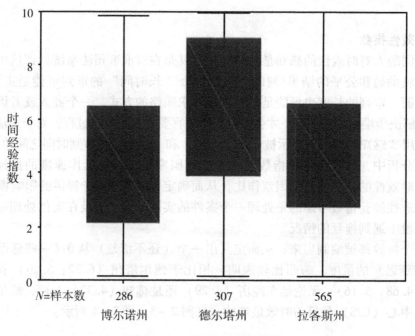

图2-4 时效性经验指数

独立性、公平性和公正性

该研究试图确定司法系统的公平性和公正性,通过评估是否存在外生因素,如政治关系和影响、财富、性别和民族等,以某种方式对案件的审理产生直接或间接的影响。通过正确的和可预测的法律解释及最终的判决书,交叉确定这些变量。

其他的变量,比如对司法的政治压力、行政控制司法的程度(特别是资金和任命法官方面)。此外,社会地位也应用于确定司法的独立、公平、公正程度。该指数基于一个从0(独立)到10(最少的独立)的量度。跨州分析表明,相比博尔诺州(5.07)和德尔塔州(4.78),拉各斯州(5.53)的司法似乎存在更多的偏见,或更少的独立和更少的公正。见图2-5所示。

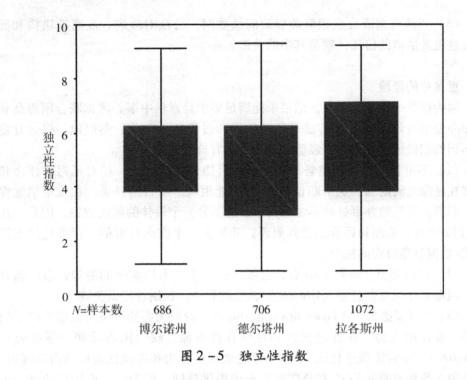

图2-5 独立性指数

尼日利亚"行动学习"项目的经验[①]

一般经验

（1）相较于大多数政治家和"腐败斗士"所认可或承受得起的措施、资源和时间，遏制制度腐败是一个挑战，需要更有力的措施、更多的资源、更长的周期。

（2）放任自由，腐败只会增加，使最贫穷、受教育最少的人更加贫穷。在个人风险和惩罚最低的地方，出现重大的、行政的和小型的腐败的风险就自然增加。

（3）没有足够和显而易见的执法支持，增强意识将导致公民的犬儒主义（cynicism），腐败的发生率可能也会上升。

（4）一个国家的国家机构不是孤立地运作。如果它们是，那么就缺乏整体性。一个透明、廉洁的互相制衡的制度，旨在实现对不同的政府部门和机构问责、分散权力和限制利益冲突的机会。

---

① 参见 Gordon, Paul Williams. *Independent Evaluation Report of the Judicial Integrity and Capacity Project in Nigeria* [R], 2003。

（5）当政府邀请公众积极监督政府绩效时，公众对政府、反腐败机构和反腐败政策及措施的信任，就是其中的关键。

更具体的经验

因为这是一个试点项目，结果未能满足要求是意料中事。测试联合国毒品和犯罪办公室（UNODC）的方法是行动学习和过程的一部分。类似地，将会有意想不到的积极结果。或许，经验教训才是最有价值的结果。

（1）不可替代的当地监督。对国家项目协调员（NPC）相对延迟的任命和许多在任命之前附加到这个职位的职责/功能阻碍了项目的开展。在维也纳远程执行职责，而当地办事处却不参与其中，这不是一个最佳的解决方案。因此，在最初12个月，监测和评价都受到阻碍，并失去一个嵌入日常的、标准化的报告格式/数据收集过程的机会。

（2）提高期望。不顾资金明显有限，仍然建立不切实际的期望，会影响对联合国毒品和犯罪办公室（UNODC）诚意的看法。预期管理是关键。

（3）"言多必失"（Loose lips sink ships）。看似无害的评论可以带来广泛的后果。有评论认为，在处理投诉和注册软件方面，联合国毒品和犯罪办公室（UNODC）"也许能做点什么"。这一评论被抓住作为那些地区发展缓慢的理由。联合国毒品和犯罪办公室（UNODC）未能提供帮助，成为它言而无信的进一步证据。

（4）接受即使来自最高权力机构的个人推荐也可能有问题。评估研究招标的失败有着深远的影响。同样，在首席法官和首席登记员即将退休之际，选择德尔塔州（Delta）作为一个有意愿、有准备，也具备必需的力量开展这一个项目的州，似乎是不明智的。

（5）口头保证一文不值。司法并非存在于真空。在更广泛的外部社会和政治环境中，它与其他司法系统的部门（比如立法、行政）更紧密结盟。与它关系最密切的是警察，此外还有与尼日利亚的腐败特别相关的、被独立任命为"监管机构"的独立腐败行为委员会（ICPC）。这两个机构做出过很多承诺，但由于种种原因，承诺并没有兑现。

（6）合作可以导致竞争和/或重复。本项目设想联合国毒品和犯罪办公室（UNODC）能和其他捐助机构密切合作。特别是，指定了美国国际开发署（US-AID）以及内政部和地方政府（DILG）。美国国际开发署（USAID）对联合国毒品和犯罪办公室选择拉各斯州（Lagos）表示"关注和恼怒"，因为这个州正在进行国际开发署的一个管治项目。即使尽了最大的努力，联合国毒品和犯罪办公室（UNODC）还是无法使美国国际开发署（DILG）加入到该项目（或其他共同关注的事情）中来。

（7）礼节性的安抚设施改善会导致更广泛的不满。在试点州，各种法庭进行了细小的（就花费而言）改善工程，特别是信息技术/语音设备的改善，这就带来了一个预期，即联合国毒品和犯罪办公室（UNODC）能进行日常维护（尽管一致持有相反的意见）。但联合国毒品和犯罪办公室（UNODC）随后并不能这样做，这就再次让人感觉，联合国毒品和犯罪办公室承诺太多，做得太少。

（8）"行动学习"的工作。礼貌、尊重、宽容和愿意接受当地制定的解决方案，而不是试图提出外部的解决方案，能产生更大的热情和归属感，并且似乎能提高成功的可能性。

（9）需要通过廉洁来打击腐败。任何成功的反腐败措施都必须基于廉洁和诚信。不把廉洁纳入到为侦测和打击腐败而设计的制度中来，就不能增加一个腐败的政权被侦测和惩罚的风险。如果认为检举腐败活动将遭遇个人风险，申诉人就不会站出来。

（10）建立廉洁和诚信需要时间和坚持。在公众的眼里，大多数国际机构还没有显示出足够的廉洁来打击腐败。这些机构都不认为，只有基于"行动而非空谈"才能获得廉洁和诚信。对一个机构是否廉洁和诚信的真实评价不是来自国际机构本身而是来自所在国的公众。

（11）纳入腐败的受害者是重要的。大多数由捐款支持的反腐败项目只是雇人参与打击腐败活动，很少有项目让腐败的受害者参与其中。因此，关键是要比香港廉政公署（ICAC）在过去25年所做的更多。例如，每年在增强意识的工作坊中，与廉署直接交流的人数接近香港人口的1%。如未能加强与有诚信的当地非政府组织之间的合作关系，大多数捐助机构就无法与公众交流。

参考文献

［1］Anderson, Neil. Implementing Your Strategic Plan: A Workbook for Public and Nonprofit Organizations ［M］. SanFrancisco: Jossey – Bass Publishers, 1996.

［2］Chong, Alberto, Calderón, et al. Institutional Efóciency and Income Inequality: Cross Country Empirical Evidence ［M］. Washington D. C.: Mimeograph, World Bank, 1998.

［3］Gray C, Kaufman D. Corruption and Development ［J］. Finance and Development, 1998, 35（1）: 7 – 11.

［4］Grindle, Merilee S. Challenging the State: Crisis and Innovation in Latin America and Africa ［M］. UK: Cambridge University Press, 1996.

［5］Klitgaard R. Controlling Corruption ［M］. Berkeley: University of California Press, 1999.

［6］Lai A. Building Public Confidence: The Hong Kong Approach ［C］. Forum on Crime and Society（forthcoming 2002）, 2001.

[7] Langseth P. United Nations Anti Corruption Toolkit [M]. Vienna, Austria: [s. n.] 2003.

[8] Langseth P. United Nations Guide on Anti Corruption Policy [M]. Vienna, Austria: [s. n.], 2003.

[9] Langseth P. Global Dynamics of Corruption, the Role of United Nations [C]. Strengthen Judicial Integrity and Capacity in Nigeria, State Integrity Meeting in Lagos, May, 2002

[10] Langseth P, Abba, Mohammad (eds.), Strengthening Judicial Integrity and Capacity in Nigeria [M]. Abuja, Nigeria: [s. n.], 2002.

[11] Langseth P, Stolpe O. Strengthen the Judiciary Against Corruption [G] // International Yearbook for Judges. Australia: [s. n.], 2001.

[12] Langseth P, Stapenhurst, Rick, et al. The Role of a National Integrity System in Fighting Corruption [M]. EDI Working Papers Series, World Bank, Washington, D. C.: [s. n.], 1997.

[13] Mauro P. Why Worry about Corruption? [M]. International Monetary Fund. Washington, D. C.: [s. n.], 1997.

[14] National Performance Review Office, Office of the Vice President of the United States Putting Customers First: Standards for Serving the American People [R]. Report of the National Performance Review. Washington, D. C.: [s. n.], 1994.

[15] Pope J. The Tl Sourcebook [M]. Transparency International. Berlin [s. n.], 2000.

[16] Rose – Ackerman S. Corruption and Development, Paper Prepared for the Annual World Bank Conference on Development Economics, 30 April and 1 May, 1997 [C]. Washington, DC.

[17] Rose – Ackerman S. Democracy and Grand Corruption [C]. reprinted in R. Williams (ed.), Explaining Corruption, Elgar Reference Collection. UK: [s. n.], 2000: 321 – 36.

[18] Ruzindana A, Langseth P. Gakwadi A Building Integrity to Fight Corruption in Uganda [M], Kampala, Uganda: Fountain Publishing House, 1998.

[19] Selener D. Participatory Action Research and Social Change [R]. Cornell Participatory Action Research Network, Cornell University, Ithaca, New York. 44 Measuring Corruption, 1997.

[20] Smith S, Williams D, Johnson N. Nurtured by Knowledge: Learning to Do Participatory Action – Research [M]. New York: The Apex Press, 1997.

[21] Stevens, Robert. The Independence of the Judiciary: The View from the Lord Chancellor's Office [M]. Oxford: Oxford University Press, 1993.

第二章

腐败的定义与测量

马克·菲利普

导 言

本章简要讨论关于腐败定义的一些概念性问题，以及为政治腐败发生率和严重性制定合适的测量工具的相关难题。本章分为两大主要部分——第一部分关于腐败及其定义，第二部分关于由定义引起的测量难题，结尾部分简要地提出了有关未来发展方向的建议。

定义腐败

关于腐败，在以往的文献中存在着一些共识：公职人员 A 为了谋取个人收益，违背了公职部门的道德和损害了公众 B 的利益，而导致为了获得无法通过其他途径得到的商品或服务而使给予 A 报酬的第三方 C 获益。这个定义有如下关键组成部分：

（1）认为公职部门是具有本部门行为准则和标准的——这一概念隐含的观点是，公职部门是以公共利益为定义的，并因此而排斥公职人员的个人利益。

（2）认为腐败涉及公职部门畸形运作以满足个人利益而不是公众利益——因此有一些人获得了不应该获得的，而另一些人失去了不该失去的。

（3）认为腐败活动通常会涉及或者影响到三个角色：掌管公职部门的人员（角色 A）、该部门的原定受益人（角色 B）以及因该部门的特殊运作而实际受益的人（角色 C）①。

满足以上定义的活动就是腐败。然而，有些情况并不满足这个定义也被视为腐败。

这里隐含的腐败涉及一种三者关系（尽管并不总是）的假设，对于区分欺诈案和贪污案（指角色 A 仅从国家盗取的情况）是很重要的；同时，腐败案件则被更确切地理解为权力（即，角色 A 对角色 B 的权力或权威）被滥用。尽管如此，在某些情况下，三个角色会分解成两个角色：在贪官充斥的政府中，可能没有独立的角色 C 来获利（因为 A 和 C 是同一人），但几乎没有人会怀疑这一政权是腐败的。此外，从办公室中偷取物品通常并不被认为是腐败。区别于盗窃及其他案件，涉及两方关系的腐败似乎应满足以下三个条件——涉及高层公职部门；A 所获得的收益是数量巨大的且是系统性的；同时，也给公众利益带来了相应的重大损害。笔者猜想，大部分人在直觉上会认为第一条件是其中最重要的，而把其他两个看作依赖性的、补充性的因素，而非特有的独立条件。（然而，我们也必须承认，有许多情况是公职人员玩忽职守但不构成腐败：公务员懒惰或者不称职通常并不被认为是腐败；暴政也不一定是腐败。）

也有一些事例是，C 的利益本身是 C 有权拥有的（也就是 B＝C），但是公职人员在 C 得到该利益时征税。

在某些更复杂的情况下，尽管官员 A 负责禁止 B 获取某种利益，但 A 因被贿赂仍以某种方式使 B 获得这样的利益。例如，尽管 A（一个警察）有法律义务举报需要被驱逐出境的犹太人，但是他却因收受了 C（一个商人）的贿赂而对 C 的工厂中的犹太人视而不见，在这种情况下，虽然他的行为具有腐败的动机并且违反了他的法定职责，但是他却通过可被认为符合更广泛公众利益的方式采取这样的行为。这里，我们想说的是，这个警察的行为是腐败的，但是，我们也想说的是，公众利益得到了满足——所以，腐败行为并不一定是与公众利益相悖的。（注意：一个人如果因思想的原因做了同样的事情，但是没有经济动机，是不称其为腐败的，因为没有私人收益。）

然而，当贿赂不是私人的，而是政治性的，私人收益这方面的问题也会变得复杂，如选举捐赠、交换政治支持、选举的或者相互投票的交易。同样的，公职人员可能是为了避免一定的成本而不是获得一定的收入而这么做（因此，这种关于收益的说法是不符合事实的）。

最后，官员用于交易的物品也是有等级的，引致的可能是腐败以外的行为。例如，某官员用税收豁免做交易是腐败；而另一个官员用国家秘密做交易则是叛

---

① 关于定义，参见 Heidenheimer, A J (ed.)., *Political Corruption*, Transaction, New Brunswick, 1970; Heidenheimer, Johnston and Levine (eds.). *Political Corruption*, New Brunswick, 1989; Heidenheimer and Johnston (eds.). *Political Corruption*, New Brunswick, 2002.

国。对于这种情况，很容易被理解，就像在描述一个案子时，较重的罪行（叛国）会使较轻的罪行（腐败）显得不重要。但是，我们还是希望能够把腐败的叛国行为（为了私人收益）和因思想原因而引发的罪行区分开来。后者，没有满足构成腐败的第二个条件（因为代理人没有谋取私人收益），而 A 的行为违背了公众利益的声明也是有争议的（本质上，与警察因思想或人道主义的立场而放走逃犯的情况是一致的）。

不是所有有争议的说法都是可接受的——那些声称他们的行为是符合公众利益的人（如 T. Dan Smith 和 John Poulson），需要证明他们的行为是为了满足公众利益，而不是个人利益，甚至他们的行为的一个可预见结果是以某种方式满足公众利益。他们利用职务之便寻求非法的（即，他们部门的规则所禁止的）私人收入这一事实，远比其他什么人受益来得重要。

上面的定义并没有假设 A 的腐败行为一定违法。它承认在某些情况下，A 和 C 可以合谋破坏政治过程，使一些可以确保 A 和/或 C 的腐败收益的法律得到采纳。这使得腐败的法律定义无法逮到一些最严重的腐败活动：腐败交易在国家和经济中被制度化了，正如最近有关"国家俘获"和规制俘获的研究所指出的一样①。尽管如此，所有的腐败定义都必须保留一个核心部分，即，在某些方面，代理人的行为是"非法的"——而认定其非法的依据是，其侵犯了规则、规范或者公众对于他/她的公职的期望。什么能使我们确立对于这些规范的判断，这是一个永恒的问题，但以一种完全脱离于特定的政治文化和社会环境的方法来进行判断是不可行的。把遵守被广泛认可的公职规范的行为列为腐败，是难以理解的。如果官员的行为符合当地的普遍规范，而这些规范在其他文化中却被视为腐败，那么，与其说是公职部门腐败，不如说是这种行为的定义可能欠妥（以西方的标准）或者是以世袭的、家庭的或者其他非合法——合理的条款做出。但是，正如使用法律方面存在问题，使用规范也存在问题，尤其是因为所用的参照组不同将决定了其所赞成的内容和强度也随之不同。当谈及公职部门的规范时，政治家、公务员、公共成员等所做的解释是不同的。

然而，定义政治腐败所出现的诸多困难的中心问题涉及公职部门的特征。政治腐败涉及运用公共、政治职权谋取私利的行为。政治腐败的中心仍然是对公职部门的理解，它的特征、范围和职责，这也就涉及 A、B、C 三者间的关系。由 A 主导的腐败和由 C 主导的腐败的区别在于，由 A 主导的腐败涉及公职部门把要求强加于 C（从勒索到非正式的"税收"），而由 C 主导的腐败则关系相反（从贿赂到政治领域的系统性颠覆），这种区分强调了公职部门在政治腐败中的中心地位：由 A 主导的腐败并不一定要求有一个 C，而由 C 主导的腐败则必须有一个 A。政治腐败的发生必须要有一个不以恰当标准履行公职的人。一个人如果威胁

---

① 参见 World Bank Report. *Anti-Corruption in Transition* [R], Washington, 2002.

或者提供现金给另外一个没有公职的人并不属于政治腐败。例如，一个人威胁一个市民以低于市价把房子卖掉，或者一个人（如出现在最近一部电影里）付钱给另一个人让他和那个人的配偶睡觉，这也不属于政治腐败，因为没有公职部门牵涉其中。

当然，这也导致了"用形容词定义的腐败"的问题：经济腐败、道德腐败、个人腐败等。我们是否要把这些当作一个更广义的腐败概念的一部分，以及把其当作核心概念相同的腐败分类？经济腐败看起来可能会有着与政治腐败相似的结构，只是，我们并不能总是严格区分与一个企业内正式确定的角色相一致的职务要求和代理人们追求私人利益最大化的合法动机。实际上，我们可以以公开注册的公司为背景把经济腐败解释得最为透彻，因为这些公司有一定的架构，对担任某些特定角色的人员设置了相应的架构和正式要求，同时也存在着行为人与他/她服务的对象之间潜在的利益冲突。

市场规则和标准有时也会被强调——如人们可能做得不够的操作公平等。但是，有人欺骗我，卖给我劣质商品通常并不认为是"腐败"。另外，这里也没有三方关系——相比之下，在政治部门中，公职人员的欺诈是腐败，而在市场背景之下的欺诈则算不上腐败。然而，关注这些，确实可以帮助我们看到，与个人利益有潜在冲突的任何公共角色都有发生腐败的可能。政治腐败主要集中于政治部门，但是，腐败与公职部门的联系更为普遍，这一观点并不是进一步的大发现——相较于严格地限定在政治部门，公职部门只不过是更宽泛的分类而已。

为了弄清楚"用形容词定义的腐败"的意思，可以简单地作以下解释：腐败一词的本意是事物本质的腐烂，所以某种腐败（x‐corruption）只是该事物的某种本质或者特征（x）的腐败。表面上，这是讲得通的，但是，仍然未能解决以下的问题：某事物是否有某种本质或者特征，以及这种本质和特征可能是什么。

政治的本质或者特征，是相当值得争议的，不过，在某种程度上，它指的是通过公职部门实现一系列的集体目标，而秩序与安全则是其中最基本的。经济腐败的界定就更值得争议了，因为，某些模型中的自然秩序就是，以利益最大化为唯一目的，而个人利益最大化的行为是集体的最优化！类似的，道德腐败的定义需要一个关于个人道德的详尽的概念，从而可以具体地解释某人的腐败行为，而不是简单地认为他/她是意志薄弱的或者道德卑劣的！显然，在任何一种情况下，我们将x的特质的标准定得越高，并将这些标准定得越基本和自然，那么我们就越容易确定脱离那些标准意味着某种腐败。但我们很快就会面临两个困难：我们如何给予这些被普遍理解和接受的标准一些依据；不应该强求这些标准的解释是高度符合文化状况的，从而使这些标准可以被在特定制度下工作或被特定制度所制约的人们所辨识。

世界银行最近关于"国家俘获"的研究提出了在腐败类型和对严重性的不

同检测之间作一系列其他的相关区分。它把被俘获机构的类型（行政、立法、司法或者独立的监管机构）、俘获者（私人公司、利益集团、政治领袖）以及为公职人员提供的利益类型（贿赂、股权、非正式控制权）区分开来。最后两个分类可以被扩展：如 Hellman 的研究所示，俘获的发生可以跨越国家边界，通过外国公司和投资者进行，或者通过外国政府的活动进行①。我们也应该认识到腐败交易和捕获受到暴力、暴力威胁或"保护"市场等手段的影响或支持的程度。同时，"throffers"——威胁和给予相结合（"做 x 你会获得 y，失败了我们会给予惩罚 z"），对于那些在他们能够控制法律或者控制法律执行的地区，或者在一个法律或法律执行混乱的地区中的工作人群而言，这是有力且经常非常有效的激励。另外两个进一步的区别则是涉及国家制度结构被渗透的深度及其持续性。在某个单一的议程中收买一个国会议员的选票，比起有能力去设计和通过法律，腐蚀性相对较低（指深度）。而总是能买到选票或者使法律得以通过，比起一个人仅仅能够偶尔这么做，更具腐蚀性（指持续性）。这些区别可以被描述为深的和浅的，根深蒂固的和偶尔的俘获。这些区别与我们所提到的其他区别是相联系的。例如，在俘获深且牢固的地方——一个官员及其监管或制定法律的权力是完全从属于某些个人、集团或者组织的私人利益——依赖于直接向官员支付大笔款项的可能性较小，而更大可能是作为关系和交换网络的一部分，这里金钱交易的作用较小。

这些区分可以帮助我们加深理解一个国家内部腐败的"触角"。但是，了解到腐败有着这些不同的维度并认识到抓住深度、防范、对称与不对称以及识别腐败交易的各种通货（金钱、偏袒、暴力和保护）等问题对理解腐败至关重要——这会让我们不可避免地对那些只依赖于单一维度的、完全集中于人们感知的腐败指标更为谨慎。需要谨慎处理的不是找出相关事实，而是存在着与评估一国腐败程度密切相关的事实。

测量

现有的腐败测量提出了四个②公认的方法论问题：

（1）尺度问题。腐败感知指数（CPI）在一系列不同的指标中采用 10 分标尺，取小数点后一位。学术界对此存在严重的保留意见，在某种程度上，透明国际（TI）也同意这些保留意见。现在设计的这个标尺，依赖于受访者的序数性的

---

① 参见 Hellman, J. *et al.* 'Seize the State, Seize the Day: An Empirical Analysis of State Capture and Corruption in Transition' [D]., *World Bank Working Paper*, 2000.

② 参见 Johnston, M. 'Measuring the New Corruption Rankings: Implications for Analysis and Reform' [D], Heidenheimer *et al.*, pp. 865-84, 2002.

相对不严密的判断,那么它的精确性似乎是不合逻辑的。一个改进的方法可能是,考察有关政治和商业调查(如竞争力或者教育水平指数)所使用的其他含多种组合部分的感知调查的技术。

(2)选择合适的调查对象的问题:谁的感知是重要的?CPI调查指在获取涉外业务的西方商人的观点,这个趋势受到了严重的关注。鉴于偏见,南半球和东半球的国家没有北半球和西半球的国家表现那么好,也不足为奇。此外,通过与其他多组件感知调查中使用的抽样程序的比较,可以使得指标变得更加可靠。

(3)现存的腐败指数基本上完全避开了将"硬"数据来源与以感知为中心的"软"数据资源的整合。举例来说,这些数据包括对腐败活动的检举数据。因为法律工具间存在着差异,因此存在着一些可比性的问题,同时难以确定高级别的检举应该视作高级别腐败还是对腐败低容忍的证据。尽管如此,这种数据是相关的,在一个国家中,有着大量这样的数据可用于对腐败问题作细致而复杂的解释。据欧洲GRECO委员会报告,这些报告将在OECD反贿赂公约工作小组指导下完成;同时,世界银行、透明国际和OSI等机构的对某些特定国家的深入报告,也提供了大量的关于判断腐败及其严重性、发生率的材料。

(4)还有一个问题涉及CPI的可靠性。有人关注,随着时间的推移,它表现了过多的可靠性,而且它的可靠性可能体现为在小部分民意调查的指数中发挥着主导作用(1999年的指数的九个组成部分,基本上是三个民意调查中每一个的三年结果的总和)。

然而,笔者的观点是,就腐败的测量而言,最基本的困难来自笔者之前提到的关于腐败的定义以及政府与商业的实践在全球各地的差异。与腐败相关的定义问题不仅仅是概念上的烦恼,它们还引起关于测量计划本身的可行性问题。相比于其他类型的腐败,政治腐败(在古典经济学中难以看到明确解释腐败的地方)在这方面有稍高的一致性,但是,即使是政治腐败,在多方面也存在着一系列的差异,包括对公职部门如何看、可接受或不可接受的公职人员行为的类型(向立法委员付酬曾经被认为是冒腐败风险的——而在很多国家则是相反的)以及腐败与盗窃、欺诈、勒索和失职等其他活动之间的区分方法。

测量依赖于变量,而测量变量则依赖于一个常数;同时,测量腐败的困难在于,因为腐败产生的方式是可变的,这个常数难以确定下来。原因在于因某种活动而腐化的"本质"没有一致的意见,且对公职部门的本质和标准有着各种不同的文化期待,政治腐败并没有一种具有跨背景相似性的、清晰的"本质类型"可以为测量和比较提供基础(或者实际上用于建立解释的框架)。因此,不论腐败测量测的是什么,都不是根据一个本质的标准进行测量的(通过与健康或者正常人的机能标准作比,有的人可能以此测量营养不良或者疾病的发生率,那可能显而易见)。但是,现在有一种逐渐增强的趋势是,讨论把民主作为这样一种本质的标准。不难看出这当中的吸引力——特别是,如果有人相信,现代民主内涵的标准至少存在着趋同性。但是,这种趋同的假设将导致确立起本质上属于某些西方国家的地方性的民主规范,而不能把握输入国当地的政治文化的差异性和复杂性,这存在着很大的危险。

这不是一个学术细节。例如,美国对政党、党派竞争和选举过程本质的假设与大部分欧洲国家所运行的假设有很大分歧,后者有着根据意识形态理由清晰划分具有群众性而又团结一致的政治党派的历史,在这里,政治捐赠一般是给予党派基金而不是给个别候选人。党派的不同,意味着对党派基金的规制需要根据特定的背景量身定做。同样的,美国没有议会或立法自主的传统(因为存在最高法院),因此,在制度结构和基本民主原则都存在极大差异的背景下,设想通过宪法为个人提供一系列更基础的保护而提出建议要求信息公开和保护公职人员权利,显然是不恰当的。此外,对于什么可以算作是腐败确实有所不同。最近对于远东地区官员经济和政治制度的"嵌入性"的研究表明:有一些形式的工业和金融组织内部的政治和经济领域之间是可以相互高度渗透的[1]。一种观点认为,这就是腐败——它排除了外来竞争者,为国内企业提供了优先的进入渠道和保护,导致了一种国家、党派和重要企业的共生关系。但是,它也可以被看作是为国内经济带来实质性利益的一种经济(和政治)制度的替代形式。用不同的方式经营商业不等于用腐败的方式经营,那些认为自由民主、宪政体制和自由市场资本主义经济会日益融合的假设,实际上是将一种观念强加于政治和经济制度不同的国家。最后,那些霸权国家承认他们自己的实践可能经不住其他社会的仔细检查,这是至关重要的。细想一下参议院关于确认联邦监管委员会主席任命的程序——这些程序有其合法性,因为他们确保对行政的问责[2]。1949年,Lyndon Johnson担任主席主持听证会确认Leland Olds再次出任联邦电力委员会主席的任命,而杜鲁门也争取为其确认第三个任期。为了确保南方石油和能源利益的政治和财政支持,Johnson发起了对重新任命听证的毁灭性攻击(通过使用反共产主义的修辞),拒绝了对Olds的重新任命。在形式上和程序上,这个结果都是合理的,它也是民主的,直接拒绝了一个拥有很大自由裁量权的人的要求,并使能源政策在将近十年的时间里任由石油、汽油和电力利益支配。此外,它也是Johnson为保护和推进自己政治利益所做的努力之一。这不是个别的例子:美国的政治制度允许某种特定的利益类型,它允许在立法方面的某种程度上的政治机会主义,它把满足特定的正式程序作为使这些程序的结果可被接受并具合法性的一个充分条件。在美国,很大程度上,利益就是一个政党制定政策(或者阻碍政策)。而其他国家用不同的方式管理这些关系,不应该习惯性地把这当作他们腐败的象征——或者,反之亦然。

---

[1] 参见Evans, P. *Embedded Autonomy: States and Industrial Transformation*, Princeton, 1995.
[2] 参见Caro, R. *Master of the Senate*, Knopf, NY, 2003.

面对管理公职部门的规范和期待的文化多样性以及它们赋予政治腐败这个概念的多样性时，有一个测量腐败的方法，就是把某类事件界定为腐败，并尝试去确定在这个社会中该类事项的相对发生率。（这里有一个附加的相关问题：在计算腐败的严重性的时候，如何衡量不同社会中的信息，如 GDP 的规模或人均 GDP。这些因素通常都被认为是有关的。）

试图测量行贿的发生率就是这样的一个规定性的举措。腐败被认定为提供贿赂的行为，则相对的行贿率随之生成。然而，明显的，相较于一个在做出决定后会收到礼物的社会，在一个决定是强制性做出的社会里，腐败可能更加严重。行贿指标忽略了此点。

在寻找一条基准线用于识别具有真实的跨文化相关性的腐败时遇到的困难，使一些研究者转而寻找腐败的代理指标。一些腐败的定义明确地鼓励使用这种方法。例如，Klitgaard 的公式，"腐败 = 垄断 + 自由裁量权 - 问责"，鼓励我们通过对一个制度中的垄断、自由裁量权和问责缺失的总量评估去估计腐败的程度[①]。基本上，这个模糊的指标就是这样运作的。而且，这是透明国际（TI）的国家廉洁系统的一个强大的组成部分；同时，在一定程度上，这也存在于 GRECO 的报告、经济合作与发展组织（OECD）《国际反贿赂公约》工作组关于功能对等的研究，以及开放社会研究所（OSI）对于欧盟候选国家腐败情况评估报告的某些部分[②]。这些不同的评估都不是只关注代理指标，但是，在我们试图以正式的测量标准的存在或缺失作为证明，或者把公职部门的某些特定制度安排作为证据的时候，这些代理指标就会作为腐败的证据本身出现在评估中。笔者认为，反对这些方法的理由是显而易见的。

（1）我有机会去行贿或者受贿不代表我会行贿或者受贿。这个模型假定了公职人员或者政治家是不廉洁的而且也不值得信任让其行使权力。当然，那种特性有一定的吸引力（特别是对新古典经济学家而言，他们很难理解一个市场需要结构、制度和规则却不能让市场本身担负协调交易的功能。）但是，这里同时也有一个基本的自相矛盾的地方，呼吁政治通过使用权力去消除垄断和自由裁量权从而结束政治——这基本上可以算上尤维纳利斯（Juvenal）的"监管之人，谁人监管"问题的一个版本。代理指标，最多只是对于腐败起因的判断，它们不是对于腐败本身的判断；同时，对起因的判断意味着比现存的政治科学更加强有力和成功的政治科学的出现。此外，代理指标是腐败的测量，这种说法具有误导性，它可能会破坏国家为反腐败付出的努力，它也可能不公平地给一个制度薄弱但相对清廉的国家带来巨大的名誉损失。

[①] 参见 Klitgaard, R. *Controlling Corruption* [M], University of California Press, Berkeley, 1988.

[②] 参见，例如，*Monitoring the EU Accession Process: Corruption and Anti - Corruption Policy*. http://www.Greco.coe.int; and Open Society Institute 2002, OSI, Budapest.

（2）Klitgaard 的模型表明，所有的垄断和自由裁量权都内含着一种反事实的完美的问责制。但是，简言之，我们不应该相信任何有自由裁量权或者控制垄断的政治制度或者公职人员。它也认为，问责本身不会被腐败地应用。这些观点都是无益的。同时，事实上，问责是可以产生不利影响的——它可以被政治化，可以强制执行一些无效率的、烦琐的官僚程序，也可以利用变化不定和认识浅陋的公众观点（细想一下 Johnson 对 Olds 的听证）。

（3）在现代民主国家中流行着一种隐含的趋同观——即有一种正确的方式（或许多正确的方式）可以使它们的政治制度有序化从而消除腐败的潜在可能。那正是隐含在国家廉洁系统设想背后的原则[①]。但是，就算在西方国家中（参见前面对于政党系统的评论），这种关于潜在的趋同程度的观点也是非常幼稚的。

替代的方法

腐败的定义是复杂的、有争议的。这使得对于腐败相对水平的测量变得非常困难。因此，我们可以得出一个结论，我们应该放弃研究腐败的比较性的指数，而坚持基于国家的研究。

这可以让我们说出，某个国家中存在哪些与腐败相关的问题；同时，也允许对部分的相关议题进行评估，如腐败的深度、根深蒂固的程度，以及在多大程度上腐败交易是通过金钱进行还是对人们的生活及安全感构成基本威胁。如果我们有大量的这样的国别研究，我们就可以说，在某些方面，X 国有个比 Y 国更严重的问题，而在其他方面，Y 国有个比 X 国更严重的问题；同时，在另外一些 X 国和 Y 国都受到了影响的方面，Z 国的问题较小，但在一些 X 国和 Y 国都不存在问题的方面，如在企业财政腐败领域，却存在着特别引人关注的一连串问题。

进行这样的比较说明有着与许多现存的测量方法完全不同的起点。它需要从构建大量的横向维度开始：一方面，我们需要识别出那些有可能从事腐败的潜在的独立活动领域（警察、法律制定、行政活动、司法过程、政治过程、国家与市场的关系、市场制度、顾客和税收等）。另一方面，我们需要一系列的变量，通过这些变量我们可以评估某种活动渗透的深度、根深蒂固的程度以及相关的交易特点等等。这样的说明不能用于制定一个测量腐败的单一线性标尺。我们也不能同时观察好几个标尺：用于测量腐败、用于测量暴力的水平、用于测量寡头政治的程度以及用于测量寡头经济的程度等等。尽管这种路径听起来吸引人，但是它无法确认这些只是一个国家内不同的腐败维度，而且对一个国家内部腐败的评估必须考虑到那些不同的维度。

---

① Pope, J. *Confronting Corruption: The Elements of a National Integrity System* [M], Transparency International, Berlin, 2000.

即便如此，额外的比较研究将是这样一个计划的必要组成部分。银行的商业环境与企业绩效调查（BEEPS）所关注的问题之一是，在多大程度上我们的研究与转型状况有关以及可收集到的与中东欧国家（CEE）和独联体国家（CIS）有关的数据类型是否也可以在别处收集到。这里面可能会存在与地区性路径依赖相关的、强大的地区腐败模式；但是，也可能存在重要的跨地区模式，这些模式尝试对腐败进行测量，而我们也必须对这些模式本身进行评估。

测量腐败的专题研究中有两种值得关注的腐败评估方式：GRECO国家的评估和OECD反贿赂公约的工作小组（以及他们用于研究功能的对等标准）。这两种方式都运用一个有关腐败和贿赂发生条件的更广泛的范本，尝试对特定国家的腐败和贿赂问题进行具体分析。尽管大量的重点放在了法律文书上，但它们的执行情况也得到了一些评估。然而，在这两种方式中，进行深度的国家分析的机会都是很有限的。尽管存在地域性限制（不同于GRECO或者OECD），开放社会研究所（OSI）对于中东欧（CEE）候选国家的监督仍然对腐败进行了更深入的、多维度的分析。同样的，世界银行和透明国际也生成了以国家为基础的报告（同时，其他的地区性报告也尝试解决腐败问题，如中美洲地区的国家报告）。

对国家作深度报告的优势在于，它们能够识别一国的特殊问题，以及（在原则上）能够进行更深入的研究，评估政治文化特征、某些被广泛认可或谴责的行为的存在范围，以及确定政治过程中的不同参与者所关注的中心议题。

将研究工作置于一个更具比较性的框架是重要的，这样将有助于识别出哪些方面是该社会和文化所特有的，哪些方面是与其他不同发展道路的社会所共有的。

任何试图提供相对有力的理据论证一个国家的腐败水平与该国经济和人口统计的特点之间的关系的努力都面临两个中心问题：一个是小样本问题[①]（它限制了许多统计工具的有效性）；另一个问题则是因应笔者所主张的腐败多维度分析而产生：我们必须拒绝不能为不同国家的不同维度赋予常量的假设。转向更加敏感的、差别很大的国别研究，同时发展一系列不同的腐败维度，而这些维度却不能使我们跨国家或跨地区的权重一致或者相互关联，这些将不可避免地削弱对跨国数据及其与腐败的关联作认真的统计分析的前景。这无疑是一个损失。事实上，我们可以对一国之内的腐败本质有更好的理解，对这个世界的腐败类型和维度有更精确的理解。笔者认为，这是一个补偿性的收获。

[①] 个案的数量和被比较小组的数量越大，统计工具的有效性会越高，但是以国家为基础的分析产生了相对较小的个案数以及更小的小组值，这会影响显著性检验。

参考文献

[1] Caro R. Master of the Senate [M]. NY: Alfred Knopf, 2002.
[2] Evans P. Embedded Autonomy: States and Industrial Transformation [M]. Princeton: [s. n.], 1995.
[3] Heidenheimer A J. et al. (ed.), Political Corruption, Transaction [M]. New Brunswick: [s. n.], 1970.
[4] Hellman J, Jones G, Kaufmann D. Seize the State, Seize the Day: An Empirical Analysis of State Capture and Corruption in Transition [R]. World Bank Working Paper, 2000.
[5] Johnston M. Measuring the New Corruption Rankings: Implications for Analysis and Reform [G] // Heidenheimer A J, et al. Political Corruption, Transaction. New Brunswick: [s. n.], 2002.
[6] Klitgaard R. Controlling Corruption [M]. Berkeley: University of California Press, 1998.
[7] Open Society Institute. Monitoring the EU Accession Process: Corruption and Anti-Corruption Policy [M]. OSI, 2002.
[8] Pope J. Confronting Corruption: The Element of a National Integrity System [R]. Transparency International, 2000.
[9] World Bank. Anti-Corruption in Transition [M]. Washington: [s. n.], 2002.

第三章

我们试图测量什么？回顾腐败定义的基础

A. J. 布朗

导　言

　　腐败的测量，无论是直接的还是间接的，基于感知的还是实际发生率的，都依赖于对"腐败"本身的一致理解。然而，腐败是一个多义词，每一种含义都取决于它被使用时所处的特定的社会和政治背景。在过去的30年中，出现了对腐败的概念有一个唯一的、可跨国际、跨文化、跨宗教的统一理解的空前需求。这种需求来源于许多地区。在20世纪60年代到80年代，很多发展中国家都像接受促使政治和经济更独立的条件一样，容忍着高层的官员贿赂、贪污和内幕交易。西方经济学和政治学认为，这些腐败是国际现象且通常都是负面的，但也倾向于承认，在世界走向现代化的过程中，它们是经济和政治交易中不可以避免的成本。

　　在20世纪90年代出现的三种趋势引发了新一轮的国际争论，开始把腐败视作一个公共政策问题，对其进行更直接的打击。首先，OECD于1994年所做的国际反贿赂工作的建议表明，在迅速全球化时期，国际贸易对于涉外贿赂相关的成本与不确定性的容忍度变低（Glynn et al.，1997，pp.16-24）。其次，公民社会组织，包括成立于1994年的透明国际，传递了一种新的全球信息：贿赂、贪污和内幕交易都是通病，某些地方由于民主和经济自由的转型而使情况变得更加严重。最后，国家财政机构承认，在援助计划的实施中，腐败是具有当地特点的普遍问题；同时，它们也开始将反腐败改革作为援助的必要条件并作为其本身的一个援助目标。这三种趋势是相互关联的，有时候这种关联非常明显。

　　新的国际讨论所使用的"腐败"定义是什么？这一定义是否"正确"，如果不是，一个更有用的定义需要什么因素？本章以 Heidenheimer 和 Johnston（2002，pp.3-14）最近经常提到的、为人所熟知的腐败定义的"三种类型"作为出发点：

- 以公职部门为中心的定义；
- 以市场为中心的定义；
- 以公共利益为中心的定义。

Heidenheimer 和 Johnston 在总结英语定义的状况时，注意到了扩展这三种分类的需要，以便加入以"公众舆论"为基础的定义以及更好地处理某些正在出现的并应该优先考虑的问题，如政治党派的财政滥用等，是有压力的。由于定义调整的必要性有点模糊，他们阐明了一直以来类型学所遇到的挑战的本质：

> 过去数十年的政治腐败分析趋于赞同"腐败"是一个有争议的概念。从根本上来说，它是否一个有争议的概念还不是很明显……问题是……接受更多类型的腐败定义是否徒添了分析问题的复杂性而无助于解决问题。回顾以前，我们发现，一个确实基于公众舆论的定义并没有确立起来。

> 我们可以合理的假设，25年来的各种腐败研究要求重新形成三种类型的分类法。此外，不少研究都没有概念的自我意识，也不是为了应对更广泛的跨语言挑战。在新世纪，最理想的可能是尝试再次组合这些类型。可以想象，这种分类法可以在不增加类型数量的同时重新形成。尽管小数量没有内在的优势，但是，在这种情况下提倡增加概念的数量，可能只是要负责证明其必要性。（Heidenheimer 和 Johnston，2002，p.13）

本章接受了这些挑战，并提供了一个关于腐败定义的新的分类[①]，这个分类可能在概念上更加严谨，并且对现实世界的公共政策有更强的潜在效用。我们的目的不仅仅是理论性的，正如本章第一部分所讨论的那样，三种类型的分类法的局限性越来越明显，已经到了在现实中阻碍合理的或可持续的改革的地步。在廉洁和腐败研究中，很多地区都要求更合理、有反射性的和相对清晰的概念框架，这也是一个挑战，我们中有些人正试图通过现行的澳洲国际廉正系统评估计划去达到这个要求。（见 Brown and Uhr，2004；更多的，见 www.griffith.edu.au/centre/kceljag/nisa）。

在第一部分，笔者回顾其中一些讨论，强调现有的腐败概念的一些共同点和不同点，然后追溯定义方法的变化。根本性的问题似乎是，"以公职部门为中

[①] 使用"分类学"（Taxonomy）而不用"类型学"（typology），是因为前者是分类系统中常见的科学术语，而严格来说，"类型学"是指对于这种系统的研究和它们构建的方法。

心"的腐败定义（滥用公共权力谋取私人利益），被继续用作西方大部分定义的出发点，它被诠释为一个涵盖广泛领域的腐败行为的宽泛定义，但它其实只能抓住一个特定面上的事情。至今，提出的一些额外类型是无助于减轻这个问题的。"以市场为中心"的定义通常被解读为仅是"以公职部门为中心"定义的经济学重复，而基于"公共利益"和"公众舆论"的定义则往往只是强调了用于判定腐败行为的标准具有争议性。

为了打破这个僵局，本章的第二部分将下面两个不同的问题分开讨论：一是现有定义的幅度（或者特性），二是影响对它们的诠释和应用的标准与价值观的不同来源。有关定义幅度的问题是在现有变化中出现的，因为在重要的地方，最近的政策偏好没有通过添加新的、具体的分类而拓宽定义，而是去除腐败定义中的一些东西，使其回到更加一般化的、整体的基本部分。由此，立法者、法律改革者或者社会改革者可能会构建出他们自己的、更加具体的而又保持一致的变量。透明国际朝着这个方向转变；这里的分析是由印尼和澳大利亚学者于 2003 年 10 月在茂物（Bogor）进行的关于治理的对话促成，并再次得出支持更大的通用性的结论。这里面共同的主题似乎是方法的转变，不再以官员、组织、行为，甚至是标准作为特征去定义腐败行为，转而以一种"关系为中心"的方法将腐败简单地定义为"对委托权力的滥用"。

这种过度的概括如何帮助"现实世界"与特定形式的腐败做斗争？这里给出的答案是，它给予腐败定义的分类一个新的定位，仍然以保持三种类型的分类法为依据（满足 Heidenheimer 和 Johnston 所希望的持续的简洁性），但是，对以前的定义作相应的分类将变得更容易。（见表 3 - 1）

表 3 - 1 腐败定义的基本分类

新的基本分类 （Relational，Gambetta 2002）	旧的基本分类
宽泛的定义： 腐败是对委托权力的滥用 中层的定义： 腐败是滥用委托权力以获取私人利益 具体的定义： 例如，腐败是滥用公共/私人权力以获得私人/个人/非法/财政/金钱的利润/利益/收入	从市场角度出发，以"公职部门"为中心的定义； 以公职部门为中心的定义（实际上是行贿）； 以公共利益为中心； 以公众意见为基础的；等等

这里的观点是，新的分类学促使我们关注我们怀疑的或者已知是被滥用了的委托关系，这样可以让我们更准确地认识滥用的本质、损害的本质和严重性、直

接原因与间接诱因，以及及时阻止这些滥用发生的补救方法和长期的、系统的应对措施。这比另一种主观假设更可取，这种假设认为，对自身进行更多的检视分析可能会发现其他更多的主要问题或不同的根源性原因，在这种情况下，在一个政治背景下被视为破坏性或者应受制裁的行为在其他政治背景下也呈现相似的问题，从而使政治制度改革都朝同一个方向发展。

在旧的分类中，以公共利益为中心的提法所指的是什么？或者，它后来遇到哪些挑战？哪些攻击？这里的分析显示，不再发展以前的分类的一个正当理由是，它把两种不同的事物混合一起，从而使分类混淆不清。过去的定义受到批评不仅仅是因为它们无法捕捉所有认为是腐败的行为，而且还因为支撑这些判断的标准——和标准的来源——也一直在变。精确绘制世界通用的每一条判断腐败行为的标准不是本章的任务——但是，最近的争论确实体现出，在任何特定的背景中，对这些标准的来源范围有更充分的掌握都是重要的。因此，本章的第二部分的结论是，基于对这些来源的识别而进行的二级分类（不是最终）能使一种简单的基本分类变得更有效。本章的结论是希望这个分类的方法可以提供一个更具自反性的框架，在法律和制度改革的"实际"工作中理解和比较这些定义。见表3–2。

表3–2 腐败定义的二级分类

旧的基本分类	新的二级分类（标准/价值的来源）（Behavioural，Gambetta 2002）
以公职部门为中心的定义； 以市场为中心的定义； 以公共利益为中心的定义； 以公众舆论为基础的定义；等等	世俗的法律； 宗教的法律； 道德和/或伦理的（包括宗教但非法律的）； 经济的； 制度的； 公共利益； 公共观点；等等

定义"腐败"

"腐败"是一个多义词，每一种含义都取决于它被使用时所处的特定的社会和政治背景。就算是在世界上许多不同英语地区，事实也是这样，应该明确告诫：反对假设腐败是一个跨社会、跨文化的普遍概念。在引入现代西方政治科学的定义时，Heidenheimer 和 Johnston（2002，pp.6–9）注意到，牛津英语词典纳入了至少九种腐败的普遍定义，其分组方式与我们上面回顾过的三个公共政策概念存在着很大差异：

（1）物质性的。例如，"事物的破坏或者变质，特别是瓦解或者腐烂……；腐化"。

（2）道德的。例如，"在履行公共职责时，因贿赂或偏袒而违背或者破坏廉洁原则；利用或存在腐败操作，特别是在国有的、公共的企业中"；"道德的败坏或者堕落"。

（3）事物最初纯洁的状况变坏。例如，"最初纯洁的制度、风俗等等变坏"。

概念的如此多样化明确地显示，日常语言对于概念有很重要的作用，而这些概念很容易被技术政策科学遗忘。很明显，这里把公职人员的腐败和贿赂之间的紧密关联归类为一个道德沦丧的问题……然而，现代公共政策则倾向于将腐败看作是经济理性行为，其成本高于收益，因此对腐败行为更加谴责。类似的，腐败的政策概念经常将法律作为处理越轨行为的指引，而不是参考最初的或者"最原始的"原则去确定社会机构在什么情况下进入歧途、是否已被确认为犯罪行为。通过逐一回顾我们在导言中提到的政策定义的基本类型，我们可以更加清楚地看到，为什么当代的这些定义不尽如人意，因为它们已经摒弃了这个概念的基本要素，而仅代之以原始图景中的三个片断。

以公职部门为中心的定义

最晚从1931年开始，腐败就经常被定义为"公共权力的滥用以获得私人利润"（J. J. Senturia's definition of 'Corruption, Political' in the Encyclopaedia of the Social Sciences, see Theobald, 1990, p. 2）这个定义被广泛沿用至今（如 Lapalombara, 1994；Kaufmann and Siegelbaum, 1997；Vittal, 2001；Collier, 2002）。它主导了世界银行1997和2000年的反腐败文献（见 McCoy, 2001, p. 68, n. 16；Sajo, 2003, p. 175），也作为基础定义被用于 Susan Rose-Ackerman 广为人知的研究中，其已成为现今被视若当然的定义（Rose-Ackerman, 1999, p. 91）。确实，她的定义非常具体，把腐败界定为非法行为，"为获得在不付费的情况下可能不应得到的收益而向公共代理人进行的非法支付"（Rose-Ackerman, 1997/2002, p. 353；1999, p. 9）。这意味着，假如一个国家并没有把私下支付或公职人员自我授权的收费定为刑事罪行，那么，无论对社会造成多大损害，这两种支付都不构成腐败。这个定义适合作为一般性的腐败定义吗？

事实上，"以公职部门为中心的定义"并没有定义腐败，而只是给出了一个尽管非常重要但很具体的例子，即公职部门的贿赂或者类似的违法行为。或许，有两个原因让这个例子在公共政策中占据了主导地位：许多个世纪以来，在许多社会中，它一直是最持久稳固的、最具渗透性的、最为普遍的腐败例子；它集中于金钱交易，因而近年来在经济学分析中受到了特别的关注。然而，把对腐败的所有理解简化为官员贿赂将存在三个问题：一是其他一些已知的或者潜在的滥用公职的行为也经常被认为是腐败的或带有腐败性的，包括裙带关系和政府官员贪污——即公职官员直接的盗窃或者侵吞——并不包括在这个定义当中（如 Elliott，1997，p. 178），因而被宣称"不构成腐败"（Jain，2001，p. 73）。二是这个定义把焦点集中在公职部门，认定腐败主要是政府的"弊病"，并表明这种滥用不会发生在私人商业或者其他社会互动的领域（或者即便发生了，也并不是滥用）。三是假若不考虑代价和以不可接受的侵犯人权和自由为代价，专注于打击贿赂在一定程度上给人们以"完全"消灭腐败是可能的这样的希望［把贿赂作为一个当下的金融犯罪，这也许是可能的；但就消除整个腐败现象而言，这显然是不可能的（Pope，1999，p. 97）］。

解决的方法并不简单。要解决一个基于官员贿赂的狭隘定义的问题，常见答案是，把可能构成滥用公共权力的各种行为都罗列在一个长表内，以此拓宽这个相同的基本的定义（如 Lancaster，2001）。通常，起点是首先将个人的财政支付视为腐败收益，然后扩展到腐败收益也可以包括政治上的好处和社会特权（如 Sung，2002）。当然，真正的担忧是，除非这个列表被拉得很长；否则，一旦现有的反贿赂斗争被视为已经完成或过时，对反腐败措施的支援就会消失，并留下许多未解决的其他公共腐败问题，包括"违背道德、非法资产的累积、违反采购条例、政治裙带关系、任人唯亲、滥用竞选资金、洗黑钱、非法毒品交易、黑市活动、信息自由和其他问题"（McCoy，2001，pp. 68，84，86；Williams 和 Beare，1999，p. 116）。然而，随着列表的加长，要回想起某些选择的原因变得越来越困难：为什么某些具体类型的行为和具体类型的收益是腐败，而其他不是；为什么在某些国家是腐败，而在另一些国家是可以接受的。

尽管如此，仍然存在第二个问题。即使我们对基于公职部门的腐败定义做了一个分类，我们也没有考虑到完全发生在私人部门内的腐败和不牵涉公职部门或者公共财产的腐败。例如，腐败的银行官员为分享盗窃收益或者内幕交易而将客户信息卖给有组织的犯罪团伙（Braguinsky，1996）。支持基于公职部门的定义的人很少从概念上解释为什么将他们的讨论局限在"公共领域"，即完全局限在公共部门或者在公私部门的交界处（如 Heywood，1997，p. 421）。更经常发生的事情是，腐败也是私人部门活动的一个特征，而且腐败是两个领域相互连接的，而这些事实则未被提及。一个西方的作者维持这个狭隘的方法仅仅因为它是狭隘的，"这个主题已经很复杂，不需要变得更加难处理"（Elliott，1997，p. 178）。

在西方背景下，公私分立的问题是为人所熟知的，也是没问题的，但是，当联系到以某些"公共"和"私人"领域的规模和价值为基础的现代"善"治改革时，这个腐败定义就会充满了危险。我们往往忘记，我们集中关注公共权力和/或公职部门的原因是，从 19 世纪末 20 世纪初开始的现代西方行政国家都有可能并且都必须用这种方法明确表述腐败。新型政府的"廉洁"依赖于公职人员的个人私利和职位利益在概念上的分离；同时，与私人相对的公职部门成为适用这种廉洁新基准的领域，而这样的标准则不一定适用于没被规范的或"不受控制"的社会活动领域。事实上，在大萧条时期之前的西方世界，私人领域的贪赃枉法经常被假定为对时代"进步"起着积极和必要的作用，而它的腐败状态则反映出为什么需要新型行政国家确保社会平衡。正如 Dobel（1999，p. 130）所指出的，这种见解主张把腐败当作私人利益对公共利益的"污染"，不再是必然贴切的，因为"在公职部门中追求个人目标甚至是私人利益并没有本质的错误……低俗行为的道德问题在于这个人没有将个人目标限制在正确范围内"。

因此，即使是被延伸了，传统的基于公职部门的定义也没有解释为什么或者什么时候私人利益与公共职责的结合会变为腐败。对于分离的内在要求带来的主要影响是：正如 Theobald 所言，对诚实、公正的公共行政的理想的强化，使西方对于腐败的定义有一种"虚假的精确"、"过分接近于韦伯所述的合理—合法的官僚架构的理想类型"，事实上，这种理想类型以普遍主义和非人格化为基础，而这种普遍主义和非人格化"对今天世界上即便不是大部分也是许多社会来说，至少是生疏的，甚至是不存在的"（Theobald，1990，pp. 3，8，11，73）。也许可以说，重提这种理想的西方决策者几乎无可置疑地会一如既往地遇到困难，因为在许多社会中，世袭制和/或者庇护主义不可能是政治统治的长久基础。（Lancaster，1997，pp. 189-90；Sajo，2002）。

同样的，本质的问题是西欧倾向于假定有关管理的公—私分界线的概念、组织形式和制度选择始于欧洲工业时代的官僚化，而不是公元前4世纪的印度（Bardhan，1997）、18世纪的中国（Park，1997）或各种伊斯兰教背景（Alatas，1990，pp. 40ff，118）。假定人的因素至关重要（Alatas，1990），那么，假设腐败始终是选择的问题就完全没有事实根据（Arora，1993，p. 6），这就为现在重新回顾支撑传统西方定义道德假设提供了基础，并使 Theobald 的观点得到了加强。即使是在富裕的国家，这也越来越清晰。例如，20世纪90年代的清理英国的公共领域的措施，被批评是缺乏社会学基础的，因为这些措施仍然坚持"假设，在规则有越来越多的'灰色地带'的情况下，个人可以在正确的和错误的行为之间选择"（Hodgkinson，1997，p. 34）。

对腐败的公职部门定义的已被意识到的不足有了什么回应吗？最有可能与公共责任发生冲突的私人的、政治的或其他的利益类型的多样化，最近出现一个重要的趋势，即努力拓宽原来的定义，以便与使腐败行为之所以成为腐败的本质要素联系起来。Michael Johnston 曾经提出了一个为越来越重要的非贿赂问题特别制定的、在公私部门都可使用的较宽泛的简短定义："公共或者私人党派滥用公共职能或资源，或是使用非法的政治影响"（Johnston，1997，p. 62；也可以见 Ghazanfar，2000）。但是，什么可以作为我们共同认可的参照点去判断特定类型的行为什么时候属于滥用或者非法？部分对国家廉正系统感兴趣的学者进一步将腐败定义为，"简言之，滥用权力，大部分是为了个人收益或者个人所效忠的团体的收益"（Stapenhurst 和 Sedigh，1999）。因此，不仅仅是"公共职能或者资源"，而且滥用"权力"本身也提供了关键的参照点。本质上，这问题就是，将任何所谓的权力滥用都识别为腐败就是将这个定义的边界开放到一个徒劳的主观极端。对于某些行为，某些人可能断定其为滥用，而其他人则可能断定其为正当的英勇行为。在无用的具体定义和毫无希望的宽泛定义之间，需要重新建立一些关键的参照点。

以市场为中心的定义

"三种类型"分类法的幸存可能要归功于一种关于平衡的臆想，也即第二种已被命名为"以市场为中心"的定义类型可简单地作为公共或者政府权力的对立面，为私人部门和/或市场权力的滥用提供了某些解释。遗憾的是，以市场为中心的定义往往不是这样，它所描述的经济行为与上述的以公职部门为中心的定义所描述的行为是相同的。那些行为的关键特点——再次以官员贿赂为主要关注点——是腐败公共官员"收入最大化"的行为（见 Heidenheimer & Johnston，2002，p.8）。正如 Mark Philp 已经清楚指出的那样，虽然理解以市场为中心的腐败可能很重要，但是，认为它们可以"提供一个替代定义的观点，本身在概念上就含混不清"（Philp，1997，p.444；Philp，2002，p.50）。更确切地说，它们只是体现出，特别是在 20 世纪 60 年代之后，西方经济学家表现出的对一个此前在社会科学中本被当作伦理、道德、法律和政治科学问题而非政治经济学问题的概念的强烈兴趣。

经济学家会比当代政治科学家更加满足于以公职部门为中心的定义吗？答案是，不一定。例如，1998 年国际货币基金组织财政事务部主管 Vito Tanzi，赞成世界银行继续沿用以"滥用公共权力以获得私人收益"为基础的定义，认为其"最流行和最简单"，但是，他接着指出，事实上，这确实忽略了私人部门中的腐败以及不直接涉及个人利益的腐败（见 Tanzi，1998；也可见 Bardhan，1997）。然而，官员贿赂在理论和实证研究中已是一个足够复杂和重要的问题，经济学分析并不急需跨越这个问题。经济分析会较直接地把金钱交易作为官员贿赂这一概念的中心，从而进行调查和测量。而在酬金被清楚地界定为"非法"的情况下更是如此，正如前面提到的 Rose-Ackerman 的方法，使经济学家免于为下面的问题操心：为什么某特定行为因由其他人实施而被定义为可恶的。也有人把官员贿赂这个具体的关注点当作腐败的全部或者其他形式的替代，从而在实践中有至少一个重要的现象作为明确的攻击目标（如见 Sun，2001，p.247）。

然而，特别是转到国际层面时，从经济视角看，上面提到的所有问题往往显得更为严重。除了认定某些风格的官僚化有优越性外，聚焦于公共权力的滥用带来了一个额外的问题，即认为——尽管不尽一致地，公共官僚本身就是问题的中心。市场对于贿赂的解决办法仍是创造财富,这解释了90年代的跨国反腐败措施、为交易活动减少地方壁垒(贿赂是其中一个壁垒)与基于市场自由化和去管制化的改革之间的密切关系(Heywood, 1997, pp. 428 – 30;如见Elliott, 1997, p. 176,或Rose – Ackerman, 1999被引用于Sung, 2002, "一个拥有强市场和公共部门制度的更加去个人化的社会")。同样的,这个方法里面有着文化假设,因为现代化过程强调"理性的、小家庭规模的、(基督徒/新教徒的)成就、社会流动和普世观",这些都优先于家庭主义的传统价值、封建式的分层或者任何"与市场经济功能背道而驰的"社会制度(Lipset and Lenz, 2000, p. 123)。在这些观点中,摆脱腐败"唯一有效的方式是""消除可能引发腐败机会的控制和监管",主要方式是将公共和集体财产转变为个人的私有财产(Cheung, 1996; cf Rose – Ackerman, 1997/2002, p. 355)。经济改革者,如世界银行,为自己不是采取"一刀切"的办法辩护,强调他们的概念是"在每一个国家内对腐败自我评价的框架,而不是一个提供固定改革蓝图的工具"(见 *Anti corruption in Transition* 2000, p. 54,引自Sajo, 2003, p. 175);但是,事实上是一种"相当统一而紧密的论述",其主要的关注点在于"腐败对于国外投资的影响,而发展中国家内部的腐败影响仅是次要的"(Williams and Beare, 1999, p. 116)。

除了没有忽略那些与政府不直接相关的腐败之外,围绕市场去诠释这个问题,留下了两个进一步的定义难题。一个是如1998年亨廷顿(Huntington)那个臭名昭著的预测所显示,对于贿赂之外的其他官员腐败问题,它还是不太敏感:

> 腐败是……现代化的产物,特别是政治意识和政治参与发展的产物。从长远来看,腐败的消减需要使政治参与有组织并结构化。政党是现代政治的基本制度,它可以执行此项功能……(Huntington, 1968/2002, p. 262)

如今,那种认为腐败是通往市场自由化道路的一种"过渡现象"的看法更加备受争议(Whitehead, 2002; Kotkin and Sajo, 2002)。然而,当提到政党是解决腐败问题的一个方法时,主张腐败在一定程度上可通过所有国家的自由民主"现代化"得到解决,这一想法则显得特别离奇,因为在今天,政党被认为是腐败产生的主要原因之一(Alatas, 1990, pp. 104 – 5, 114 – 15, 154ff; Lapalombara, 1994; Doig and McIvor, 1999)。另一个是人们通常会无意地假设,腐败问题在某些特定的(如非西方的和转型中的)经济中更加严重。这一假设以一种只会使真正的改革对话更加困难的方法使政治和文化上的差异不断延续。与经济理论相反,似乎有证据表明,先进的西方民主在以市场为基础的经济改革时代曾经历过腐败问题的恶化(Theobald, 1990, pp. 164 – 69; Hodgkinson, 1997; Neild, 2002, pp. 165 – 206)。随之而来的是,在殖民地时代尤为典型的有害的地方腐败文化陋习，不但没有消失反而卷土重来：

> "西化"作为"现代化"象征的自信正在被吞噬，但是同时也出现了一种观点认为西方的文明正在面临来自伊斯兰国家和亚洲资本主义国家的挑战，后者会提出道德上不可或缺的替代物。在这样的情况下，腐败的增长和道德的堕落是西方文明衰落的表现。（Heywood, 1997, p.435）

以公职部门为中心的定义的经济学版本往往使问题变得更为严重，而它们对定义的因素也的确作了更详细的解释。它们不是关注隐含在官员贿赂中的权力滥用，而是关注交换本身以及相关的交易各方之间的关系——包括委托代理关系，腐败交易就是为此而支付的一种主要"代理成本"。在这种关系中，公职人员仅仅（或主要地）是作为代理人为委托人执行任务；至于这个委托人是一个上级官员还是一般公众纳税人，则取决于一个人对民主的看法。我们可以看到，这里的关注点特别不同，关注的是关系性的而不是行为性的腐败因素，这是分类的一个重要改进。

以公共利益为中心的定义

已建立的分类法中的第三种类型，通常可以追溯到 Carl Friedrich，他认为识别腐败的最好方法不是通过公共职责和私人利益之间的技术性冲突，也不是通过对相关关系所进行的经济解释，而是通过判定一个公职部门负责人或工作人员因被金钱或者其他回报所引诱而采取违法行动致使"公众及其利益受到了损害"（Friedrich 引用 Heidenheimer and Johnston, 2002, p.9; Philp, 2002, p.45）。虽然与贿赂一致，但这个定义显然十分宽泛，因为"所有类型的活动"都有可能以这种方式导致"政体的变质"（Friedrich, 1972/2002, pp.15-16）。这种方法建立在将私人利益和公共责任之间的冲突视为问题所在的初始定义之上，因为在这里党派利益实际上对国家利益构成了挑战（Werlin, 1994；见 Hodgkinson, 1997; Werlin, 2002）。

然而，正如将腐败的特征仅仅归结为权力滥用一样，什么情况下可以判定"公共利益"受到了损害而什么情况下没有，这就成为一个开放性的问题。结果是，大部分为使腐败定义更加具体而作的尝试都是建立在不同基准上，对具有政治主观性的事物作评价。例如，Meny 改进了"一般利益"的概念并将其作为标准，但是最终还是退回以腐败行为的"秘密性"或隐秘性的本质作为唯一确定的指标，因而使"法律和伦理的公共规则"遭到破坏（Meny, 1996, p.313）。这种定义公共利益的方法很少能够解释人人都知道正在发生而又无力阻止的腐败。类似的，Deflem 试图回避以"以法定的规范行为的程序"作为表明公共利益已受到损害的参照点，因为它不能解释行贿公职人员而确保原本只是可能的事情成为必然的（Deflem, 1995, p. 248）。显然，鉴于我们所有人都知道社会、政治和法律习俗之间并不一致，而公众认为"错误的"事情不等于是"非法的"（Gorta and Forell, 1995），因此，将法律作为指南是不够的（Lui, 1996）。此外，很难清晰地确定对公众的"损害"已经发生。例如，在"制度性腐败"的例子里，滥用权力仅仅是为了获取职位的或者政治的收益（见 Dennis Thomson, Johnston 审查, 1996, pp. 331–33; Philp, 2002, pp. 42–44）；或者，"高尚原因的腐败"在表面上是符合公共利益的，但是方法不符合正当的程序（如警察伪造证据以确保某个确实犯罪的人被定罪）。

正如导言所提到的，使公共利益更清晰具体的另一个建议是参考民意——这是某些人提出的第四种定义方法，但是遭到另一些人的反对（Heidenheimer and Johnston, 2002, p. 10; Gardiner, 1993/2002, pp. 10–36）。事实上，公共利益和公众舆论可能被认为是很不一样的东西，但是，就现在的目的而言，它们有着相同的问题，即提供了一个无用的、主观的、变化不定、随文化而变化的平台，来评估权力什么时候被恶意而非善意滥用。

在任何情况下，如果作为一种从一个社会转移到另一个社会治理规范的样板，"公共利益"或者"公众舆论"的方法同样存在前述方法中同样的问题。用何种方式来转移这些规范分别并不大——来自"西方的政治观点"可能根本不适合其他背景下的民众关于公共利益的概念（Philp, 2002, pp. 45, 47–48）；同时，在某些非西方背景下的政治生活的标准也可能会过高而使西方制度难以轻易接受（例如，中国传统认为，因疏忽职守而使社会利益偶尔受损应受到与故意贿赂行为相同的谴责，见 Park, 1997; Sun, 2001, p. 248）。即使是公共规范和行为标准有表面上的普遍性，事实上，在任何社会中，唯一真正可靠的找出定义腐败标准的方法是通过民族志的细节描述，但这种方法运用得比较少（Gupta, 1995, p. 388, n. 44）。前一段时间，Johnston 基于以公职部门为中心的基础定义得出结论，认为腐败必定是"一个政治上有争议的或者未解决的概念"，它只能根据相应的背景来定义从而与"构成一个社会公共秩序系统的法律或者社会标准"相一致（Johnston, 1996, pp. 331, 333; 1997, p. 62; also Doig and McIvor, 1999）。所以，在很多方面，基于公共利益的方法都显示，国际上现有的对于腐败本质作为一个政策问题的共识可能比西方文献中所指出的还要虚幻，因而它最终往往会使任何一般性的定义更加无力。

需要更多的定义，还是更少

对某些人而言，现存英语语言中定义性框架的不足确实提供了放弃寻求定义的借口。某些人认为，在"真实世界中，当腐败达到一种极度盛行的程度时，积极地、有创见地考虑如何清除它比达成关于它是什么的共识更为重要"（Bull, 1997, p. 182）。然而，除了官员贿赂这个已经得到很好描述的领域，我们怎能阻止一个我们还不能共同确定的问题？我们又怎会知道我们什么时候取得了成功？

根据 Barry Hindess 的说法，困难的核心是概念问题，即尽管腐败阻止、破坏或者改变了行为本来的状况，我们仍缺乏一个普遍令人满意的概念来描述那些怀疑或直觉认为的腐败行为（Hindess，1997）。我们需要更清楚地知道什么是对的，才能清楚地知道什么是错的。Philp 同意这种观点，但认为无法找到这样一种具有普遍意义的方法：

> 腐败一词的问题不在于其本身……问题的出现在于把它应用到政治上。定义的问题是众多的，因为几乎没有关于"自然合理的政治条件"的一般共识。……政治腐败一类的定义本质上就带有误导性，因为它们没有清楚地表明公职部门的特性及政治活动的特殊目的是界定腐败及其构成的根本。（Philp，1997，pp. 445 - 46；2002，pp. 51 - 52；也见 Heywood，1997，p. 422）

因此，Williams（1999）指出，寻找可用于比较的"全能定义……是徒劳的"，并提醒我们，重要的是要清楚我们说的是什么，而不必强求也没有必要拘泥于一种含义。同时，Moran 总结道，研究腐败只有采用一种"移动目标"的方法将其置于一定背景之下，而不要费力去给腐败下单一的定义，因为这就像定义阶级一样，是不切实际的……除此以外，别无它选（Moran，2001，p. 380）。

按照这些分析，我们应该停止讨论腐败，转而更具体地讨论我们所关注的某个背景中的特定问题、行为或罪行。遗憾的是，这样做似乎与参照一个本应更好的概念去解释现存的普通概念的不足这个非常现实的问题无关，也不能解决关于腐败和政府改革这两个议题的现实政治——或现实地缘政治——或国际标准设定的持续不确切状态。考虑到这个词的普遍性和普及性，如果无法找到一个更令人满意的、更全面的定义方法，那将非常令人失望。西方的定义中正发生着这样的转变；同时，突破西方定义的局限考虑其他背景，这可能会带来一些希望。

作为滥用委托权力的腐败：来自茂物（Bogor）的经验教训

腐败概念的实质

本章希望从四个来源中寻找到一个更令人满意的定义方法，所有的这些来源都指出，要围绕腐败的"本质"为其重新确立一个更清晰的社会科学和公共政策的概念。重要的不是这里提到的任何一个是否特别的"新"，而是似乎已经从对描述明显不足的状态中发展出了阐明问题的趋势。这个分类学是否是我们一开始提到的这些趋势中最好的，则是我们随后要讨论的次要问题。

第一个希望的来源是政策社团的需求压力，他们需要的定义要比初始的以

"公共部门"为中心的定义更宽泛,且要与不同学科对腐败定义的简单重新界定截然不同。腐败根本上是权力的滥用,这种认识是跨越式的。但是,回到早前的问题,什么类型的权力?透明国际(TI)提出了一个高度象征性的答案,透明国际(TI)是成立于1993年的全球非政府反腐败联盟,在成立后的第一个10年里,它将其对腐败所做的简短定义从最初的官员贿赂的定义,重新确立为更加宽泛的"滥用委托权力以获取私人收益"(见 Pope,2000)。将"公共"向"委托"调整有一个复杂的历史,其中一个相关的事实是透明国际(TI)的一些方法受到了外界的批评。尤其是由腐败感知指数带来的影响,该指数只责备政府的腐败行为,而忽略了贿赂他们的商界。有时候,透明国际(TI)甚至会被错误地指责为最先构建了以公职部门为中心的定义(Werlin,2002),但批判地分析透明国际所用方法的含义则仍是明智的(Hindess,2004)。无论如何,为了满足扑面而来的扩展以公职部门为中心的腐败定义,以便涵盖界定非公职部门的相关或同类行为的需要,透明国际(TI)愿意重启一个定义腐败根源的基础概念之门。不是所有的权力(公共的或者私人的)被滥用了,我们就会说"腐败",认定腐败行为的核心事实是,这个权力并不是公职人员自己的、能够随意滥用的,而是"基于委托关系"让他们持有和行使的。

第二个希望来源是澳大利亚和印度尼西亚的社会科学家于2003年10月在西爪哇茂物(Bogor)就这个议题进行的管治对话所取得的积极成果,这也是本章的基础材料。这次对话由开放社会研究所资助,它是笔者所在的机构与印度尼西亚国家伊斯兰教大学(UIN)连同来自澳大利亚和印尼的其他地方的合作者之间的一系列对话中的其中一次①。面对选择抛弃在社会学和经验上无益于跨文化目的的"腐败"一词,对话小组寻求并在一个比透明国际(TI)修正后的定义(被认为是一个明确的改进,更宽泛的定义)中找到了"腐败"一词的共享含义之本质。茂物(Bogor)的腐败定义十分简单,就是"滥用委托的权力"。有人认为,经透明国际改进的定义仍存在的不足是,它对"私人受益"仍保留同等的关注,并将其作为这个问题的定义性特征,那么,再次无法避免的问题是,有关金钱或者类似的得益的"个人主义"的看法并不一定是一些重大腐败问题的核心。必须马上加入"政治收益",然后再加入其他类型的行为可能永无止境,但在某种程度上,这将令概念的根源继续主观化、变得更加混乱。茂物(Bogor)

---

① 开放社会研究院——赞助的关于问责、透明和腐败的治理对话于2003年10月在西爪哇的茂物(Bogor)举行,参加者包括印尼雅加达的 Syarif Hidayatullah 国立伊斯兰大学(Universitas Islam Negeri - UIN)的研究伊斯兰和社会的印尼中心(Pusat Pengkajian Islam dan Masyarakat - PPIM),以及澳大利亚布里斯班内森的格里菲斯大学的伦理法律正义和治理的关键中心(KCELJAG)。笔者感谢讨论的参与者,特别是 Tunku Abdul Aziz, Jamhari Mukraf, Fadhil Lubis, Fuad Jabali, Ismat Ropi, Azyumardi Azra, Tim Lindsey, Barry Hindess, Manu Barcham, Robyn Lui and Theresa Chataway;同时也很感谢 Carmel Connors 不断给予的研究支持,当然还有 Charles Sampford。然而,有些危险的是,这里关于对话的解释都是笔者的见解。

定义有意识地强调，这个想法的本质单单就在于我们是否有能力去发现权力已通过社会认可的方式（如那些西方律师事后认定为"构建性的委托"的方式）委托出去——却被滥用了。滥用的特征是次要问题，因为很明显它的类型和形式是变化的，而这种变化也一定会继续。

第三个希望来源是对把"委托的权力"作为腐败的本质并加以关注的支持，这种支持来自于关于以公职部门为中心的定义的经济学解释当中更有用、更基本的深刻见解，这已在前面论及。通过关注因贿赂等腐败问题而导致破裂的委托—代理关系，经济学的解释提示，我们关注的不是具体行为，而是权力的最初来源与那些被委以权力的人之间关系的不一致（Johnston 1996；也见 Lancaster and Montinola，1997，p. 190，n. 23）。这种关注的好处是，它从这些关系中推测而非当作具体行为的固定标准来表述"公共利益"，因而恢复了一种更通用、更少争议性的"公共利益"概念：

> PAC（委托—代理—服务对象）方法为以委托人利益的形式给公共利益作解留出了空间。尽管它是……把两者等同起来的"一种不合理的假设"，PAC 方法确实更加直接地关注公共利益和问责制，并把这两者当作政治和制度环境的组成部分，而不是试图（如 Freidrich 所做的）将这些问题放在我们对个人行为本身的评价上。（Johnston，1996，pp. 325-26，引自 R. E. Klitgaard）

当然，基于代理人不会完全利他而总是被私人收益最大化所驱动的假设，对经济学家而言，在利益上最为克己的委托—代理—服务对象关系也可以被解释得很狭隘。这样的认知继续支持着认为因腐败是自然的自我最大化行为，它在理论上可以是积极的这样的观点，如 Lui（1996）认为腐败是"回应市场失灵的最优选择，可以改善分配效率"）。或许，更重要的是，经济学注意到的可能会影响委托—代理关系的因素往往过于简单化，如 Saznto（1990）单单从工资和"保持诚实的道德满足感"两个方面定义"净收益"并以此推测，只要一个代理人从腐败中得到的"净收益"超过"诚实"的净收益，他/她就会腐败。这漠视了可能会导致相似结果的一系列其他的积极和消极的社会的、政治的、制度的因素。虽然如此，对有可能出现腐败的关系保持关注是有用的。

最后，第四个希望来自政治委托关系的存在及对其的违反都一直与腐败的概念相联系（Theobald，1990，p. 44），尽管它在概念中的中心地位最近开始在社会学和政治科学中以更加清晰的方式重新出现。对委托的关注也有不可忽视的困难，正如 Philp（2002，p. 42）所注意到的，他常常将"违反公众对公职人员的委托"作为定义官员贿赂的特征，但是，他同时也看到最基本的问题在于，事实上，"形成这种委托的构件经常是被（正式的）问责机制看作是腐败的——地方网络、庇护主义、个人的忠诚和友谊"（Philp, 2001, p.357; see similarly Sung, 2002, p.142）。然而，离开了私人利益与公共职责自动对立的假设，或者离开了把客观的普遍主义置于现实中特定人脉关系之上的偏好，表面上，由委托概念内在的基本人格主义导致的问题将会消退。确实，在完全个人主观的和正式制度化的委托概念之间，存在一些把委托视为有效的社会功能的"黏合剂"的政治和社会学的委托概念：

> 将委托作为一种行动的形态，作为理解政治的关键，当然不是要推荐一种在策略上非理性的轻信，或者对大人物的智慧、能力或者善良的一种感性的误解……然而，在世界大部分的区域里，我们现在有理由相信，建立或者维持一个有助于人类繁荣的社会框架确实依赖于建立和维持在一定程度上值得并得到委托的政府和责任的结构。（Dunn, 1988/2000, pp.75-80；也见 Bouckaert and Van de Walle, 2003, p.340）

这个概念无须去预先假设一种特定类型的政治体制（如民主的、契约的、共产主义的、宗教的），它开始满足 Hindess 早前发现的需求——即需要对我们希望掌权者如何管治有一个更清晰的想法，以便在管治已变得腐败的情况下我们能够分辨。我们或许并不惊讶，Diego Gambetta，一个对委托有深入研究的学生（Gambetta, 1988/2000），用以下的说法阐述腐败问题，而他使用的方式的逻辑有助于对为什么在现代民主社会中腐败依然是这样一个普遍的、再生的问题给出有力的解释：

> 腐败是寄生于委托关系中的；腐败首先从（一个委托者[T]和一个受托者之间的）委托关系开始腐化，以及潜在地使委托人和其他任何受委托人分配规则影响二者之间的委托关系资本腐化。规则是这样的：委托关系的数量越多，潜在的腐败问题就越严重。因此，从绝对意义上说，一个腐败越大的社会不一定比其他腐败少的社会更加糟糕，因为，腐败程度低可能是拥有更少机会和更缺乏委托的结果，而不是根源于良好的行为。（Gambetta, 2002, p.54；也见 Sajo, 2003）

在一段甚至更长的时期内，其中一位引领世界腐败研究的社会学家，一直坚持在他的研究中使用委托权力的概念作为腐败定义的核心，用类似于透明国际（TI）之后所使用的术语把腐败定义为"滥用委托以获取私人收益"（Alatas, 1990；也见 Heywood, 1997, pp.425-26）。腐败可以有多种特征，但是，根据 Syed Hussein Alatas 所言，其中一个至关重要的特征是"所有形式的腐败都是对委托的背叛"（Alatas, 1999, pp.7-9）。虽然他赞成"腐败现象的核心"一直都是贿赂或者类似的行为，但强调使用一个更宽泛、更彻底的定义的正确性，因为"无法通过区分腐败的不同类型将它们放在适当的评价背景中，只会带来混乱和浪费时间"（Alatas，1990，p. 3）。虽然 Alatas 在其定义中保留了私人收益这个标准，但他强调，对委托的背叛就是"腐败的本质"，且这一观念在国际具有普遍性，因为背叛委托"在日常生活中是被人类普世道德所排斥的"（Alatas，1990，p. 10）：

> 每个社会都有个人的和公共的定义。只要存在这种区分，腐败就会发生。在一个没有个人所有制的社会中，没有现金经济和没有劳动分工，仍然会有腐败，但这种腐败不涉及财富或者财产的交换。腐败是一个类似于权威的概念。这个重大社会现象的概念总是有着一般的意义，其核心不会随着时代的发展而改变。会随着时间和条件变化的，只是其核心以外的一些因环境形成的相关表象。（Alatas，1990，p. 109）

自从 20 世纪 60 年代后期 Alatas 写成他的第一本书以来，这样清晰的定义指引早就应该是可用的，即使不是必需的。这个定义不应是基于政治、法律或经济学，而应基于社会学，而且它应当是来自西方以外的地方。

区分关系、行为和标准

重新发现的腐败概念的"本质"如何帮助我们进行一个新的定义分类？很清楚的是，分类还是必需的，因为即使已说到本质上，但将腐败定义为"滥用委托的权力"（使用茂物的方法）仍然是很笼统的。它的优势在于，可作为一个更好的初始定点进行各种分类，从而展开进一步的论述。相较于以公职部门为中心、以市场为中心或者以公共利益为中心的方法，在根本上，这个笼统的定义是以关系为中心的。它要求参照那些用以指示应该如何使用权力的表述性的、暗示性的或解释的委托条款，对一个特定的问题进行概念化的分析，以便日后识别对委托的背叛是否发生和如何发生。委托的概念直接提及了关系以及有关约定和相关条款的某种共识。至于把特定的行为类型与特定的社会、政治和法律标准联系起来对背叛作判断，则属于次等的考虑范畴。

所以，改进方法的第二个关键步骤，可能不是仅仅确定一个更"本质的"定义，而是从旧有的三种类型分类中把缠绕在一起的概念性问题分离开来。如前述表 3-1 和表 3-2 所指出的，这种分离可能与 Gambetta（2002）所做的判断是一致的，都认为腐败的内容包括"行为的"和"关系的"两个方面——后者指的是委托关系，而前者则是指那些被确定为背叛委托关系的特定行为。

表 3-1 同时归结并延展了现存的分类，使它变为围绕腐败概念中心的关系性内容而进行的从一般表象到具体表象的简单连续性分类。然而，旧的"公共利

益"定义类型被去掉，因为它基本上不是关系的概念，而是与我们用于确定背叛委托关系的行为的判断标准不同的。虽然特定行为总是并且还将会是一个不断扩展、收缩和变化的清单，而当中始终重要的是，对于标准的范围或来源要有更详细的认识，以便我们可在不同的背景中判断具体的行为是否背叛了委托关系。进一步阐明什么情况下我们在改变和在混用这些标准，可能会更易于使人们对具体行为被定为腐败的情况和原因有更"客观"（或至少一致）的理解。澳大利亚的经验表明，这样做是有好处的，它可以取代让律师去描述许多确实（行动上）或可能（意图上）代表了在行为上或者道德上应受谴责的滥用委托权力的行为，用公职人员乐于利用的律师的技术性描述去为他们的某一种特定的腐败行为脱罪。

与假设只有清晰的事先设定的法律标准才能用于鉴定腐败相反，很明显，任何或者所有现存的法律、伦理、道德、规范或者宗教标准都可被用于解释委托权力的廉洁受到破坏的情况，这也是可能合法的事后追溯的过程，而不是用传统的法理工具去诠释违反预设规则的行为。也许可以说，公共行为标准的大幅提高只会出现于一个新标准被制定出来的时候，而不会出现于现行法律标准得到完全执行的情况下（在定义上通常是不可能的）。在澳大利亚，这是 1992 年 Greiner - Metherell 事件的教训，同样也是昆斯兰州 Bjelke - Petersen 时代于 1989 年消亡所留下的长远教训——在这两个事件中，具统治地位的政治领导层感觉到他们被自己时代的标准"不公平"地评价，而新标准对他们的评价也是"不公平的"（见 Philp，1997；2002，pp.53 - 54.）。这与国际上的证据相一致：经济、法律或制度的技术性对策本身，从来都不足以推动反腐败改革；相反地只有在这种推动力具有更深入的民众或文化基础的时候，这些标准才能真正改变（Arora，1993，p.19）。

表 3 - 2 所描述的八种类型的标准已经被广泛地使用，它们都不是最终的，但都是合理而不需多加说明的。从更"客观"的或更详细的标准来源到那些尽管明显是正确的（事实上，必然的）却被认为更具争议性的标准来源，这个列表在某种程度上带有主观性。茂物的讨论提到了"现世—法律"标准与"宗教—法律"标准之间的区分，只要一个可辨别的并可执行的宗教法律系统与主导大部分国家的现世法律系统并存或有联系，那么这种区分就会出现。腐败的经济标准是值得区分出来的，因为它们的基本参照点主要是通过市场规则判断市场和经济活动的"廉洁性"，尽管这些规则本身已是清晰有效的，但它们可能与其他标准或概念有着密切的关系。腐败的制度概念指出，法律或者道德规定的程序的廉洁性也可能遭到损害，即使损害行为本身是合法的，或是通常意义上也是合乎道德的，或者甚至动机是良好的。

最后，公共利益和公众舆论的标准也值得区分开来，因为，在政治和社会学上，它们有完全不同的来源——公共利益的主张一般是通过带有辩论目的或受特定精英、局部利益、媒体等机构控制的程序界定的，而公众舆论一般被认为是用特定方式测量的群体现象（从选举到民意调查再到严谨的社会科学研究）。此外，以"公众舆论"作为鉴别标准和拒绝腐败，不一定仅仅是对民主制度中有关主导现世、代表自由和具有普世价值的模式的引用。在茂物，Fadhil Lubis 教授认为，在温和的印尼伊斯兰国家，掌权者必须遵守的基本的委托关系来自于上帝而非民众，但是，民众的福祉是上帝优先考虑的事，因此民众的意愿在这类问题上就成了上帝意愿的合法替代物——对于掌权者而言，回应乌力马（宗教官员）的愤怒，或者让乌玛（伊斯兰国家或者政体）自己放弃他们，比让乌玛去等待掌权者体验上帝直接的愤怒要来的好。Lubis 恳求穆斯林关注腐败，记住"上帝在《古兰经》中的告诫"：

  确实，上帝不会改变一个国家的状况，除非他们自己改变。（引自 Lubis，2003，p. 13）

  如果说这个新的定义方法有一个优势，那就是，在进行测量或大规模改革以求改变之前——促使研究者/改革者把问题置于社会和政治背景中考虑，从而更清晰有力地解释，为什么不该有的行为是不受欢迎的——它违背或破坏了哪些根本的社会价值观和程序。当然，这个方法有它的局限性，最主要是难以划分哪些委托关系足够重要而得以纳入这个宽泛的定义，同时哪些则不够重要而不得纳入。例如，在澳大利亚，毫无疑问，教师对一个已到法定年龄的学生的性侵犯，在没有违法的情况下，也代表了对基于委托权力的关系的一种破坏，这足以被认定可纳入这个宽泛的定义中——比家长或学生贿赂老师以提高分数等行为有更大的腐败风险。然而，尽管我们通常认为，父母对一个已到法定年龄的孩子的性侵犯在社会或者道德上甚至更令人厌恶，但我们很少将它归类为"腐败"问题。类似的，在商业领域，我们把内幕交易、欺诈以及股东、董事和经理之间的隐蔽的金融交易认定为腐败。然而，对于消费者的误导和欺诈行为则不可能被认定为腐败，尽管它代表着违背了一种社会承认的委托（例如，可同时采用民法和刑法进行法律诉讼的情况）的行为，因为，社会更希望看到的是，企业应该面对被发现"说谎"而带来的后果，而不是它们永远不被允许跨越"真相"的界限。然而，新的定义可能提供了一个新的出发点去考虑这些困境。

结论：一个重塑的分类

  在表 3-1 和表 3-2 中，尝试重新形成的定义分类可能被认为是过于简单、平淡无奇、模糊不清，当然，它的基本原则也是旧的。然而，它力求把握已在进行的一种演变过程，在这种演变中，一系列跨越了政治学、法律、经济和伦理视角的辩论都力图在现行的根本原则的基础上重新形成一套新的根本原则。在这个重建的需求中，最突出的是，要实现当前任何跨文化、社会和政治边界去定义腐败的尝试都必须更加积极地同时满足一般化和特殊化这个复杂要求，无论是为了研究还是改革目的。或许，这些建议的方法最实用之处超越了旧有的 Heidenheimer 和 Johnston 再造的"三种类型"分类，它促使研究进一步发展，倡导在识别相关的委托关系及滥用这些关系的行为的基础上，从背景入手对围绕腐败概念的态度和实践进行深入研究。这必定能够提高有针对性地应对已感知到的腐败问题的可能性，而不是引进为腐败问题而设计的模板，这些问题可能会在其他背景中出现并具有可比性，但不一定完全相同或有相同的顺序。新的基本分类法带来的希望在于，它能够发现和构建一个真正的共同主题，有利于我们在合适的水平上对能够概括的东西加以概括。而次级分类背后的希望在于，它能够提供一个灵活相称的方法以找到需要的特质从而推动实质性的政治、法律和制度行动。在许多国家，在提升公共生活质量方面没有取得实质性进展的主要问题在于，"在各地都强调相同的因素，因而任何地方都不适用的改革方案"遍地流行（Johnston in Quah, 2003, p. 244）。这里的目的原本是展示为腐败确立一个可被各地认可的定义方法的潜在可行性，却促使了研究者和改革家在真正准备行动之前，将他们的分析深嵌于他们所关注的特定的社会背景中。

参考文献

[1] Alatas S H. Corruption, Its Nature, Causes and Functions [M]. Avebury: Aldershot, 1990.

[2] Alatas S H. Corruption and The Destiny of Asia, Malaysia [M]. [S. l.]: Prentice Hall and Simon and Schuster, 1999.

[3] Arora D. Conceptualising the Context and Contextualising the Concept: Corruption Reconsidered [J]. Indian Journal of Public Administration, 1993, 39: 1 – 19.

[4] Bardhan P. Corruption and Development: A Review of Issues [J]. Journal of Economic Literature, 1997, 35 (3): 1320 – 46.

[5] Bouckaert G, Van de Walle S. Comparing Measures of Citizen Trust and User Satisfaction as Indicators of "Good Governance": Difficulties in Linking Trust and Satisfaction Indicators [J]. International Review of Administrative Sciences, 2003, 69 (3): 329 – 43.

[6] Braguinsky S. Corruption and Schumpterian Growth in Different Economic Environments [J]. Contemporary Economic Policy, 1996, 14 (3): 14 – 25.

[7] Brown A J, Uhr J. Integrity Systems, Conceiving, Describing, Assessing

[R]. Adelaide: Australasian Political Studies Association (Paper Accepted for Programme and Submitted for Refereeing), 2004.

[8] Bull M J, Newell, James L. New Avenues in the Study of Political Corruption [J]. Crime, Law and Social Change, 1997, 27: 169-83.

[9] Cheung S N S. A Simplistic General Equilibrium Theory of Corruption [J]. Contemporary Economic Policy, 1996, 14 (3): 1-6.

[10] Collier M W. Explaining Corruption: An Institutional Choice Approach [J]. Crime, Law and Social Change, 2002, 38: 1-32.

[11] Deflem M. Corruption, Law, and Justice: A Conceptual Clarification [J]. Journal of Criminal Justice, 1995, 23 (3): 243-58.

[12] Dobel J P. Public Integrity, Johns Hopkins University Press [M]. Baltimore: [s. n.], 1999.

[13] Doig A, McIvor S. Corruption and its Control in the Developmental Context: An Analysis and Selective Review of the Literature [J]. Third World Quarterly, 1999, 20 (3): 657-76.

[14] Dunn J. Trust and Political Agency [M] // Gambetta D. Trust: Making and Breaking Cooperative Relations. Oxford: Basil Blackwell, 1988; Electronic Edition 2000, Department of Sociology, University of Oxford. http: //www. sociology. ox. ac. uk/papers,, 2000.

[15] Elliott K A. Corruption as An International Policy Problem: Overview and Recommendations [M]. Elliott K A. Corruption and the Global Economy, Institute for International Economics, Washington, D. C.: [s. n.], 1997

[16] Friedrich C. Corruption Concepts in Historical Perspective [M] // Heidenheimer A J, Johnston M. Political Corruption: Concepts and Contexts. New Jersey: Transaction Publishers, 1972/2002.

[17] Gambetta D. (ed.) Trust: Making and Breaking Cooperative Relations [M]. Oxford: Basil Blackwell, 1988; Electronic Edition 2000, Department of Sociology, University of Oxford, http: //www. sociology. ox. ac. uk/papers., 2000.

[18] Gambetta D. Corruption: An Analytical Map. [M] // Kotkin S, Sajo A. Political Corruption in Transition: A Skeptic's Handbook. Budapest: Central European University Press, 2002.

[19] Gardiner J. Defining Corruption [M]. Heidenheimer A J, Johnston M. Political Corruption: Concepts and Contexts New Jersey: Transaction Publishers, 1993/2002.

[20] Ghazanfar S M, May, Karen S. Third World Corruption: A Brief Survey of the Issues [J]. The Journal of Social, Political, and Economic Studies, 2000,

25 (3): 351-69.

[21] Glynn P, Kobrin S J, et al. The Globalization of Corruption [G] // Elliott K A. Corruption and the Global Economy. Washington D. C.: Institute for International Economics, 1997: 7-27.

[22] Gorta A, Forell S. Layers of Decision: Linking Social Definitions of Corruption and Willingness to Take Action [J]. Crime, Law and Social Change, 1995 (23): 315-43.

[23] Gupta A. Blurred Boundaries: The Discourse of Corruption, the Culture of Politics, and the Imagined State [J]. American Ethnologist, 1995, 22 (2): 375-402.

[24] Heidenheimer A J, Johnston M. Political Corruption: Concepts and Contexts [M]. New Jersey: Transaction Publishers, 2002.

[25] Heywood P. Political Corruption: Problems and Perspectives [J]. Political Studies, 1997 (45): 417-35.

[26] Hindess B. Democracy and Disenchantment [J]. Australian Journal of Political Science, 1997, 32 (1): 79-93.

[27] Hindess B. International Anti-Corruption as a Program of Normalisation [C]. Occasional Paper to Political Science Program, Research School of Social Sciences, Australian National University, Canberra, June 9, 2004.

[28] Hodgkinson P. The Sociology of Corruption, Some Themes and Issues [J]. Sociology, 1997, 31 (1): 17-36.

[29] Huntington S P. Modernisation and Corruption [M] // Heidenheimer A J, Johnston M. Political Corruption: Concepts and Contexts. New Jersey: Transaction Publishers, 1968/2002: 253-63.

[30] Jain A K. Corruption: A Review [J]. Journal of Economic Surveys, 2001, 15 (1): 71-121.

[31] Johnston, M. The Search for Definitions: The Vitality of Politics and the Issues of Corruption [J]. International Social Science Journal, 1996, 48 (3): 321-35.

[32] Johnston M. Public Officials, Private Interests, and Sustainable Democracy: When Politics and Corruption Meet [G] // Elliott K A. Corruption and the Global Economy. Washington D. C.: Institute for International Economics, 1997: 61-82.

[33] Kaufmann D, Siegelbaum P. Privatization and Corruption in Transition Economies Journal of International Affairs, 1997, 50 (2): 419-59.

[34] Kotkin S, Sajo A. Political Corruption in Transition: A Skeptic's Handbook

[M]. [S. l.]: Central European University Press, 2002.

[35] Lancaster T D, Montinola, Gabriella R. Towards a Methodology for the Comparative Study of Political Corruption [J]. Crime, Law and Social Change, 1997, 27: 185-206.

[36] Lancaster T D, Montinola, Gabriella R. Comparative Political Corruption: Issues of Operationalization and Measurement [J]. Studies in Comparative International Development, 2001, 36 (3): 3-28.

[37] Lapalombara J. Structural and Institutional Aspects of Corruption Social Research, 1994, 61 (2): 325-51.

[38] Lipset S M, Lenz G S. Corruption, Culture and Markets [M] // Harrison L E, Huntington S P. Culture Matters: How Values Shape Human Progress. [S. l.]: Perseus/Basic Books, 2000.

[39] Lubis N A F. Muslim Fight Against Corruption: some Bases in Islamic Criminal Law, Islamic - Western Dialogue on Transparency [C]. Bogor: Accountability and Corruption, 2003.

[40] Lui F T. Three Aspects of Corruption [J]. Contemporary Economic Policy, 1996, 14 (3): 26-29.

[41] McCoy J, Heckel, Heather. The Emergence of a Global Anti - Corruption Norm [J]. International Politics, 2001, 38: 65-90.

[42] Meny Y. "Fin de siecle" Corruption: Change, Crisis and Shifting Values [J]. International Social Science Journal, 1996, 48 (3): 309-20.

[43] Moran J. Democratic Transitions and forms of Corruption [J]. Crime, Law and Social Change, 2001, 36: 379-393.

[44] Neild R. Public Corruption: The Dark Side of Social Evolution [M]. London: Anthem Press, 2002.

[45] Park N E. Corruption in Eighteenth - century China [J]. The Journal of Asian Studies, 1997, 56 (4): 967ff.

[46] Philp M. Defining Political Corruption [J]. Political Studies, 1997, 45: 436-62.

[47] Philp M. Access, Accountability and Authority: Corruption and the Democratic Process [J]. Crime, Law and Social Change, 2001, 36: 357-77.

[48] Philp M. Conceptualizing Political Corruption [M] // Heidenheimer A J, Johnston M. Political Corruption: Concepts and Contexts. New Jersey: Transaction Publishers, 2002: 41-57.

[49] Pope J. Elements of a Successful Anticorruption Strategy [G] // Stapenhurst R, Kpundeh S J. Curbing Corruption: Toward a Model for Building National

Integrity. Washington D. C.: World Bank, Economic Development Institute, 1999: 97-104.

[50] Pope J. Confronting Corruption: The Elements of a National Integrity System (The TI Source Book) R. Berlin and London: Transparency International, 2000.

[51] Preston N, Sampford C, Connors C. Encouraging Ethics and Challenging Corruption: Reforming Governance in Public Institutions [M]. Sydney: Federation Press, 2002.

[52] Quah J S T. Curbing Corruption in Asia: A Comparative Study of Six Countries [M]. Singapore: Eastern Universities Press, 2003.

[53] Rose-Ackerman S. When is Corruption Harmful? [M] // Heidenheimer A J, Johnston M. Political Corruption: Concepts and Contexts. New Jersey: Transaction Publishers, 1997/2002: 353-71.

[54] Rose-Ackerman S. Corruption and Government: Causes, Consequences and Reform [M]. Cambridge: Cambridge University Press, 1999.

[55] Sajo A. Clientelism and Extortion: Corruption in Transition [M]. Kotkin S, Sajo A. Political Corruption in Transition: A Skeptic's Handbook. Budapest: Central European University Press, 2002.

[56] Sajo A. From Corruption to Extortion: Conceptualization of Post-communist Corruption [J]. Crime, Law and Social Change, 2003, 40: 171-94.

[57] Stapenhurst R, Sedigh S. Introduction: An Overview of the Costs of Corruption and Strategies to Deal With It [G] // Stapenhurst R, Kpundeh S J. Curbing Corruption: Toward a Model for Building National Integrity. Washington D. C.: Economic Development Institute, World Bank, 1999: 1-9.

[58] Sun Y. The Politics of Conceptualizing Corruption in Reform China [J]. Crime, Law and Social Change, 2001, 35 (3): 245-70.

[59] Sung H. E. A Convergence Approach to the Analysis of Political Corruption: A Cross-national Study [J]. Crime, Law and Social Change, 2002, 38: 137-60.

[60] Szanto Z. Principals, Agents, and Clients: Review of the Modern Concept of Corruption [J]. Innovation, 1999, 12 (4): 629-34.

[61] Tanzi V. Corruption Around the World: Causes, Consequences, Scope, and Cures [J]. International Monetary Fund Staff Papers, 1998, 45 (4): 559-94.

[62] Theobald R. Corruption, Development and Underdevelopment [M]. Durham: Duke University Press, 1990.

[63] Vittal N. Corruption and the State [J]. Harvard International Review, 2001, 23 (3): 20-25.

[64] Werlin H H. Revisiting Corruption with a New Definition [J]. International Review of Administrative Sciences, 1994, 60: 547-58.

[65] Werlin H H. Secondary Corruption: The Concept of Political Illness [J]. The Journal of Social, Political, and Economic Studies, 2002, 27 (3): 341-62.

[66] Whitehead L. High Level Political Corruption in Latin America: "Transitional" Phenomenon? [M] // Heidenheimer A J, Johnston M. Political Corruption: Concepts and Contexts. New Jersey: Transaction Publishers, 2002: 801-17.

[67] Williams J W, Beare M E. The Business of Bribery: Globalization, Economic Liberalization and the "Problem" of Corruption [J]. Crime, Law and Social Change, 1999, 32: 115-46.

第四章

测量腐败
——客观指标的有效性和精确度

约翰兰·布斯多夫[①]

导 言

透明国际的腐败感知指数（CPI）是从 1995 年开始编制的一个年度指数。很多年前，笔者在哥廷根大学（The University of Geottingen）就开始了这个指数背后的操作性工作；在笔者的领导下，目前，这项工作已经在帕绍大学（The University of Passau）完成。这个指数以横向跨国比较的回归分析为基础，在腐败的原因和后果研究中占核心地位。Lambsdorff（1999）已经对这个指数的贡献作了综述。本文将对这个指数背后的方法论作深入的解释。

CPI 的目标是提供多国内部对腐败的广泛感知的数据。这是增强对各国腐败水平的理解的一个方法。在如此复杂和具有争议性的腐败领域里，还没有建立起一种单一数据来源或者调查方法，可以把完美的抽样框架、令人满意的国家覆盖范围和具有完全说服力的方法论结合起来，以进行比较性的评估。这就是 CPI 采用复合指数这种方法的原因。

[①] 作者是透明国际的高级研究顾问，德国帕绍大学经济学系的经济学理论讲座教授，Innstrasse 27，94030 Passau，德国，电话：49-851-5092550，jlambsd@gwdg.de。作者感谢 B. Efron、F. Galtung、J. Pope、S. Rose–Ackerman，特别是 W. Zucchini；感谢 M. Schinke 和 C. Schinke 收集数据。

客观与主观数据的对比

不带偏见的硬数据很难获取,并且通常有效性会受到质疑。联合国(1999)曾收集过这样一套数据。这是一个对于国家机构的调查,收集关于被举报罪案的发生率的数据。所有的国家数据均来源于国家关于罪案的正式统计数据。然而,在各国的背景下,关于腐败和行贿的精确的法律定义都可能不同。贿赂、贪污和欺诈之间的区别可能难以处理;同时,各个国家机构所运用的计算和聚合这些数据的统计方法都可能与其他地方所运用的有很大的不同。例如,新加坡和中国香港对贿赂都有非常高的人均定罪率。这可以得出结论,在很大程度上,这些数据取决于一个国家的司法系统在起诉腐败方面的效率和能力。在这个情况下,腐败程度高意味着反腐败主动性的成功,而不是现实中腐败严重。由于这样的问题伴随着客观数据而出现,因此,关于感知的国际调查可作为一种编制国家排名的好方法。

2002 年的数据来源

在选择数据来源之前,作为基本决策过程的组织准则已经制定。这包括数据来源能够被采用而需达到的实际标准,以及如何在透明国际指导委员会的帮助下完成最终决策的组织准则。这过程旨在使最终的决策能够尽量透明并有活力。由此最后决定,2002 年 CPI 的数据来源包括以下这些:

- 世界经济论坛(WEF);
- 瑞士洛桑管理发展学院(IMD);
- 库柏贿金流动之家(PwC);
- 世界银行的世界企业环境调查(WBES);
- 经济学人情报中心(EIU);
- 自由之家的"转型国家调查"(FH);
- 香港的政治与经济风险顾问公司(PERC);
- 代表透明国际的国际盖洛普(TI/GI);
- 哥伦比亚大学的"综合国力调查"(CU)。

数据来源被采用的一个基本条件是它必须提供一种国家排名。如果一个数据来源的研究针对不同的国家用不同的方法论,就不能满足条件。有这样的实例,如那些正在开展中的大量的国家清廉状况问卷调查。在这种情况下,国与国之间的比较是不可行的,因此也无法产生排名。另一个条件是,数据来源必须测量腐败的整体水平。如果腐败问题的某些方面与其他非腐败问题交织在一起,如政治的不稳定性,或者爱国主义,或者测量的是变化而不是腐败的水平,则也都不符合条件。

举个例子,由政治风险服务中心(PRS)所做的、构成国际国别风险指南(ICRG)一部分的"政府内部腐败"指数,就不能满足这些要求,尽管它在测量腐败水平的研究中被广泛使用。这个指数确定的不是一个国家的腐败水平而是腐败中的政治风险。正如 ICRG 的编者 Tom Sealy 向我们指出的那样，由于对腐败的容忍度存在高低之分，这可以是两个完全不同的问题。在一封私人信件中，他解释道：

> 腐败指数是试图对腐败进行一种具有可比性的测量（在标准的国际定义下），而我们的腐败风险是试图对腐败中涉及的政治风险进行一种具有可比性的测量……这会产生一些明显会令人觉得奇怪的评估结果：在我们的评估中，报告为腐败程度高的国家与那些报告为腐败程度低的国家相比，腐败风险反而更低。原因是，一般而言，可测定为腐败程度低的国家通常民主问责程度高而对腐败容忍度低。因此，有一种情况是，在某些国家，腐败看起来并不严重，却会导致一个政府的垮台……因此，尽管在测量中这些国家腐败程度很低，但其政治风险却可能很高。另外，据报道腐败很普遍的国家一般是民主问责程度低而对腐败容忍度高。这样的国家通过我们的系统却得出腐败风险等级较低的结果，而实际腐败程度要高得多。

在民主问责缺失的条件下，民众对腐败活动的容忍程度低，只会导致政治不稳定。因此，与普遍的看法相反，政治风险服务中心发布 PRS–ICRG 的数据并没有描述腐败的程度。

2002 年的腐败感知指数（CPI）结合了过去三年的评估，以减少在评分过程中由随机效应引发的突变情况。代表透明国际的国际盖洛普（TI/GI）、世界银行的世界企业环境调查（WBES）和库柏贿金流动之家（PwC）等仅提供了最近的一次调查。而香港的政治与经济风险顾问公司（PERC）、世界经济论坛（WEF）和瑞士洛桑管理发展学院（IMD）等则把所有它们在 2000 年至 2002 年期间完成的各种调查都包括进来。除了它的全球竞争力报告（GCR），世界经济论坛（WEF）也纳入了它在 2000 年出版的非洲竞争力报告（ACP）。

尽管，这种取平均值的做法对于综合问卷调查结果是有价值的，但它不适用于由国家专家编制的数据。这些评估是自由之家（FH）、哥伦比亚大学（CU）和经济学人情报中心（EIU）编制的，由定期分析一国绩效的少数几个国家专家完成，并通过同行评议复核他们得出的结论。然后，他们根据这样的系统评估，考虑是否进行升级或者降级处理。结果，一国的评分很少改变，数据每年的变化也不大。在这种情况下，分数的改变只是有关组织自己经过考虑作出判断的结果。那么，追溯一段时期内的评估结果并取其平均值，这样的做法就不恰当。

逐年的比较

与往年结果的比较应该基于一个国家的得分，而不是它的排名。一个国家排名的变化可能仅仅是因为新的国家加入指数而有些国家退出。得分的上升表明受访者给予更好的评级，而得分的下降则意味着受访者感知变化而下调评级。然而，对一个国家的逐年得分进行比较不仅是对一个国家的表现的感知不断变化的结果，也是样本和方法不断变化的结果。除了不同的受访者和稍微不同的方法外，一个国家得分的变化也可能与收集到的观点不同和发问的问题不同有关。这个指数主要给出了商界人士各年看法的略影，而较少关注逐年的发展趋势。

然而，在某种程度上，变化可以追溯到每个数据来源本身，趋势可以被谨慎地识别出来。最近值得关注的例子是阿根廷、爱尔兰和摩尔多瓦在2001年与2002年间出现了降级趋势。它们得分的大幅度下降不是由于技术性因素导致，因而有可能是感知真正发生了变化。在同样可以排除技术因素影响的情况下，在数据来源始终保持一致的基础上，可以观察到多米尼加共和国、中国香港、俄罗斯、斯洛文尼亚和韩国的情况有了改善。

有效性

所有的数据来源通常使用的腐败定义是滥用公权力以获得私人得益，如对公职人员的贿赂、公共采购中的回扣，或者挪用公款都是这样定义。而各个数据来源也都对有关国家内的公职人员和政治家的腐败"程度"进行了评估：

• 2002年，洛桑管理发展学院（IMD）要求受访者评估"贿赂和腐败在经济中是否普遍"。此前，这个问题是关于腐败问题在公共领域中是否普遍。这个微小的变化似乎对于结果的影响微不足道。

• 世界经济论坛（WEF）在其2002年的全球竞争力报告中问道：

5.11——请估计，在你的行业中，公司在下列项目中相关的账外特别支出或者贿赂有多普遍：

A—进口和出口许可　十分普遍|1|2|3|4|5|6|7|从未发生；

B—与公共事业相关（如电信或者电力）　普遍|1|2|3|4|5|6|7|从未发生；

C—年度纳税　普遍|1|2|3|4|5|6|7|从未发生；

D—贷款申请　普遍|1|2|3|4|5|6|7|从未发生；

E—获取公共合约　普遍|1|2|3|4|5|6|7|从未发生；

F—施加影响以出台有利于特定商业利益的法律、政策、监管或者法令　普遍|1|2|3|4|5|6|7|从未发生；

G—获得有利的司法裁决　普遍|1|2|3|4|5|6|7|从未发生。

从这些问题中，可以确定一个简单的平均数。2000年和2001年的问题稍微有些不同。在非洲竞争力报告中，添加了一个问题，"对于商业经营，以下领域存在多大问题：……腐败"以及"当你所在行业的企业与政府做生意时，合同价值中有多大部分是他们为获得合同而必须提供的额外或非正式报酬？"相关详情，见 Lambsdorff 和 Cornelius（2000）。

（1）2001年，香港的政治与经济风险顾问公司（PERC）问道："根据腐败的性质及其对整体居住/工作环境的影响，你怎么给腐败评分？"这与之前的问题稍有不同。

（2）经济学人情报中心（EIU）把腐败定义为滥用公职以获得个人（或者党派政治）财政收入，目的在于测量腐败的普遍性。腐败是60个用于测量"国家风险"并做出"预测"的指标之一。

（3）库柏贿金流动之家（PwC）询问了不同背景下的腐败频率（如获得进口/出口的许可或者补贴、避税）。

（4）自由之家（FH）确定了"腐败的等级"，但没有提供更多的定义加以说明。

（5）世界银行的世界企业环境调查（WBES）在腐败方面问了两个问题；一个是关于"贿赂频率"的确定，另一个则关于"腐败对商业的束缚"。

（6）哥伦比亚大学问及在一个国家内的腐败严重性。

（7）代表透明国际的国际盖洛普（TI/GI），问道：

> 除此国之外，在过去3～5年中，你还与哪些国家有最多的商务往来？请说出五个国家。13a. 在第一个国家，为获取或者维持商业或者其他不恰当的利益而给予政治家、高级公务员和法官等高级公职人员报酬（如，贿赂）有多普遍？从"十分普遍［数字］"到"十分不普遍/从未"［数字］。不知道［数字］。在第一个国家，与这些支付相关的成本对于商业经营是多大的障碍？从"非常大［数字］"到"不大［数字］"。不知道［数字］。关于第二至第五个国家的情况，继续同样的问题。

这些"普及"、"普遍"、"频率"、"限制"、"令工作环境发生的改变"和"严重性"是密切相关的。它们指的都是某种腐败的"程度"，这也是腐败感知指数（CPI）的目标。鉴于腐败是以不同形式出现的事实，各种数据来源的这一共同点尤为重要。很多发表的文献都建议，应该在这些腐败形式之间做出区分，如区分裙带关系和以金钱交易为形式的腐败。但是，CPI所包括的数据都没有特别关注某种腐败形式却忽略其他。可以说，这些数据来源都旨在测量同一个现象。同时值得注意的是，大部分的数据来源并没有区分行政和政治腐败，并通过提出的不同问题，使这两种腐败都得到同等的论述。洛桑管理发展学院（IMD）问及经济腐败。这必然涉及行政腐败和政治腐败，因为两者与经济都有互动。世界经济论坛（WEF）则讨论了那些政治家或行政官员都可能参与而又可能会出现腐败的特殊领域。自由之家（FH）使用的广泛的定义也同样包括了这两种腐败。经济学人情报中心（EIU）则明显表明，它的评估包括了公务员和政治家之类的腐败。这在很大程度上证明了把政治和行政腐败混成一体是可行的，因为没有有力的证据表明国家间的腐败普遍性存在类型上的区别。未来的研究需要看看是否可以分清行政与政治腐败，然后对它们进行单独评估。

"腐败程度"一词指的可能是不同的事情（Rose – Ackerman，1999，p. 4）。特别是，它可能与贿赂的频率或者规模相关，而问卷中提出的那些问题则可能与贿赂的频率或者与强加到商业中的费用更为相关。但是，从我们的数据来源的结果中得知，贿赂的频率与规模往往是高度相关的。关于这个问题，一个更详尽的处理方法可见于 Lambsdorff（2001）。在腐败频繁发生的国家，它占去了企业收益的很大一部分。总的来说，"腐败程度"一词似乎同样地反映腐败的频率和贿款的总值两个方面。这里也一样，未来的研究也需要看看频率和费用能否分开进行评估。

感知与现实

虽然所有的数据来源都旨在测量腐败的程度，但样本的设计则有很大的不同。洛桑管理发展学院（IMD）、世界银行的世界企业环境调查（WBES）、库柏贿金流动之家（PwC）和世界经济论坛（WEF）大部分的数据是来源于当地居民样本数据（有时候也来源于跨国公司）。相对而言，政治与经济风险顾问公司（PERC）、自由之家（FH）、代表透明国际的国际盖洛普（TI/GI）、哥伦比亚大学（CU）和经济学人情报中心（EIU）的数据则大部分与外籍人士相关。这些样本的不同是否会导致不同的结果，则需要进一步的研究。就 CPI 的目的而言，它使所得出的数字更具解释力，因为无论受访者是外籍人士还是当地居民，这些数据都有良好的相关性。这样的相关性表明，即使样本不同，结果也不会因此产生太大的区别。

解释感知

因为收集到的数据与感知相关而不是与真实的现象相关，所以必须考虑这种感知是否能够提高我们对于腐败真实水平的理解。既然腐败的真实水平不能直接地确定，那么感知可能就是我们可以依赖的全部指引。然而，如果收集到的感知信息是带有偏见的，那么，这个方法的效用至少在某种程度上已被削弱。这种潜在的偏见可能源自受访者特殊的文化背景，视乎样本是由当地人还是由外籍人士构成；这表明有两种潜在的偏见是相关的。

假如一个当地的居民被要求评估腐败程度时认为居住国腐败程度高，只有受访者在比较了其对居住国与其他国家的腐败程度的感知后才做出评价的情况下，这样的一个评价才对 CPI 有效。但受访者并不一定这样做，受访者认为腐败程度高可能是将其同该国面临的其他（可能未必那么紧迫的）问题相比较的结果，也可能是出于较高的道德标准（如，假定任何形式的向公职人员的馈赠都是腐败，而且在文化上不能接受）。在这种情况下，观测认定的高度腐败可能反映的是一种高的道德标准，而不是严重的行为失当。感知可能是一个对真实腐败程度的带有误导性的指标。这种偏见尤其会出现在只调查当地人的研究中，各受访者都只凭对自己国家腐败程度的感知进行评价①。如果受访者被要求去评估外国或者去比较不同的国家，这种偏见就不会发生②。在这种情况下，受访者会拿自己的国家与外国或者其他更多的国家比较。他们会被迫对所有国家采用同一种腐败的定义和同一种道德标准，这就会做出有效的比较评价。

但是，在这种背景中，由于特定的文化遗产在被访样本中有潜在重大影响力或者外籍人士缺乏对于一国文化的正确理解而产生的第二种偏见可能就会出现。由此产生的调查结果对于当地人可能是没意义的，因为他们对于腐败有另一种理解和定义。外籍人士的样本容易受到这种偏见的影响，而对当地居民调查则明显可以避免这种偏见。

CPI 的优势就在于我们纳入的是那些不容易受到第一种偏见影响的调查。特别是经济学人情报中心（EIU）、代表透明国际的国际盖洛普（TI/GI）、哥伦比亚大学（CU）、自由之家（FH）和政治与经济风险顾问公司（PERC）。因为这些数据来源所取的数据大部分是外籍人士所做的评价，它们适用同样的腐败定义和一致的道德标准。代表透明国际的国际盖洛普（TI/GI）要求受访者对不同的国家进行比较。这确保了应用的是一致的道德标准。

CPI 同时也包含了来自洛桑管理发展学院（IMD）、世界经济论坛（WEF）、库柏贿金流动之家（PwC）和世界银行的世界企业环境调查（WBES）的数据。因为它们大部分是当地居民所做的评价，因此它们更不可能代表属于某一种特定文化遗产的感知。这些数据来源可以明显避免第二种类型的偏见。

经济学人情报中心（EIU）、代表透明国际的国际盖洛普（TI/GI）、哥伦比亚大学（CU）、自由之家（FH）和政治与经济风险顾问公司（PERC）的数据与其他数据相当一致，没有证据显示第二种偏见可能会影响它们。同样的，洛桑管理发展学院（IMD）、世界经济论坛（WEF）、库柏贿金流动之家（PwC）和世界银行的世界企业环境调查（WBES）的数据也与其他五个机构的数据相当一致，而第一种的偏见可能会出现的观点也明显得不到支持。数据来源的有效性相互印

---

① 在跨国公司的行政主管接受民意调查时，当地居民和外籍人士的区别会变得模糊。尽管这些人是当地居民，但他们更可能拿他们居住的国家与其他国家作比，特别是他们的祖国（levinson, 1999, p. 83）。

② 事实上，洛桑管理发展学院（IMD）要求他们的受访者明确地比较他们的国家与其他国家。

证，同时没有迹象表明我们的数据存在偏见。

另一个对 CPI 的批评是，受访的外籍人士多是西方的商人。欠发达国家的意见似乎被忽视。代表透明国际的国际盖洛普（TI/GI）开始访问来自欠发达国家的人士，请他们评价工业国家的表现，以此平衡样本。不过，相关性分析显示，它并没有带来显著不同的结果。因此，CPI 收集的比较性评价并没有过多或过少地反映西方商人的看法。

总之，在评价腐败的时候，居民往往使用一致的道德标准，而海外移民往往也不是用一种不合适的道德标准或者缺乏文化的视角。我们的方法清楚表明，收集到的看法对于我们理解腐败的真实程度是有帮助的，它们也可显示出是与实际经历而非传闻相关，关于这点的进一步讨论见 Lambsdorff（2001）。

指 数

标准化

因为每个数据来源使用它们自己的等级系统，聚合在一起便要求对数据进行标准化，然后才可以确定在每个国家的平均值。这个标准化的过程通过以下两个步骤进行。

在步骤 1 中，取简单平均值和标准差的方法一直沿用至 2001 年。目的是要确保一组特定国家被纳入 CPI 后，这组国家在 CPI 中的均值和标准差不会因此改变。在 2001 年，除了那些在之前已经被标准化的过去的数据来源之外（这些在往年已确定下来的标准值已被使用），2000 年的 CPI 就是其标准化的起点。标准化意味着一个新数据来源的均值和标准差必须与 2000 年 CPI 中同组国家等值。$S'(j, k)$ 代表新数据来源 k 中国家 k 的原始值，标准值 $S(j, k)$ 是这样确定的：

$$S'(j, k) = [S'(j, k) - \text{Mean}(S'(k))] \frac{SD(2000\ CPI)}{SD(S'(k))} + \text{Mean}(2000\ CPI)$$

由此，同组国家在新数据来源 k 和 2000 年 CPI 中的均值和标准差（SD）得以确定。在对每个来源进行标准化之后，会对每个国家取一个简单的平均值。

步骤 2 是对之前确定的均值进行最后一次标准化。计算平均值意味着最终的指数有一个跨国的标准差，这个标准差比往年 CPI 中的要小。为了避免评价的差异逐年不断变小的趋势，这个分数必须被扩展。这确保了指数[①]中国家的标准差不会随着时间的变化而变化。

这个方法在 2005 年备受争议。结果是，步骤 1 应该有一个修正的方法：匹配百分位。也即，不再用均等化的均值和标准差，对从我们的数据来源中取得的信息，只进行国家的排名（而不是得分）的处理。通过这种技术，一个新数据

---

① 更准确地说，我们应该讨论指数中共同的国家子样本的标准差。

来源和前一年 CPI 的共同样本再次得以确定。然后，一个新的数据来源里排名最佳的国家的标准值就取这个国家在 CPI 里的最大值。新数据来源里排名第二的国家的标准值就取这个国家在 CPI 里的第二大值，如此类推①。假如，在某个新数据来源中，英国排名第一、新加坡第二、委内瑞拉第三、阿根廷第四。在 2001 年的 CPI 中，这些国家的得分分别是 9.2、8.3、3.5 和 2.8。根据现在的匹配百分数方法，就会赋予英国最高的 9.2 分、新加坡 8.3 分、委内瑞拉 3.5 分以及阿根廷 2.8 分。

在合并有不同分配比例的指数过程中，使用匹配百分位的方法会比较好。但是，它利用的是排名，而不是在数据来源中的得分，这个方法遗漏了隐含在来源中的部分信息。偏好这种技术主要是因为它能将所有的报告值都保持在 0～10 的区间内——所有的国家在 CPI 中的得分都在 0（非常腐败）至 10（高度清廉）之间。当我们用这些绝对的界限形成报告时，此前的标准化则无法确保所有的值都在这些界限里。实际上，均等化的均值和标准差的方法可能会产生大于 10 或者小于 0 的标准值。这确实在过去发生过，如芬兰获得了超过 10 分的标准值。2001 年，孟加拉国 -1.7 的标准值让观察者都感到困惑。匹配百分位则相反，保证了所有标准值都在这个区间。这是因为，所有的标准值都来源于前一年的 CPI，在定义上严格地被限制在上述范围内。

总之，匹配百分位的不足是在处理过程中仅仅利用了来源中的排名而浪费了一部分的信息。但是，这个不足似乎可以被抵消，因为这个方法可以摆脱对于数据来源分布的种种假设，使所有的标准值都保持在 0～10 之间。

得到了所有报告范围内的标准值之后，就可以确定这些标准值的简单均值了。正如前所述，这个指数有一个小于前一年 CPI 的标准差。若不作第二步修正，就可能会出现得分的差异不断变小这样一个趋势。举个例子，如果芬兰重获它前一年的得分，它就必定在任何将其列入的数据来源中都得分最高。如果它在任何一个来源中得了第二高分，那么它在经过匹配百分位和聚合之后所得的标准值就会比现有的得分低。因此，如果这些来源中存在异质，芬兰的得分似乎就不可避免会下降；相反，如果孟加拉国没有在所有的数据来源中都被列为最差，它的得分就会比现有的高。为了避免得分差异不断变小的趋势，需要做第二次标准化。

然而，采用简单均值和标准差的技术可能会再次产生超出 0～10 区间的值。因此，建议在步骤 2 实行一种更加复杂的标准化——β 转换。这种单调的转换背

---

① 在两个国家有相同排名的情况下，它们的标准值是它们两个各自在 CPI 中的得分的简单均值。那些没有可用的 CPI 值的国家的得分，会通过参考邻国在数据来源中的排名确定。对它们的得分使用线性插值法（Linear interpolation），这就是说，假如一个数据来源对这样一个国家的赋分接近得分较高的邻国，那么它的标准化值也更接近于这个邻国。如果这样一个国家在某个来源中排名最好（或者最差），那么它就只有一个邻国，而不是两个。通过数据来源中的最高（或最低）可获取分数和 CPI 的分值 10（或者 0），构建第二个邻国。这个方法保证了所有值都保持在 0 至 10 的范围内。

后的想法是将标准差提高到其所需要的值，但又保持所有的值在 0～10 的范围内。所以，每个值（X）将根据下面的函数进行转换：

$$10 * \int_0^1 (X/10)^{\alpha-1}(1-X/10)^{\beta-1} dX$$

这种 β 转换在标准统计程序中是可实现的。关键的任务是找出参数 α 和 β，因而可以得出这个指数所需的均值和标准差。已经找到一种算法可以完成这个任务。2002 年的 CPI 使用了这个方法，分数的改变如图 4-1 所描述。参数是 $\alpha = 1.1756$ 和 $\beta = 1.1812$。如图所示，在 5～10 之间的得分稍微上升，而在 0～5 之间的得分则有所下降。这个效果确保了之前的标准差得以保留。而一旦得分达到 10，这个得分就不会再上升。同样的，得分是 0 也不会再下降。这保证了所有的值都在这个范围内。先把这种 β 转换应用于所有在步骤 1 中被标准化的值。然后，计算这些标准差的均值，从而确定一国的得分①。虽然方法论的调整相当大，但它们对于结果的影响却相当小。如果 2002 年的 CPI 由之前的方法论确定，得出的结果与我们现在的结果相关度是 0.996。尽管方法论有所修正，跨年度的 CPI 呈现的是高度的数值连续性②。

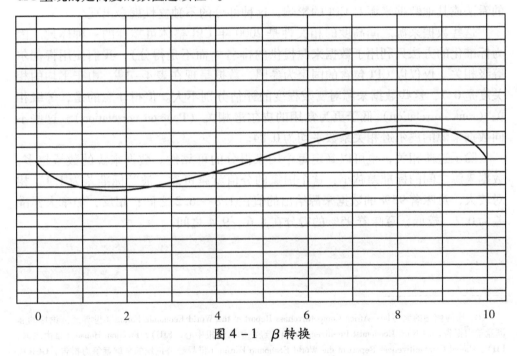

图 4-1 β 转换

---

① 在我们发表的文献中，我们也报告了高—低范围。这指的是在进行了 β 转换之后得出的全部标准值。这个程序确保了高—低范围与一国的均值一致相关。所有的值都保持在 0～10 的范围内。

② 与线性转换（linear transformation）相比，匹配百分位（Matching percentiles）给予突尼斯一个特别不利的得分，使其最终得分下降了约 0.5 分。

可信度和精确度

国家的排名可能很容易被误解为是对一个国家的表现的精确测量，事实当然不是如此。自从1995年CPI开展以来，透明国际（TI）就提供了标准差的数据和大量对指数有贡献的数据来源。这些数据已经说明了其内在的不精确性；同时，高一低排名已连同我们的数据呈现在主表中。此表把在我们的数据来源中出现的最高值和最低值呈现出来，以便描述评估的整个范围。然而，不应根据这个范围快速地判断被测量国家的基本精确度。经3个或者12个数据来源评价过的国家都可能有相同的最大值和最小值，但是我们对经12个数据来源评价过的国家的得分更有信心。为了达到这样精确的测量，需要其他的统计方法。

CPI的优势在于其基于如下概念，即融进一个单一的指数的数据来源聚合会增加每个单一数字的可信度。像往年一样，2002年CPI包括的国家至少有三个可用的数据来源。数据结合的用意是，就算一个数据来源无效也可以有至少两个其他来源补上。这样，对一国做出错误解释的可能性就会大大降低。即使在数据来源不相互独立的情况下，这也是有效的。如果某些受访者知道其他人对腐败程度的看法或其他数据来源对CPI的影响，这种部分的不独立性就会出现。

这些数据来源之间高度的相关性是2000年CPI整体可靠性的一种体现。因为标准化的方法只利用了数据来源提供的排名（而不是得分），我们使用肯德尔等级相关。仅仅以CPI包含的国家为参照，数据呈现在表4-1[①]。由于平均的相关度是0.7，这些数据来源对腐败程度的评估分别不大。值得注意的是，等级相关（rank correlation）低于更为常用的皮尔逊相关（Pearson correlation），这些不同数据来源的皮尔逊相关系数平均为0.84。

除了这些相关，也可以确定每个国家得分的可靠性。数据来源的数量越多，数据来源之间的标准差越小，这个国家的分值就越可靠。波兰标准差为1.1，相对较大，意味着95%的数据来源给出的值在1.8～6.2之间；相反，加拿大标准差为0.2，较低，意味着95%的得分在8.6～9.4之间。

---

① 来源使用的缩写词：Africa Competitiveness Report of the World Economic Forum（世界经济论坛的非洲竞争力报告，ACR）、Economist Intelligence Unit（经济学人情报中心，EIU）、Freedom House（自由之家，FH）、Global Competitiveness Report of the World Economic Forum（世界经济论坛的全球竞争力报告，GCR）、Institute for Management Development（洛桑管理发展学院，IMD）、Political and Economic Risk Consultancy（政治和经济风险咨询公司，PERC）、Pricewaterhouse Coopers（库珀贿金流动之家，PwC）、World Business Environment Survey of the World Bank（世界银行的世界企业环境调查，WBES）、Gallup International on behalf of Transparency International（透明国际委托盖洛普国际，TI/GI）和 Columbia University（哥伦比亚大学，CU）。

表4-1 肯德尔等级相关

	IMD 2000	IMD 2001	IMD 2002	PERC 2000	PERC 2001	GCR 2002	GCR 2000	GCR 2001	ACR 2000	WBES 2001	EIU 2002	PwC 2001	FH 2002	TVGI 2002	CU 2001
IMD 2000	1	0.84	0.88	077	0.97	0.86	0.81	0.85	/	0.71	0.78	0.68	/	0.68	0.74
IMD 2001		1	0.88	0.64	0.79	0.85	0.78	0.79	/	0.66	0.79	0.67	0.43	0.60	0.70
IMD 2002			1	0.77	0.92	0.86	0.78	0.79	/	0.66	0.77	0.66	0.24	0.69	0.70
PERC 2000				1	0.75	0.71	0.80	0.73	/	0.62	0.74	0.89	/	0.61	0.80
PERC 2001					1	0.80	0.83	0.92	/	0.62	0.68	0.89	/	0.76	0.84
GCR 2002						1	0.79	0.79	0.57	0.64	0.72	0.70	0.28	0.68	0.64
GCR 2000							1	0.78	/	0.63	0.76	0.72	0.59	0.57	0.75
GCR 2001								1	/	0.61	0.73	0.74	0.36	0.65	0.69
ACR 2000									1	0.81	0.45	/	/	/	0.48
WBES 2001										1	0.60	0.39	0.46	0.53	0.55
EIU 2002											1	0.63	0.84	0.70	0.70
PwC 2001												1		0.67	0.65
FH 2002													1	/	0.67
TVGI 2002														1	0.52
CU 2001															1

注：只报告至少与6个国家有关的相关指数。

置信区间

我们现在已经给读者提供了一些年份的置信区间的附加信息，这些信息以确定一国平均得分的标准差和95%置信度的参数评估结果为基础。这个方法要求假设数据来源的值是精确的且这些值之间是相互独立的。另外，还要求有一个强有力的假设：误差要正态分布。前两个假设在统计上是难以放宽的，而另一个关于正态分布的假设则可以放宽，可以使用以任何类型分布都有效的测试。旧的置信区间的另一个不足之处是，它们有时会超出0~10的既定区间。例如，孟加拉国在2001年的得分是0.4，它的95%的置信区间就在-3.6~4.4之间，而芬兰的范围则高达10.4。这样的区间就算对一个专家而言也是很困惑的，因为它与正式报告的范围相矛盾，公众同样会感到迷惑。

2002年，为了将置信区间限制在预先指定的范围内，我们引入了一个不同的方法——使用自助抽样技术的非参数方法。这种自助抽样置信区间的主要思想是用替代的方法对一国的数据来源重新抽样。如果五个数据来源的值（3，5，4，

4.5，4.2）已经给定，这样一个样本的例子就会变成（5，5，4.2，3，3）。从数据来源的可用向量中抽取数量足够多的这种样本（在我们的情况下是10000），并确定每个个案的样本均值。基于这个结果的均值分布，推断出潜在的精确度。然后，90%置信区间的低（高）界限得以确定，因为有5%样本的均值是低于（高于）这个临界值的。除了之前描述的"百分数"方法，更复杂的方法也存在。一个是如果（平均值）一个自助重抽样本的均值小于观测到的均值，则置信水平可以调整，相关的参数称为 z_0。另一个调整是，假定标准差是依赖于自助重抽样本的均值，相关的参数是 α。如果这两个调整都被考虑，由此产生的方法就称作自助抽样 $BC\alpha$ 法（Bootstrap-$BC\alpha$-method 偏差—纠正—加速）。关于这个方法更加精确的描述来自 Efron 和 Tibshirani（1993）。对 $BC\alpha$ 方法的担忧是，它把大量的工具投到很少数的观测上去。出于统计上的考虑，一个简单的方法可能是更可取的。因此，Brad Efron 建议我们使用 BC 法实现目标。在这种情况下，z_0 是内生于自助重抽样本，而 α 则设置为 0。由此得出的置信区间有两个有趣的特征。

（1）当要求90%的置信区间时（允许5%的可能性真实值是低于其已确定的置信区间且5%的可能性真实值高于其已确定的置信区间），较高的（较低的）界限不会高于（低于）数据来源提供的最高（最低）值。这意味着不会超出我们从 0 到 10 的范围。

（2）即使数据（如一个给定的国家的标准化值）不是正态分布，置信区间也会保持有效。这个范围甚至可以不受这些数据分布的假设的限制。

不应忽略的是，当只有几个数据来源可用的时候，置信区间不可能非常可靠。无论用的是哪种方法论，这都是事实。不管是假设了正态分布还是使用了自助抽样技术，当只存在三个数据来源的时候，都不能过分相信置信区间。在这种情况下，它只能提供一个粗略的指南。综上所述，当只有三四个数据来源时，可能会出现边界效应。因为在三个数据来源的情况下，只有 10 种不同的结合方式，一个5%的置信点可能"击中"其中一个边界。在这样的情况下，BC 法可能会随机产生两种不同的较高的（或较低的）置信点的值。这些边界效应已被识别出来；同时，如果存在更保守的范围，也会在表 4-2 列出。图 4-2 描绘出由此产生的置信区间。

表 4-2 2002 年 TI 腐败感知指数（CPI）的调查来源

编号	1	2	3
来源	哥伦比亚大学（CU）	政治与经济风险咨询（PERC）	
名字	国家能力调查	亚洲情报问题	
年份	2001	2000	2001

续表 4-2

编号	1	2	3
网址		www.asiarisk.com/	
被调查人	居住在美国的专家（政策分析家、专业学者和记者）	外派的企业高管	
询问的主题	国家内腐败的严重性	腐败损害外企商业环境的程度	根据腐败的性质或腐败对整体居住/工作环境的影响，你怎么给腐败评分
回答的数量	251	1027	约 1000
覆盖范围	121 个国家	14 个国家	

编号	4	5	6
来源	瑞士洛桑管理发展学院（IMD）		
名字	世界竞争力年鉴		
年份	2000	2001	2002
网址	www.02.imd.ch/wcy		
谁被调查	中层和高层管理人员；国内和跨国公司		
询问的主题	在公共领域中出现贿赂和腐败		在经济中出现贿赂和腐败
回答的数量	4160	3678	3532
覆盖范围	47 个国家	49 个国家	

编号	7	8
来源	世界银行（World Bank）	库珀贿金流动之家（PwC）
名字	世界商业环境调查	不透明指数
年份	2001	2001
网址	www.info.worldbank.org/governance/wbes/index1.html	www.opacityindex.com/
被调查人	高管人员	首席财务官、证券分析师、银行家和库珀贿金流动之家的员工
询问的主题	"贿赂的频率"和"腐败对商业的限制"	不同背景下腐败的频率（获取进口/出口许可或者补贴、避税）
回答的数量	10090	1357
覆盖范围	79 个国家①	34 个国家

---

① 这个研究在 81 个国家中进行，但是其中两个国家的数据不充分。

续表 4-2

编号	9	10	11
来源	经济学人情报中心（EIU）	自由之家（FH）	世界经济论坛（GCR）
名字	国家风险服务和国家预测	转型国家	非洲竞争力报告
年份	2002	2002	2000
网址	www.eiu.com	www.freedomhouse.org	www.weforum.org
被调查人	专家人员评估（外籍）	美国学术专家和自由之家人员评估	高级商业领袖；国内和国际企业
询问的主题	评估公职人员（政治家和公务员）腐败的普遍性（滥用公职以获取私人或者政党收入）	腐败的程度	腐败有多大问题？是否被要求不正当的、额外的支付？数量大吗
回答的数量	不适用	不适用	1800
覆盖范围	115 个国家	27 个国家	26 个国家

编号	12	13	14
来源	世界经济论坛（GCR）		
名字	全球竞争力报告		
年份	2000	2001	2002
网址	www.weforum.org		
被调查人	高级商业领袖；国内和国际企业		
询问的主题	与出口和进口许可、公共事业和合同、商业执照、纳税和贷款申请相关的非正式的额外支付是普遍的/不普遍，与有利规管和司法裁决相关的支付		
回答的数量	4022	约 4600	约 4700
覆盖范围	59 个国家	76 个国家	80 个国家

编号	15
来源	透明国际委托盖洛普国际（TI/GI）
名字	腐败调查
年份	2002
网址	www.transparency.org/surveys/index.html#bpi
被调查人	15 个新兴经济体的高级商人
询问的主题	向政治家、高级公务员和法官行贿的普遍性和这些费用的支付对于经营商业来说是多大的阻碍
回答的数量	835
覆盖范围	21 个国家

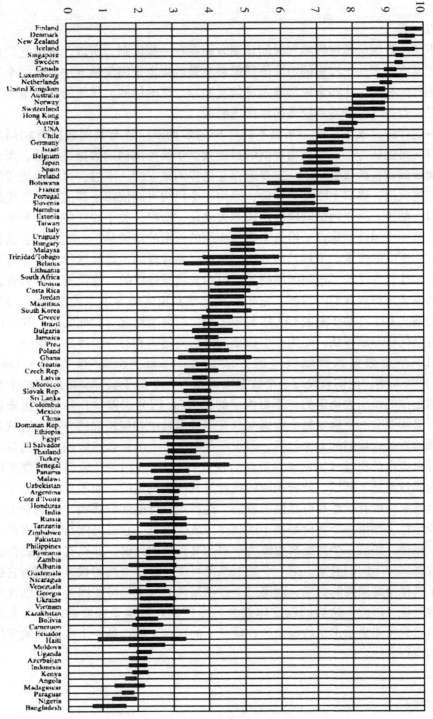

图4-2 边界范围

权 重

不同的数据来源在样本和时间日期方面存在一些区别,所以,在将它们进行聚合之前有很多关于权重的想法值得思考。最后决定采用简单方法,给每个来源分配相同的权重,这些来源都满足可信度和专业性的标准。其他的程序也有它们的优点,但是这个平均系统是简单而透明的。

在这样的背景下,同一来源不同年份的数据不应该与其他数据有相同的权重。有人可能认为,一个机构提供的数据独立于其他机构的数据,但是,来自同一机构所做调查的数据就不一定普遍存在这样的独立性。不过,这种说法可能离这个问题太远,事实上很难去评价,因为一个机构可能依赖于其他机构产生的数据而得出结论。独立性的问题因而很难去量化,所以,关于改变使用至今的方法论,没有一个清晰的观点。给每个调查相同的权重的结果是,一些机构会获得比其他机构更高的权重。虽然其他方法当然可以是合理的,选择这种方法也有其一定的合理性,它反映了透明国际指导委员会先前所建议的,连续的年度调查比一次性的调查更符合我们的目标:它们可能会聚集更多的专家来提供服务。同时,把它们纳入 CPI 有助于避免 CPI 年与年之间出现突变情况。除此之外,连续的年度调查会优于专家评估,因为产生数据的方法更透明和有一个清楚的程序。

另一个给数据来源赋权重的方法被 Kaufmann、Kraay 和 Zoido – Lobaton (1999) 所采纳。他们假设每一个数据来源都有一个对于实际腐败水平的干扰指标,这是他们试图去确定的"不可观察的部分"。因为误差项在各个数据来源中不同,必须要有一个确定每个数据来源在测量腐败中如何精确的方法,这就是数据来源的质量。他们的方法包括,假设那些与所产生的综合指数相关性越好的数据来源有更高的质量(因而得到更高的权重),而那些相关性较弱的数据来源则被认为质量较差。所以,数据来源的质量是其内在决定的,而不是一个专家对于一个数据来源的有效性和可靠性的看法。这种观点可能部分属实,但是它也可能具有误导性。如果一个评价是基于道听途说或者偏见,它也可能与其他来源密切相关;相反,如果一个数据来源致力于表达其独特的见解,那么它就可能得出与其他数据来源不同的答案。第一个数据来源可能会获得很高的权重,因为它往往表达了其他全部来源的意见,而第二个数据来源的权重则可能因为它独创性的研究而被降低。因此,这样的权重体系会与专家们对数据来源质量的看法大相径庭。虽然它可能显示出了数据来源在质量上的区别,但不是一个从内部确定这些区别的可行方法。

参考文献

[1] Efron B, Tibshirani R. An Introduction to the Bootstrap [M]. New York and

London: Chapman and Hall, 1993.

[2] Kaufmann D, Kraay A, Zoido - Lobaton P. Aggregating Governance Indicators [C] // World Bank Policy Research Working Paper No. 2195. Washington D. C.: The World Bank, 1999.

[3] Lambsdorff J, Graf, Cornelius P. Corruption, Foreign Investment and Growth [C] // The Africa Competitiveness Report 2000/2001. New York, Oxford: World Economic Forum, Oxford University Press, 2000: 70 - 78.

[4] Lambsdorff J, Graf. Framework Document, Background Paper 2001 Corruption Perceptions Index [R/OL]. 2001. http: // www. gwdg. de/ ~ uwvw/2001_ CPI_ FD. pdf.

[5] Lambsdorff J, Graf. Corruption in Empirical Research - A Review [R/OL]. Transparency International Working Paper, November 1999, 2001. http: // www. transparency. org/working_ papers/lambsdorff/lambsdorff_ eresearch. html.

[6] Lancaster T D, Montinola G R. Toward a Methodology for the Comparative Study of Political Corruption [J]. Crime, Law and Social Change, 1997, 27: 185 - 206.

[7] Levinson M. Competitiveness and Globality, The Global Competitiveness Report 1999 [M]. New York, Oxford: World Economic Forum, Oxford University Press, 1999: 82 - 85.

[8] Rose - Ackerman S. Corruption and Government. Causes, Consequences and Reform [M]. Cambridge: Cambridge University Press, 1999.

[9] United Nations. Global Report on Crime and Justice [M]. Report by the United Nations Office for Drug Control and Crime Prevention, New York: Oxford University Press, 1999.

第五章

测量不能测量的
——(宏观)腐败指标的边界与功能

弗雷德里克·加尔东

导 言

直观上,腐败不适合被测量。重大的腐败交易往往隐蔽于公众视线之外,达成协议的各方很少愿意公开他们是如何交易的。直到20世纪90年代中期,学术文献中大部分关于腐败的实证研究成果都具有偶然性或传闻轶事的性质,其论据是基于特别的和明确界定的事件或背景。这些论据或是在田野调查和访谈中提取,或是来自其他合法的第一手资料,而更多的则是来源于媒体报道的丑闻事件。撰写有关腐败的文章时,普遍遇到的问题是"事实难以被发现,或就算被发现也无法证实"(Leys,1965,p.215)。

无论是对某个特定商业部门的跨时间的综合分析,还是跨国比较的综合分析,往往都是推测的或无事实根据的,有时会引用"主观依据"作为基础(Huntington,1968,p.59)。腐败被认为是"不可被测量和计算"的(Wraith and Simpkins,1963,p.4)。不仅如此,国家之间和不同时段的比较被看作是"不可能的"或"无意义"的(Scott,1969,p.317)。1989年有一本厚达1000页、包含56个关于政治腐败章节的教科书发行,得到其后的学术文章普遍引用,但是书中却没有任何关于腐败的统计数据(Heidenheimer,Johnston and Le Vine,1989)。

为谴责的腐败现象建立一套测量指标可能会在法律上或道德上遭到之困难在社会科学领域中是众所周知的。如果要尝试得到客观的调查结果并提供跨行政与法律制度、跨时间的有效信息，困难会更大。有关贪污、勒索与贿赂定罪率的"硬数据"调查尽管很有吸引力，但终究只能更多地显示司法的独立与效力，而不能说明任何特定国家实际的腐败发生率或贿赂规模①。对于诸如芬兰这样腐败得到合理控制的国家，上述的"硬数据"调查难以作为腐败的一个指标。如果一个国家没有许多案例，这或许意味着该国的廉政体制在预防方面运作良好。此外，中国香港和新加坡有某些世界最高的人均定罪率。同样，在传媒报道中有关腐败问题的文章数量或版面大小，更多的是说明了媒体调查的热心与自由以及公众对腐败问题的兴趣，而不是实际的腐败水平②。如果以检察官和警方在调查重要的贪污和贿赂案件时所付出的精力来估计某特定领域中贿赂的规模或非法佣金的比例似乎也难以令人信服。在一篇关于"什么不能用统计学术语来分析"的方法论文章中，腐败被用作可观察但不能计量的社会现象的主要例子，因为"统计学不能用于分析具有隐蔽性的现象"（Dogan and Kazacigil, 1994）。

　　这种被广泛认同的看法可能可以解释为什么腐败研究在社会科学中边缘化。发展经济学家，除少数外，直到20世纪90年代中期到90年代末，才开始关注腐败问题，并把其作为经济不正常发展的一个主要解释。作为世界上最大同时也许是对发展经济学最具影响力的智库，世界银行研究部在20世纪90年代才完成了其第一份腐败实证研究，这而是在国际货币基金组织完成同样的研究的两年后。政治丑闻作为腐败的偶发现象，引起了政治学家和社会学家的兴趣，但对其赖以生存的制度的范围和性质仅进行了谨慎的探讨。直到最近，大量旨在解释发达工业化民主国家政治制度内在运作的研究，也成功地避免谈论腐败的角色以及随之而来的裙带关系、官官相护和主仆政治现象。同时，尽管广泛认为腐败对初生的或萌芽中的民主可能有重要的破坏作用，以及它几乎总是被用作军事政变合法化的理由③，或者以其现代的、更温和的形式来支持恢复前军政领导人的职务④，但是，腐败却没有被纳入关于民主过渡的主流分析当中。

---

① 比如，联合国禁毒和预防犯罪事务办公室（ODCCP），会收集许多国家的刑事司法系统方面的数据。不同国家之间，关于腐败、贿赂、侵吞和欺诈的法律和行政定义既有重合也有不同之处。一个独特的法律定义本身是没有问题的。众所周知，新加坡和中国香港都处于低腐败水平，但都有着最高的人均贿赂定罪率，既然如此，成功的检控不能被用作测量腐败的发生率或其程度。反而，它们证实了这些国家反腐败运动的成果。

② 此外，一个备受瞩目的例子，例如申办2000年奥运会期间的国际官员和公职人员的受贿案，不是腐败水平变化的指标，但会显著增加媒体的关注。

③ 20世纪90年代中期以来，唯一发生过军事政变的主要国家是巴基斯坦，在班吉尔和穆斯林统治之下腐败的猖獗为佩尔韦兹拉夫将军在1999年的接任提供了合法性。2002年秘鲁进行的一项意见调查也提到，为使军政变合法化而最经常被引用的两个理由，除了民间动荡外，还有的就是普遍腐败（来自2002年4月17日墨西哥进行的"管理与腐败测量研讨会"）。

④ 在20世纪90年代末期和新世纪初期，出现这种情况的有玻利维亚（雨果班泽尔）、委内瑞拉（总统查韦斯）、贝宁（马蒂厄）和尼日利亚（奥卢塞贡）四例。

问题的有趣之处不在于能否将统计学应用到隐蔽现象的分析中——毕竟几乎没有社会现象能跨时空被完全观测到①。更有趣的在于两个方面：一是正在形成的腐败测量到底有多可靠？二是这些测量方法有什么实际效用和限制？② 本章将论证长期被认为无法测量的腐败现象其实能够被测量，不断涌现的大量复杂技术已经被发展成为测量工具；同时，也将分析这些分析工具所带来的影响与用途。研究的主要个案是透明国际腐败感知指数③。最后将以这些测量工具的局限性与约束条件以及未来可能的发展趋势作为总结。

研究方法的困惑：（宏观）腐败指数简评

民意调查是最常用于评估腐败水平的诊断工具，关于这种方法已经在导言中作了部分解释。但一套标准化、可比较的、可靠的客观指标还有待建立，因此，民意调查已被政府机构、世界银行、联合国机构、非政府组织、企业、报纸等应用于数十个国家。采样范围有随机抽取的一般人群，也有私营部门与公共管理部门。样本的大小与性质都有很大的差别。

商务人士经常是调查的对象，因为他们在这一领域掌握了大量的信息。普华永道会计师事务所承接了一个私营部门的调查，用以测量公共管理部门的不透明对私营部门成本与资本获得的影响④。调查的样本包括一些大企业的首席财务官、股票分析师、银行家和普华永道公司的雇员。调查覆盖超过 70 个国家，平均每个国家有大约 50 个受访者。虽然样本相对较小，但从调查的角度来看，不透明指数的运用是合理可靠的。该指数由在政府管制与外国投资方面都享誉全球的公司开发，得到了金融学、经济学与管理学知名学者的支持。它依据的是具有

---

① 虽然并不是只发生在私人部门，但私人部门里的社会现象尤其如此（在近亲通婚、婚外情或家庭消费等方面的比率）。全球贫困情况的测量，具有重要的政策含义，也提出了许多有关可比性以及随时间改变相对生活标准的观念，这些观念是有问题的［见 Deaton, Angus (2000). 'Counting the World's Poor: Problems and Possible Solutions', *Research Program in Development Studies*, Unpublished Monograph, Princeton University)］。

② 本章是对被学术研究人员任意使用的方法论工具的回顾。同时，也有一些其他可能的证据来源。中央情报局和其他主要的情报收集机构在 20 世纪 90 年代宣称，为收集贿赂的证据，他们正准备系统地监控国际投资和采购活动。R. James Woolsey（中情局的前任主管）坚持认为，"美国95%的经济情报都来自于公共渠道"［Woolsey R J (2000). 'Why we spy on our Allies?', *The Wall Street Journal*, 17 March］。因此，中情局可使用的数据只是综合而来，不比这些报道中的信息更好或更差。

③ 透明国际是一个总部在德国的、致力于反腐败的非政府组织，在超过 90 个国家设有分部。作者是透明国际的创始成员之一。作为透明国际研究方面的主管，他负责管理 Johann Graf Lambsdorff 建立的腐败感知指数（CPI）。作者同时制定出两种更深层次的腐败测量手段，分别是"行贿者指数"和"全球腐败压力指数"。他是 TIRI 的现任主管，TIRI 是建立于 2003 年的一个非政府组织，致力于应对持续的腐败控制和公民诚信建设中的措施强制实施和能力培养方面的挑战。

④ 见 www.opacity-index.com，2004 年 10 月 10 日。

高水准的专业人士的抽样样本。同时，由于它是一套综合性指标，包含了五个影响国际资本市场的因素（腐败、法律体系、政府的经济和财政政策、会计准则与实践、管制制度），因而不会对单一的指标或问题具有依赖性。

另外一个主要成就来自于世界银行、欧洲重建与发展银行、泛美开发银行以及哈佛大学的合作项目——世界商业环境调查。该项目调查了 90 个国家超过 10000 个企业①，旨在取代主观定性方法，以定量方法测量实际的贿款以及它们的规模、频率等。调查的问题"以企业的直接经验而非跨国的主观比较为基础"（WBES，2001，p.2）。实际上，大部分问题仍然是关注个人态度的，但其中的确包含了许多引人注目的关注贿款规模、频率、效用的问题。这些"定量"的结果都来自于自我评估。明智的是，这些问题的一般措辞都以非对抗的方式来表达。例如，"平均来看，贵公司每年收入中的百分之多少会被用来非正式地支付给政府官员？"（WBES，2001，p.37）。

该研究的作者承认，在跨国比较中会有潜在的产生偏见的根源。个人受访者的偏见往往无法避免，这将被纳入调查评估的标准误差当中。然而，一国受访者总体的偏差所带来的风险又是另外一个问题。通过利用依地语（依地语是犹太人使用的国际语言，属于日耳曼语族），他们指出，如果受访者都存在"ketch"（即"抱怨、牢骚、怨言或叹气"）或者"kvell"（即"洋洋自得"）的"国家倾向"，那么就存在一国感知上的偏见（WBES，2001，p.6）。为了控制这些潜在的偏见，调查问卷中加入了两个测量外部客观性的指标：兑换美元的汇率波动以及电话基础设施情况（以人均电话线路测定）。在问卷中加入了相应的问题后，请受访者对汇率给商业运作造成的问题以及电话服务的综合质量与效率进行评价。调查结果让人满意，几乎不存在极端值。

这些检验至关重要，但显然不能排除受访者存在其他偏见或者普遍的不诚实行为的可能性。例如，在阿尔巴尼亚 1999 年全国的纳税排名中，位列第 35 名的纳税人是位于地拉那的一间比萨餐厅（The Independent，27 March 1999）。如果情况真是这样，那么，在阿尔巴尼亚调查一百所企业以及在俄罗斯也调查相近数量的企业意味着什么呢？是不是将比萨餐厅与大型公用企业相比较呢？这似乎不大可能，因为该调查有严格的采样标准以确保样本涵盖各种企业。在能够放心地假定阿尔巴尼亚有超过 35 个企业和个人的应课税收入比那间比萨餐厅要大的情况下，更大的困难在于估计受访者的诚信。

在民意调查中要找到诚实的受访者存在很大的困难，特别是在提及社会或文

---

① 本文写作过程中，关于世界商业环境调查（WEBS）的最终报告还没有面世。信息可在 www1.worldbank.org/beext/resources/assess－wbessurvey－alt.htm 网站上获得，后面的评论是源于此项目第一阶段中调查的 22 个转型国家，见 Hellman, Joel, Jones, Geraint, Kaufmann, Daniel and Shankerman, Mark (2000). 'Measuring Governance, Corruption, and State Capture: How Firms and Bureaucrats Shape the Business Environment in Transition Countries', *World Bank Policy Research Working Paper*, p. 2312。

化所忌讳的话题或是问题本身与该受访者有密切关联的情况下。联合国在国际犯罪受害者调查中，针对受害者家庭经历过的"犯罪、监控、犯罪预防以及不安全感"[1]进行调查，除了问及汽车毁坏、袭击与入室行窃的发生率外，问卷调查还涉及是否有接触过政府官员腐败的经历。调查结果显示，在亲身经历各种轻度腐败上存在较大差异，从地拉那的超过60%，到布拉格的8%，再到大多数西欧国家微不足道的数字，总体的调查结果是，16.6%的发展中国家受访者被要求或者期望去贿赂政府官员。这个数字在"转型国家"是12.3%，而在发达国家则是1.1% (Zvekic, 1998)。

与之前提到的世界商业环境调查一样，这个调查设计的困难在于把受访者定位为腐败行为的受害者。然而通常情况下，无论是轻度还是严重的腐败行为，主动权还可以掌握在受访者手中（无论是企业家、管理者、医院患者或是家长），而不一定是政府官员（无论是税务官员、医生或是校长）。曾经主动贿赂的人不大可能在一次匿名的问卷调查中完全自愿地说出腐败发生率与规模，然而这正是世界银行试图去精确测量的。例如，通过让东欧和苏联的企业回答有关行贿金额占企业收入的百分比的问题而得出这个地区的平均值大概是3%的结果。(Hellman, Jones and Kaufman, 2000)

虽然对全国范围内的成年人口进行随机抽样所得的样本特别有助于评估人们的态度，但它们也的确证明了腐败发生率在一个广泛的层面存在较大差异。例如，透明国际对南部非洲7个国家的非洲民主动态调查显示了这种差异的存在，纳米比亚有20%的受访者认为政府官员"涉嫌腐败"，而在津巴布韦则有69%的受访者持这样的看法。在东欧与苏联，透明国际的"新欧洲晴雨表"也表明，准备贿赂的情况因国而异。对4个后共产主义国家的一项深度研究，结合焦点小组与访谈的调查形式证实了这一观点 (Miller、Grodeland and Koshechkina, 2001)。他们的研究关注对低下层政府官员的贿赂。在所有样本国家，许多受访者承认为了公共服务而行贿（以贿款或提供其他好处的形式），大部分政府官员也承认曾经接受过委托人的馈赠。

要建立有意义的政府官员比对样本特别困难。联合国大学的一份关于非洲官僚机构与腐败的研究，对20个国家、平均每国5位高级官员进行调查 (Galtung, 2001)。在接受调查的20个国家中，有8个国家的企业"大部分时候"或"时常"需要行贿以维持经营，有5个国家是"偶尔"，只有1个国家是"从未"需要。此外，高级官员表示，腐败行为能给官员提高不多于2.5%的工资收入，这高于20年前的2%。但广泛持有的看法是，腐败已经对非洲的治理产生特别恶劣的影响，调查结果显得与此不相一致。这种规模的调查，特别是受访者中有人缺乏足够完全自愿接受调查的动机，这都不适合做统计分析。

---

[1] 见 www.unicri.it/icvs，2004年10月10日。

三个主要的腐败数据集都使用专家小组，主要由学者与记者组成。这三个数据集分别是：DRI/标准普尔全球风险评分、经济学人情报中心（EIU）的国家风险服务与国家预测，以及政治风险咨询公司（PRS）的国际国家风险指南。DRI数据与PRS比较相似，是一种风险预测分析，不测量整体水平的腐败。EIU的评分将腐败作为60个变量中的一个来使用，测量出腐败的发生率。自1997年开始，EIU的研究人员使用一个减少了指标的透明国际（TI）腐败感知指数，从国家评估基准的标准化数据中排除了EIU的数据。

理想的格林菲尔德调查能整合出信息全面的可靠样本，因为它将各国评估的误差幅度以及受访者差异最小化；同时，为进行跨国比较而使调查的问题覆盖所有类型的现象，并把调查覆盖的范围延展至最少120个国家。世界商业环境调查或许最接近以上的描述，但没有任何先验的原理可以说明它的调查设计就优于本文所谈及的（包括在后面篇章里谈及的）其他调查设计。谨慎的做法是要尝试建立一套可信的综合指数。那么，是否只有这种方法被证明无效或比一个有效的单一指标更缺乏可靠性时，使用最可得到的单一数据来源才是更明智的呢？

看一下最主要的腐败指标，有助于说明综合指数是在宏观层面上获取腐败水平信息的最谨慎的方法。不能认为某种方法在本质上优于其他方法；否则，就会失去存在于调查结果差异中的重要信息。这类指标中最有名的是腐败感知指数（CPI）。本书中约翰·格拉夫·兰伯斯多夫（John Graf Lambsdorff）的文章对CPI的方法论及其原理作了相当详尽的描述①。

腐败感知指数（CPI）的影响

CPI第一次出现在1995年7月10日的德国新闻杂志《明镜》上。透明国际天真地把排名结果作为背景资料提供给杂志记者，条件是不能对外发布，因为透明国际理事会还未批准公布。该指数被公布后，透明国际的管理层随即面对既成的事实，只能选择否认或承认这些结果与其有关②。在CPI首次发布的五天后，声明该指数所有权的新闻稿也正式发布，作为对国内外媒体质询的回应。随后两周里，澳大利亚、巴西、智利、芬兰、印度尼西亚、意大利、挪威、菲律宾、西班牙、瑞士和中国台湾的多家通讯社和报纸都对该新闻进行了报道，而美国、英国、法国和德国的主要报刊却对此听而不闻。八月中旬，《纽约时报》在其周一与周日的报纸上，分别刊登了关于CPI的同一篇文章的两个版本。经过这样的报道后，在接下来的一周内，《金融时报》、《卫报》、《国际先驱论坛报》、英国广播公司、通讯社以及许多其他的广播电台、报纸都跟随作了报道。

---

① 最新的腐败指数数据见 http://www.transparency.org/cpi/index.html#cpi，2004年10月10日。
② 哈佛大学肯尼迪政府学院的一个案例研究关注的就是这个强制决定。

CPI造成了相当大的影响。它被认为是将腐败问题提升到"国际突出地位"的一个原因(Florini, 1998)。在过去几年,读者偶尔都能在大部分主流报纸上看到关于CPI的报道。CPI促进了有关腐败的新闻写作以及公共话语在质量上的提升。据一家德国国内领先的报纸所说,1995年以前,"要写一篇严谨的有关腐败的文章是几乎不可能的"(*Frankfurther Allgemeine Zeitung*, 16 May 2002)。最近几年,腐败评级经常与国内生产总值的增长率以及外国直接投资率等联合使用,作为主流的词汇被纳入到对一个国家基本状况的描述当中。对于CPI的兴趣与意识已延伸到商业与金融新闻报道之外。一位记者在其一篇关于巴基斯坦腐败问题的文章中,引用了一段其与一位巴基斯坦出租车司机的对话:

> "你知道吧,巴基斯坦的腐败怎么会排名全世界第二呢?"艾哈迈德一边问道,一边绕过一个本会吞掉他的小车的大坑。我说,我听说了,1996年,巴基斯坦在一个叫透明国际的机构的"全球腐败指数"中排名第二,仅次于尼日利亚。"实际上,"艾哈迈德继续他的话,"我们应该是第一的。只是我们向尼日利亚行贿,让他们拿第一罢了。"(Stein, 1997, p. 15)

类似的笑话也曾出现在其他国家。

1996年,CPI发布的第二年,促成了一次政治动乱。巴基斯坦在那一年的CPI排名倒数第二,仅次于尼日利亚。这一结果被该国的媒体广泛报道。首相贝娜齐尔·布托(Benazir Bhutto)面对这一结果,在国会中反驳说,她的管治"在巴基斯坦历史上是最诚实的"①。可接下来的是,公众要求她引咎辞职。几天后,巴基斯坦总统免去了她的职务。她也因对她以及她那位已在监狱服刑的丈夫的腐败指控,而失去了当年再次竞选的机会。

在玻利维亚1997年的总统竞选前夕,CPI发布,前独裁者乌戈·班赛尔(Hugo Banzer)提出的反腐败主张因而得到了CPI调查结果的支持,借此,他在当年竞选中胜出,获得了总统的宝座(O'Brien, 1999)。时任的总统因此把透明国际告上了法庭,认为透明国际的诽谤为乌戈的主张提供了依据②。

资深政治家的辩护之声四起。阿根廷内政部长卡洛斯否定道:

> 它是完全不负责任的。在这些关系中讨论阿根廷是不公平的、荒谬而且武断的(de manifiesta irresponsable. Es injusto, absurdo y arbitrario hablar de

---

① 参考文献,遗失。
② 参见 Miami Herald 的文章。

la Argentina en estos terminus①）。

两年之后，继续担任内政部长的他仍然持有怀疑：

> 即使对于那些身处其中的来讲，如何分类也是个谜（Es un misterio, aún para los entendidos, de qué manera hacen las clasificaciones②）。

总统卡洛斯·梅内姆（Carlos Meném）在一次公开声明中指出，国家的排名落后是有政治动机的：

> 这是一个主观的和不公平的研究。这个研究旨在培育政治上的反对阵营去与政府对抗，不断对国家的廉洁与可信性进行攻击。（Webb, 1988）

根据危地马拉总统阿尔瓦罗·阿尔苏（Alvaro Arzú）的话：

> 无论是谁走出来说这是一个腐败的政府，他不仅愚蠢，而且，请把它写下来——他也是一个无赖（Cualquiera que venga a decir que este es un Gobierno corrupto, no solo es un imbécilpónganlo así por favor - sino que, además, es un sinvergüenza③）。

喀麦隆首相彼得·马法尼·穆松格（Petr Mafany Musonge）对 CPI 的报告表达了惊讶与失望。他在国家的电台上说，透明国际显然忽视了其政府在维护问责制方面的努力：

> "我必须说的是，报告来得太突然"，穆松格说。"我们是非洲少有的能够发起反腐败运动的政府。这已经得到媒体的深入报道。我觉得，我们对透明公开的追求被误解了。"（Musa, 1999）④

---

① "它是完全不负责任的，用这些词来谈论阿根廷是不公平的、荒谬而且武断的"，Iglesias, Graciela (1996). 'Creció la corrupción en la Argentina desde 1993', *La Nación*（Argentina），5 June。

② "即使对那些当事人来说，如何进行分类也是个谜。" 'Según Transparency la Argentina ocupa el 61 puesto en corrupción', *La Nación*（Argentina），24 September 1998。

③ "无论是谁走出来说这是一个腐败的政府，他不仅愚蠢，而且，请把它写下来——他也是一个无赖。" 'Presidente critica informe', *Prensa Libre*（Guatemala），25 September 1998。

④ 在各大事件中，有一个有趣的转折，一个总部在巴黎的非政府组织将年度最杰出的政治活动家称号颁给了保罗·比亚（Paul Biya），"在透明国际宣布了喀麦隆为最腐败国家之后，此举减少了比亚政权所遭受的耻辱"，来自 'French NGO Confers Distinguished Statesman Award on President Biya', *The Herald*（Cameroon），5 June 1998。

1998年，喀麦隆政府的官方声明更加强烈：

> 喀麦隆政府对某些组织的傲慢表示强烈谴责。他们受雇于新式殖民者，旨在妨碍我们国家发展的进程，而不是肯定我们的人民所付出的努力和牺牲。（Reuters, 25 September 1998）

洪都拉斯是在CPI排名中接近最后位置的国家，并且是拉丁美洲所有国家中排名最后的，其总统参谋长古斯·塔沃（Gustavo Alfore）声称："这个排名让我们十分惊讶，因为恰恰是在（卡洛斯）弗洛雷斯总统主政时期，当时我们为打击腐败付出了很大的努力。洪都拉斯有一种遗留下来的怀疑文化，这种文化在这个国家里是免罚的。"

在少数的正面声明中，有一条来自尼日利亚。当时，新当选的政府发出了一份官方声明：

> 总统（奥卢塞贡）奥巴桑乔对该项调查所得出的结果没有异议。他认为，调查显示了目前政府需面对并要积极应对的挑战的难度；同时，尼日利亚人也应进一步关注并共同支持联邦政府努力遏制腐败及恢复尼日利亚在国际社会中的形象。（Agence France – Presse, 27 October 1999）

尽管奥巴桑乔政府实施了多管齐下的措施力图使腐败得到控制，但在进入到其第二个任期时，尼日利亚的CPI分数与排名依旧下降而并没有提高。

CPI被成千上万的报纸文章引用，而且几乎每天都有。如上所述，在某些情况下，它影响着一个国家政治的走向。20世纪90年代中期出现的CPI是一道分水岭，它促成了全球性的反腐败运动及广泛共识。CPI是一个强大的工具，它让人们意识到腐败已在国际蔓延，是共同的负担，使得腐败在发展中国家成为重大新闻关注点。CPI第一次将不可比较的不同国家，置于相同的衡量标准中进行比较。由此产生的国际荣辱感，促使各国在排名中争相向上，这意味着是对降低腐败水平的努力。对某些国家来说，这是国际舞台上的竞逐（如韩国首相的一位高级顾问分享了他的观点，即韩国的目标是在五年内排名前15）[①]；而一般来说，这多是地区间的竞逐（如中国香港与新加坡之间，肯尼亚与乌干达之间，匈牙利与捷克共和国之间等等）；同时，这对一些排名垫底的国家（如孟加拉国、尼日利亚和巴拉圭）来说，则是在决意洗掉"世界上最腐败的国家之一"的标签。

随着2003年联合国反腐败公约的建立，国际上对遏制腐败的努力进入了强

---

① 2000年9月14日，加拿大渥太华，Choi Byung – Rok先生专访。

制实施的阶段。建立国际标准以及唤起普遍意识的短期目标已经实现，在此基础上，国际反腐败运动继续向前迈进。CPI 作为唤起意识的工具，其价值是毋庸置疑的①。然而，在这新的国际背景下，需要对 CPI 的功能以及其局限性进行重新评估。CPI 的失败之处可以按七个标题进行分组，归结为七大缺陷：①只惩罚受贿者，而不惩罚行贿者与袒护者；②国家覆盖面不定且无法控制；③样本带偏见性：世界上超过 90% 的地区被忽略了；④不准确且有时候是无知的信息来源；⑤对腐败的定义过于狭窄且不准确；⑥没有对腐败的趋势进行测量：不能奖励真正的改革者；⑦牵连效应——关于援助的限制性条款。

前五个缺陷是显著的。然而，若对 CPI 进行细致思考后，我们就会发现没有单一的指标能够满足所有的期望或对批评逐一进行反击。对这些缺陷最有效的回应，就是找出任何特定工具的内在局限性，并且，如果可能的话，利用其他指标使其平衡。至于后两个缺陷，其问题更大。在接下来的部分我们将指出，这些问题会逐渐损害 CPI 的基本理念，这一基本理念是：成为一个"推动变革以创造一个无腐败的世界"的工具②。

CPI 的缺陷之一：只惩罚受贿者，而不惩罚行贿者与袒护者

对 CPI 的第一点批评是它的片面性。当时担任马来西亚总理的马哈蒂尔·穆罕默德（Mahathir Mohamed）在一次新闻发布会中听说 CPI 时，批评道："他们是谁，来决定我们的人民应该如何生活？这是我们的国家，所以我们才是做决定的人。"（*The Straits Times Malaysia*，5 June 1996）马哈蒂尔建议，"马来西亚要开展一次运动，对欧洲国家的种族歧视、腐败以及道德问题建立一套监控指标，形成'欧洲观察'"（Abdullah and Ang，1996）。

主要的疏忽并不是 CPI 忽视了欧洲。许多欧洲国家的 CPI 分数很差，排名甚至比许多亚洲、非洲与拉丁美洲的贫穷的欠发达国家还要低。真正的盲点在于，CPI 指数将聚光灯投射在世界上主要的受贿者身上，并让主要的行贿者以及贪污资金的避风港得以脱身。为了纠正这种失衡，笔者在 1999 年曾致力于为透明国际建立一套新的指标，以便追踪国际贿赂，因而产生了一套有关主要出口国的行贿指数（BPI）。在一定程度上，通过这一（比较昂贵的）新工具，CPI 所提供的不平衡的信息被纠正过来了。然而，透明国际自 1995 年到 2004 年，CPI 首次公布后的十年中，只公布了两次 BPI 指数。实际上，BPI 被世界各国的媒体忽略，

---

① 在 2002 年，Media Tenor 授予透明国际一项议程设定奖，Media Tenor 是一个国际媒体研究机构，从事反映 CPI 对全球媒体影响力的大型测量方面的媒体分析。

② 来自透明国际使命陈述，见 http：//www.transparency.org/about_ti/mission.html，2004 年 10 月 11 日。

没有在公众中传播开来。

此外，没有制定工具去测量瑞士、英国、美国、新加坡、博茨瓦纳和智利这几个主要的"廉洁"工业化国家为贪污和腐败所得提供金融和投资避风港的意愿。东南亚的许多改革者抱怨，虽然新加坡毋庸置疑地被冠上亚洲"最廉洁国家"的称号，但是，它也是一个避风港，使该地区的腐败政治家和交易者得以把他们赃款存储起来或用作投资。对于非洲的博茨瓦纳、南非，以及拉丁美洲的智利、美国，也有相类似的抱怨。

透明国际最初是作为"抑制国际商业交易腐败的联盟"而成立的。但是，对于发达国家主要的企业和银行在为国际贿赂的发展提供基本帮助方面的机制和参与程度，透明国际是否已有足够重视呢？只在十年间发布两次 BPI 结果，透明国际是否已在不知不觉中促成了一个带有偏见的评估，让发展中国家的改革者承受过重的负担（这些发展中国家的制度与治理结构都相对薄弱）的同时，而使发达国家承受的压力小得多呢？

一个较为普遍的看法是，CPI 及为其服务的信息来源可能对贫穷国家是不公平的、带有偏见的。虽然，已经证明腐败会导致长期的行政失当及滞后发展，但是，大量的证据也支持贫穷本身也会引致腐败这一观点。如果情况确实如此，那么对工业化水平以及人均国内生产总值各不相同的国家，用同一套标准进行比较又是否公平呢？这几乎不可避免地强化了一种观点：所有好的事情都会集中在上部，而所有不好的事情都会堆在底部。有一个解决办法，这一办法产生于英国的《观察者报》与国际特赦组织合作的一个实验，那就是用一套发展的指标，像联合国开发计划署那一套人类发展指数（HDI）一样去衡量一国的腐败程度。根据这个新指数作者的逻辑，"将贫穷的卢旺达与石油藏量丰富的阿尔及利亚放在一起比较，却没有将两国的人权记录放到他们的经济背景中，这是不公平的"(Sweeney, Beaumont and Doyle, 1998)。虽然这个方法表达了一种道德诉求，但用 HDI 放大腐败的分值会产生无意义的排名，如塞内加尔和加蓬的排名要比发达的工业化国家更加靠前。一个更可行的解决办法是建立分开的排名表，一方面按照地理区域而另一方面按照发展程度将世界各国进行划分（HDI 将世界各国分成高、中、低三种发展水平）①。在这些类别内部和地区内部进行比较是有意义的，而且已经被用于 CPI 调查结果的展示当中。

CPI 的缺陷之二：国家覆盖面不确定且无法控制

CPI 对一国的评价至少要有三个信息源，这是 CPI 毋庸置疑的优势之一。除了在行贿指数调查的背景中产生的数据之外，透明国际的 CPI 没有自己的数据来

---

① 我很感谢 Amartya Sen 先生在这个问题上的评论。

源，它完全依赖于独自运行的问卷调查和专家所做的民意调查，产生的结果是大量的国家不能够纳入到 CPI 指数当中。2003 年，仅基于联合国的成员资格，大约只有 133 个国家得到 CPI 的评分，这意味着有 58 个国家被这个指数忽略了。

覆盖面不确定的缺陷导致三个问题。一是一些国家可能会被不公平地贴上"世界上最腐败国家"或"中东最腐败国家"的标签，而实际上许多其他国家也许更加腐败，却没有出现在这个排名里。二是透明国际对二手数据的依赖意味着，对于某些国家可能会因达不到最少数据来源数的要求而退出指数的情况，它无法控制。有些政府往往对这种情况的出现感到满意。1997 年，肯尼亚就发生了这样的事情，它的官员们据说曾向其他国家的外交人员和记者表示，肯尼亚那年未出现在 CPI 的排名中说明腐败问题得到控制而无须再进行监控。三是没出现在 CPI 排名的国家中，公民社会活动家以及一些外国援助捐赠者发现，由于政府不会受制于 CPI 引起的公众关注和压力，使得他们推动改革的努力徒劳无获[①]。CPI 作为推动改革的工具的意义是毋庸置疑的（可见于前面提到的巴基斯坦、玻利维亚、喀麦隆以及尼日利亚的例子），正因为如此，值得一问的是，透明国际是否有责任保证世界上绝大多数的国家被纳入 CPI 的评价[②]。在透明国际不更新其方法论或不降低进入门槛的情况下，透明国际要确保更广泛和可靠的国家覆盖面，唯一的途径就是组织定期的独立调查，重点针对那些甚少被覆盖到的地区（特别是非洲和中东的重要区域）。

CPI 的缺陷之三：样本带偏见性：世界上超过 90% 的地区被忽略

CPI 对文化的偏见经常遭到批评。一点也不令人惊讶的是，这种争论在一些 CPI 得分低的国家最为普遍。但这些批评大部分都没有事实根据。以沙特阿拉伯的《阿拉伯新闻》为例：

> （腐败）是无可救药的主观概念。一些在丹麦、瑞典或者柏林被认为是腐败的行为，会成为其他国家的操作标准……（西方媒体）谈及的贿赂和回扣，通常都是指支付佣金以利于达成交易……这份特别报告当中存在的错

---

① 在其第一阶段的努力中，美国国际开发署（USAID）在贝鲁特的办公室于 2003 年委托了中东地区的调查，希望不只是包括黎巴嫩，也包含这一地区的其他国家。世界银行也委托了几项国际腐败调查，但两者的动机有所不同。

② 见 Report on Workshop of 29 - 30 April 2004, *Good Governance and Behavioural Change*, Phnom Penh, Cambodia："对于私人企业来讲，腐败感知指数引起了他们相当大的兴趣，特别是当他们考虑在哪个国家投资时，遗憾的是，由于在柬埔寨的外资企业本来就很少，因此几乎没有私企愿意为这样的腐败调查买单。虽然如此，仍然期待充分的调查可得以进行从而让柬埔寨在未来的 2~3 年内出现在腐败感知指数排行榜上。"

误，就是它采用了自己的文化视角去对腐败进行主观定义并且有力地谴责那些与该定义不符的。这种将只有西方才有的道德观点强加于人的做法是丑陋的和盛气凌人的。(*Arab News* Suadi Arabia, 2 August 1997)

如果 CPI 仅仅包含样本国家的数据，那么其评分将会受到对腐败的容忍程度、腐败的能见度、媒体的调查热情及其廉正性的巨大影响。如果 CPI 仅仅包含外国人的评价，那就会令人怀疑：该国国民是否会对自己的国家有不同的评价，以及"x"国的国民能否对"y"国进行可信的公正评价。由于这些海外的样本中包含了过多来自传统经合组织成员国家的人，所以样本也被批评为带有"西方"偏见，正如马哈迪（Mahathir）所做的那样。马哈迪甚至认为，马来西亚人相信像透明国际这样的团体依旧带有牢固的"殖民心态"(*The Straits Times* Malaysia, 5 June 1996）。

由于 CPI 包括了两种数据来源，一种是完全基于外国人或海外移民的评估（EIU、FH、PERC、PRS），另一种是基于国民抽样的评估（ICVS、IMD、WB/EBRD、WEF），因此样本里面并不存在倾向任何一方的偏见[①]。这是它的一个优势。此外，看法的分歧保持在最小的限度，因为基于外国人或海外移民评估以及基于国民抽样的评估两者在几年中的平均相关度是 0.86。这意味着总体上世界上的某些地区存在腐败问题的看法会被来自其他地区的人们所分享。对腐败问题的接受以及容忍程度或会有很大的差异（"全球腐败晴雨表"往往支持这一观点），但是，对一个腐败国家的办公室是非常一致的。

有失真的样本既是 CPI 的优势，也是它的最主要偏差。自 1998 年起一直向 CPI 提供数据的 17 个不同机构中，只有两个不存在对私人部门的偏爱：自由之家以及哥伦比亚大学的国家能力调查（CU）[②]。自由之家使用内部专家与学者进行评估，其调查结果并不是首要为商业人群准备。CU 的指数得到了美国居民政策分析师、学者以及新闻记者的关注。而其余的 15 家机构，要么使用由商业人士组成的抽样框架，要么将他们的调查目标明确锁定为帮助企业和机构投资者。

为了 CPI 的可靠性，使用同质性样本是有明显优势的。直观上，与随机的人口抽样相比，商业人士更可能拥有直接的腐败经历和可信的腐败认识。他们的经历，特别是他们如果有国际经历的话，就同时具有可比性的优势了。普通的受访者少有甚至没有国际经历，他们无法对腐败水平进行国与国之间的比较，也更可能会受到媒体或国家的政治、经济形势的影响。

[①] 有关信息源的缩略词表，可见于 Johann Lambsdorff 的章节和透明国际网站。ICVS、IMD、WB/EBRD 和 WEF 的抽样框仅包括了居住在被调查国国内的居民。然而，在以中高阶层的商务人士为样本的 IMD、WB/EBRD 和 WEF 调查中，某些受访者可能是外国人。

[②] 前些年，盖洛普国际在普通民众中抽取有代表性的样本做了一项国际调查，腐败感知指数（CPI）把这项调查的结果也包括进来。

这种同质性，虽然毋庸置疑具有优势，但同时也产生了一些严重的样本偏差，这就是 CPI 的一个真正失败之处。其样本不仅定位于私人部门，而且当中绝大部分是男性和经济富裕人士。实际上，这意味着这一最具影响力的指标忽视了大部分女性以及贫穷的受压迫者的经历和视角，这也意味着雇用了贫困国家绝大部分人口的"非官方企业"的利益被忽略了。

透明国际与腐败做斗争，力争实现五方面的计划目标。这一计划的核心是力争"国际商贸透明化"（TI，2004）①。同时，透明国际也力争"减少贫穷与消除社会的不公正"并"建立民主与开放的政府"。这里的分析显示，这种带偏见性的样本和提问，对提高国际商贸透明度的帮助只是有限的，它无助于深化对腐败问题的理解从而推动透明国际为自己设定的其他任务。

CPI 的缺陷之四：不准确甚至有时是无知的信息来源

CPI 信息源之间的差异很大、缺乏一致性，这也受到批评。在考夫曼（Kaufmann）看来，"许多专家认为，在解释透明国际的数据时要小心谨慎，并指出腐败的综合评级具有内在的不精确性"（Kaufmann, Kraay and Zoido – Lobatón, 1999）。《经济学家》写道，"由于它只是少数几个存在很大差异的信息源的组合，因而难以从其简单平均数以及评级中解读出一些东西来"（The Economist, 30 October 1999）。考夫曼等人（1999）认为，关于腐败的数据只够用于将国家分为三组：大约 20 个腐败程度最轻的，大约 20 个最腐败的，以及绝大部分在这两者之间的。对 CPI 的这点批评只是部分正确。

将国家进行宽泛的分组并不能避免任意性。0～100℃ 的测量方式具有某种实用性，这与水的沸点和冰点相关；而腐败的十级量表却几乎没有内在的确切含义。一个国家因为它只有 2.5 分而被放在腐败严重的分类中，而另一个国家因为有 4 分则被分在了腐败较不严重的类别中，这种配置本身并不能表明是有意义的类别划分，它们只是相对的分数而已。再者，一国分数的小幅度变动，可能意味着这一个国家从一个类别跃进到另一个，并引致媒体认为是有某些重大的事情发生了，但事实是这个国家基本的社会和经济现状几乎没有任何重大的变化。在理论上，可以利用置信区间，如用 80% 或 90% 的置信区间，指出一国到底应该是"诚实的"、"相对诚实的"、"相对腐败的"还是"腐败的"，或者用交通灯号作图例标注出这个范围②。本书第四章的图 4-2 对 CPI 的这些置信区间做了说明。

《经济学家》中刊登的批评是对大量其他明显更有影响力诸如国民核算这样

---

① 见 http：//www.transparency.org/about_ti/mission.html#values，2004 年 10 月 10 日。其他两个目标是实现可持续发展和廉洁的环境以及加强全球安全。

② 1999 年 2 月 20 日在华盛顿的研讨会上 Daniel Kaufmann 的建议。

的综合统计数据均有效力的批评，假如不是这样的话，这些批评会更有力。在印度这个约有世界 1/3 贫困人口居住的地方，在多年的发展过程中，国民核算与家庭调查的数据之间出现越来越大的差异（Deaton，2000）。这样的核算差异同样出现在发达的工业化国家。加拿大未经记录（但不一定是非法的）经济占到 GDP 的 0.6% 到接近 22%（Mirus and Smith，2002）。研究发现，这一数字在美国是介于 4%～33% 之间，德国是介于 3% 到 28% 之间，而英国则是介于 2% 到 15% 之间。在工业化国家中，意大利被广泛地视为拥有最大规模的未在录经济，也许相等于其在录 GDP 的 1/3。在工业化国家中，意大利被普遍视为拥有最大规模的未在录经济，可能占到在录 GDP 的 1/3 之多；意大利后面紧跟着的是西班牙、比利时与瑞典，而日本和瑞士（大概 4%）被视为拥有最小规模的未在录经济。

在工业化国家当中，只有意大利和美国两国为把"影子"经济纳入 GDP 而正式调整他们的 GDP 数字①。20 世纪 80 年代晚期，意大利曾经这样做过，当时它被认定为是"超速"（il sorpasso）② 发展，因为这样做使其 GDP 规模赶上了英国。关于贫穷国家 GDP 的测量数据，如国际货币基金或世界银行的年度报告所公布出来的数字都没有对统计方差、"影子"或未在录经济加以说明，这些就更不靠谱了（Bloem and Shrestha，2000）。事实上，关于 GDP 的统计是如此，贸易和投资数据更是这样③。

CPI 并不是特别精确。然而，对于这一缺陷，CPI 的优点在于坦率且诚实④。当 CPI 对具有争议的腐败现象进行测量，特别是测量总体水平时，它的公开性并没有对指标本身造成损害，反而为其可信度提供了支持。CPI 的精确性并没有被夸大。在腐败测量的背景下，一定程度的差异显然是可被接受的。此外，信息源的内部以及信息源之间的差异包含了有价值的信息。对某个国家评估时，看法的一致性程度出现变化可以是一个有用的晴雨表，显示出公众对该国腐败的认识的演进。这并不是坏事，这种允许差异的做法也许可以直接用于其他核算工具上，尤其在综合数据层面。

此外，新加坡、智利和博茨瓦纳列为其所在地区中腐败程度最轻的国家的排名，对于大多数对这些地区有深入了解的分析家来说没有任何惊讶的。意大利排

---

① 例如，见 http：//countrydata.bvdep.com/EIU/Help/measuringeconomicactivity.htm，2004 年 10 月 10 日。

② "赶超者"，就像一辆车从后赶上并超过另一辆。

③ 比如说，为了贸易的需要，会根据缝制袖口和领口的地点，标记一件男装衬衫由某特定国家生产。如果中国的出口配额满了，一件差不多完工的衬衫可以被出口到香港，在袖口和领口上加几针缝线，然后再运回中国，在中国完工、包装和运输。

④ 在腐败感知指数（CPI）排名榜的新闻发布稿的两附加栏中，可找到国家得分的相对精确度。第一栏"平均差"，显示信息源的分值差异；第二栏"高—低值范围"，给出了基于标准化的各信息源中的最高分和最低分。

在爱沙尼亚之后，希腊在约旦之后，而孟加拉国则明显地落后于俄罗斯的调查结果对人们广为接受的有关不同国家的相对腐败程度的假设提出疑问。正是这些以世界上千个商业人士的感知为基础的观点，支持着 CPI 在公众意识和政策层面上产生的影响。精确性的缺乏与领土大小有关，许多其他的社会经济指标也有这一特点。

信息源准确性就更成问题了。在参与国家的数量日益增多的情况下，这是 CPI 评分表现出来的一个真正令人困惑的问题。游历广泛的知识人群经常会发现，根据他们自己的经历，难以认同 CPI 的评分。一封寄到埃塞俄比亚商业出版社的信件提出了这些问题。

尊敬的先生，

我在阅读您最近一篇题为《埃塞俄比亚的反腐败斗争》的文章时有一些困惑。对于您概括说埃塞俄比亚事实上不存在制度腐败的观点，我是愿意相信的。但使我困惑的是，在这种情况下，为什么埃塞俄比亚在 2003 年透明国际腐败感知指数中排名第 92……根据这一调查，埃塞俄比亚要远低于中等水平，这是很值得关心的地方。不仅如此，埃塞俄比亚现在的排名明显低于它几年前的排名，这样的发展趋势很令人担忧。……无论如何，假设您最近的论断是真诚的，我想知道，从事这一国际调查的外国人是不是调查到一些特别的事情，而这些事情是您因为某些原因而没有遇到过，或者只是由于负责调查的人过于懒惰而只依赖于部分的、不准确的数据，或者可能只是他们虚构出没有事实根据的统计数据？……如果您坚持自己的主张，并且发现埃塞俄比亚与上述的情况不相符合，那么一个不可回避的问题就是，作为埃塞俄比亚人，我们需要做些什么去纠正这种失实的结论？因为这种失实的结论很可能会导致我们损失大量的潜在外国投资。

谨致问候约纳坦·伯哈尼（Yonathan Berhane）[①]

伯哈尼的信提及信息源准确性这一重要的问题，这一问题可以在一个被 CPI 一直沿用至 2001 年的数据库中反映出来。政治风险顾问公司（PRS）的《国际国别风险指南（ICRG）》也被作为主要的因变量而广泛应用于大量的腐败实证研究。它也被引用到考夫曼等人的治理指标中。PRS 的指南有两个主要的亮点：一是它的覆盖范围广，大约包含 140 个国家；二是它可用于时间序列分析，因为其数据库自 1980 年开始，每个月都会更新并且定期公布。PRS 的客户群基本上都是企业，包括了财富 500 强中 80% 的美国企业。它们所拥有的数据也以优惠的价格对研究者开放（www.prsgroup.com）。ICRG 综合评级与预测是基于以下的公式：

[①] 2004 年 8 月 31 给 Capital Ethiopia 编辑的信件，http：//www.capitalethiopia.com/letter%20to%20the%20editorial.htm，2004 年 10 月 11 日，感谢 Rupert Bladon 指出这封信。

CRR（国别 x）= 0.5（PR + FR + ER），其中，
CRR = 综合风险评级（composite risk rating）
PR = 政治风险评级（political risk rating）
FR = 财务风险评级（financial risk rating）
ER = 经济风险评级（economic risk rating）

接着，政治风险评级被划分为 12 个子因素，其中一个是腐败。然而，这只是涉及腐败问题的若干政治风险因素之一。其他因素还有"军队摄政"、"法律与秩序"、"民主问责制"以及"官僚政治的特性"。这些因素互相之间具有较高的相关性，但它们不是专门针对腐败问题的。因此，它们不能被用于腐败分析。在这里我们只对腐败这个因素有兴趣。CRR 和 ICRG 特别关注那些"阻碍商业有效运作"的风险，而腐败测量则更关注"实际的或潜在的"政治与行政腐败，诸如裙带关系、秘密政党资金等形式（www.prsgroup.com）。根据 ICRG 的《评级系统简要指南》，上述形式的腐败风险是，它们可能会导致政府垮台，也会使该国的投资环境遭受重大打击。腐败风险是计算一个政府能持续执政多长时间的首要决定因素。以任人唯亲和裙带关系形式出现是一党制的或非选举产生的政府存在的前提，因此，这些政府从一开始就是腐败的，只是程度较轻或较重而已。至于民主政府，根据我们的经验，几乎无一例外的，当选的政府连任超过两届，也就是主政 8 ~ 10 年后，情况就会开始变糟……最低的评级通常是给予了一党制或专制的国家（Sealy，2001）。

作为决定实际腐败水平的根据自己需要所做的假设，ICRG 最多只有指示性的和暂时的，在许多情况下，它很可能存在缺陷。例如，有力的证据显示，在大多数东欧和苏联的后共产主义国家，官僚腐败与顶层腐败两者的规模在 1989 年后的最初几年显著扩大。

每个国家的腐败风险值都介于 1 ~ 6 分之间，1 分表示具有很高的风险，而 6 分则表示腐败风险是最小的。以这个衡量标尺为准，加拿大、丹麦、冰岛、荷兰和瑞典是少数能获得 6 分满分的国家。2002 年，刚果民主共和国、印度尼西亚、加蓬、索马里、南斯拉夫和津巴布韦则是仅得最低分 1 分的一群。到目前为止，这些评级并没有引起太大的争议。但有些情况更让人不安，例如，博茨瓦纳被广泛认为是非洲撒哈拉以南地区腐败程度最轻的国家，只得到 3 分，而刚果共和国却能得到 4 分；利比里亚几乎不存在国家职能，却得到了 5 分。博茨瓦纳独立后实行一党制，但腐败水平相比于刚果共和国和利比里亚是微不足道的[①]。反过来，挪威得到 5 分，与利比里亚处于同等的水平，德国得到 4 分而法国甚至只得

---

① 博茨瓦纳是民主政体，自从 1966 年获得独立以来，政府没有更迭过，它在 CPI 和对熟悉该地区人士的意见调查中都获得了较好的评价。

到3分，与马拉维、也门处于同等水平①。ICRG的编辑对这一明显的异常现象做出如下解释：

> 在我们的系统中，经常出现的一种现象是，与腐败已"制度化"的国家相比，一个腐败"制度化"程度很低的国家在腐败因素上会显示出更高的风险，其原因在于，相对于民主问责制被严重削弱或消除的制度环境，在民主问责制中会形成更大的政治风险。（Sealy, 2001）②

一方面，以实行一党制、独裁或者一个政府在任时间长短作为腐败水平的一个指标，其准确性是会受到质疑的。另一方面，ICRG中的腐败因素测量的是腐败给私人部门带来的风险，而不是腐败本身的发生率或规模。无论研究者在运用ICRG去进行回归分析时是否已经察觉到这些特点，他们必须对由此而来的研究结果持有怀疑的态度。许多研究者已经在使用的风险指标，与许多其他的腐败规模或发生率测量指标有很大的差异。

并非只有PRS出现可靠性的问题。CPI从早期开始就常用到的一个信息源——经济学人情报中心（EIU）也出现了潜在的循环性问题。EIU从透明国际得到的是一个"简化"的CPI版本，其中并没有包含EIU的原始数据。EIU随即利用这个版本作为其评级的基准。EIU内部参差的专家水准使问题变得混杂。这些专家对于某些国家是很在行的，但在其他的一些情况下，"一些编辑并没有掌握他们所研究的这一国家的语言，以及很少甚至没有在该国国内的经历"③。对EIU而言，腐败评分只是影响国家风险评级的若干因素之一。而对CPI而言，腐败评分则是唯一的重要因素。

CPI 的缺陷之五：对腐败的定义过于狭窄且不准确

CPI所使用的信息源对不同的行政部门的区分并不清晰。如果这些信息源局限于某一方面，如司法机构的或政党筹资方面的腐败，那么就很难证明CPI把其包括在内是正确的。IMD调查的是"公共领域"，而EIU与PRS则分别是"公职部门"和"政府"。

正如前面对CPI第三个缺陷的阐述，信息源之所以关注腐败是因为腐败影响私人部门。私人部门很可能特别关注对其影响最大的腐败形式。世界经济论坛全

---

① 2003年透明国际的腐败感知指数（CPI）的新闻稿中（http://www.transparency.org/pressreleases_archive/2003/2003.10.07.cpi.en.html）中，挪威、法国和德国作为近几年分数大有改进的国家被提到，这几个以及其他一些国家都显示出大比例的得分上升趋势，原因在于CPI把PRC这一信息源排除在外。

② Thomas Sealy，ICRG的编辑，在2001年5月18日发送了电子邮件给作者。

③ 1998年6月8日，经济学人情报中心（EIU）的编辑伦敦专访。

球竞争力调查对此提供了特别详细的说明，涵盖了"出口许可、商业执照、外汇管制、税额查定、警力保护或者贷款申请"。换言之，关注商业与投资人士很可能会遇到任何腐败形式。如果政府高层的腐败会给商业利益带来风险或者成为政治不稳定的一个因素，那么这些调查也可能会对其关注。但是，在政治环境稳定且有利于外国投资者的情况下，如在印度尼西亚的苏哈托全盛时期或者21世纪初的中国，这些调查则可能会较少关注这些因素。

表5-1 CPI信息源所包括的问题举例①

信息的国际来源	贿赂的普遍程度如何？从事商业活动要在贿赂上花费多少？把政府合同给予朋友或亲属的情况有多频繁
世界商业环境调查	束缚商贸活动的贿赂和腐败的频次
世界市场研究中心	官僚习气和遇到腐败官员的可能性。小额贿赂、较大金额回扣与公司诈骗之间的区别
代表透明国际的盖洛普国际调查	（在贿赂方面的）花费对从事商业活动造成多大的障碍

这种标准化的问题对CPI是有利的。然而，对腐败的理解并没有得到充分的提升，特别是在贫穷国家的背景中。为了使调查的应答率最大化，同时也为了他们的主要客户的利益，有关腐败的提问将受访者假定为国家的无辜受害者（见表5-1的例证）。受访者的串谋或代理问题从来没有被深究。腐败因而完全被表述成公共掠夺的概念。行贿指数也使用了这一带有倾向性的方法。它要求受访者对其最熟悉的商业领域的竞争者的行为评级。检察官和新闻记者（实际上，还有商务人士）知道这只能捕捉到腐败现象的一个侧面。中国、巴拿马、斯里兰卡和叙利亚在2003年的CPI评价中都同样获得3.4分。这些国家中只有一个是外国直接投资的主要接受者。那是什么使得腐败在某种背景下就可容忍，而在其他的背景下却是无法容忍呢？让人厌烦的腐败，与让私人部门畏缩的腐败，两者之间的差异被CPI模糊化了②。

在改革的背景下，对不同政府领域的腐败水平进行跨国比较特别重要。这些比较可能有助于阐明为什么某些商业贿赂的环境会比其他环境更有吸引力或更具

---

① 完整的问题清单，见http://www.transparency.org/pressreleases_archive/2003/2003.10.07.cpi.en.html，2004年10月12日。

② 说明一个事实，对外国投资而言，领先的排名并不是充分的先决条件，20世纪90年代初，海地在国际货币基金组织"贸易开放指数"中赢得首位的排名，因其是"最遵守国际规则的学生……然而，在20世纪90年代，海地的经济开始收缩……这并不值得惊奇——如果你是一个封闭经济中的实施恶政的腐败国家，那么变成一个开放经济中的实施恶政的腐败国家也于事无补"（Rosenberg, Tina：《开放贸易修复》，载《纽约时报》，2002年8月18日）。

风险这一问题。从致力于推进更广泛公共利益的改革者的角度看，这将大大地有助于对持续改革的真正压力点和轻重缓急的认识。现有形式的 CPI，只见森林不见树木，无助于回答这些问题。

将 CPI 称为"受贿者感知指数"可能会更加准确，或者比这更准确地称之为"敲诈勒索感知指数"。腐败的名称术语远不止贿赂或者敲诈勒索。CPI 中的某些信息源考虑到了贿赂规模大小的差别。但是，当中没有一个信息源对一系列其他的腐败行为，包括裙带关系、敲诈、任人唯亲、便利费、勾结活动网、行政与政治腐败等进行区分。

CPI 得益于其同质性。如果要求它将所有腐败行为完全纳入到一个指标中，那么现有的 CPI 所包含的活动范围会更小，而内部一致性会更高。由此而来的一个意外后果是，全球几乎都以反贿赂来界定反腐败。更具体来说，反腐败就等同于旨在减少会使私人投资者（多是来自国外的）利益受损的贿赂。

关于 CPI 的第一个缺陷描述了 CPI 片面的性质。它勾勒出这一测量工具如何将注意力集中在受贿者身上，而忽视了行贿者和唆使者。第三个特点详细叙述了 CPI 对私人部门的偏好，特别是在抽样的时候。第五个缺陷清楚地指出，CPI 分析已只局限于贿赂（更精确来说应该是官员的掠夺），这严重地制约了对改革的分析及由此而来的改革责任。政治任人唯亲的关系网络、裙带关系或者国家被主要的私人利益俘获等其他腐败机制，则只由其他机构包括透明国际在某些国家的分支机构，进行孤立的或者基于地区层面的分析。减少使外国者投资受到损害的腐败是一项重要的改革议程。CPI 让它成为主导改革的范式，但却让改革顾此失彼，把其他议程排除在外。

CPI 的缺陷之六：没有测量腐败变化的趋势，无法回报真正的改革者

CPI 主要的瑕疵在于其具有缺陷和误导性的动态基准。虽然 CPI 的本意是鼓励改革，但它却无法回答这样一个基本的问题："四年之后，这些改革能带来变化吗？"

由于 CPI 的信息源的国家覆盖面不确定（其第二个缺陷），透明国际无法控制什么国家纳入 CPI、什么国家排除在外。如果有 5 个国家退出了某一年的 CPI 排名，而同时又有 6 个新的国家加入，这将会影响到某些国家的排名。为了公平起见，在公布调查结果时，透明国际会作提醒以免误解国家排名中的这种任意变动。虽然有这样的提醒，但媒体的头条经常会提及某一国家的排名变化，而透明国际网站上的大量说明却没有被报道或者被广泛误解。

反腐败的动力可能会令腐败问题曝光，因而损坏一国的形象，特别是在切实推行改革的时期，这是政府改革者与公民社会共同提出需要关注的另一个问题。在 CPI 的发展历程中，没有任何证据能够支持这一观点。此外，使用三年的平均

调查数据降低了一次性的丑闻和调查所引起的偏离，这是明智的选择。这一做法也是基于这样的假设，即超越特定政府采购领域定向定时的重大体制的改革，确实需要至少数年方能取得成果。

更麻烦的是，事实上，一国 CPI 评分的改变，不一定能仅仅归因于实际腐败情况的变化。透明国际这样表述道：

> 一国评分的逐年变化，不仅取决于对该国表现的感知变化，而且也取决于样本与方法论的变化。一些没有更新的信息源必须被舍弃，同时也会添加可靠的新信息源。由于不同的受访者以及略微存在差异的方法论，一国评分的变化与所收集的不同观点、询问的不同问题有关。我们的指标每年主要提供商务人士和国家分析者的观点的简要情况，而较少关注逐年的变化趋势。(Transparency International, 2003)①

腐败问题的发展趋势并不能根据排名的变化得到评估；而根据一国评分的变化，也不能辨识出发展趋势。为什么国家的评分不能为发展趋势提供令人信服的基准呢？这主要有两方面的原因：第一个是，如上所述，信息源的构成以及方法论的使用每年都会发生变化。自 CPI 产生以来的十年间，信息源的选择以及用于集合数据的标准化技术就发生过许多变化，其中有三次重大改变。分数不能为发展趋势提供有用基准的第二个原因与标准化技术密切相关。以下的一段文章值得被完整引用，因为它描述了现行的标准化技术——匹配百分位：

> 每一个信息源都使用了自己的测量系统，因而要在各国均值确定前就要将数据标准化。这个标准化的过程分为两步：第一步，每一个信息源都经过匹配百分位的标准化处理。国家排名（并非分数）是我们所有信息源经过加工后得出的唯一结果。基于这一技术，新信息源的子样本与前一年的 CPI 得分就可以被确定下来。在新的信息源中排名最高的国家将被赋予 CPI 最高的标准化值。排名第二的国家将被赋予第二高的标准化值，如此类推。第二步，想象一下，一个新的信息源只包含了四个国家排名：英国最高，新加坡其次，委内瑞拉和阿根廷依次排第三和第四位。2002 年的 CPI 中，这四个国家的得分分别是 8.7，9.3，2.5 和 2.8。匹配百分位将会赋予英国最高的分数 9.3 分，而新加坡则是 8.7 分、委内瑞拉 2.8 分、阿根廷 2.5 分。
>
> 匹配百分位在综合不同分布类型的指标方面具有优势。然而，由于它利用的是信息源的排名而非得分，因而这种方法会忽视了信息源内在的某些信

---

① 见 http://www.transparency.org/pressreleases_archive/2003/2003.10.07.cpi.en.html，2004 年 10 月 12 日。

息。青睐这种技术的原因在于，它能够使所有数据都保持在0到10分的范围内：CPI 排名的所有国家都会获得介乎0（非常腐败）到10（非常廉洁）的分数。另外一些将样本均值和标准差标准化的技术则没有这种特性。另外，匹配百分位保证了所有标准化值都在这个数值范围内。这是因为任何标准化值都取自前一年的 CPI 得分，而 CPI 的得分已经被严格界定在上述的数值范围内。（Lambsdorff 2003, p.7）

匹配百分位在数据呈现方面具有优势。得分将总是在0~10分之间。更早的基于国家得分（而非排名）的标准化技术，使得一些国家如芬兰所得到的标准化值会高于10分①。在排名的另外一端，孟加拉国的得分却低于0分。尽管这在统计学上是合理的，但在表述上就会令人费解。然而，匹配百分位却有另外一个缺陷。

当受访者甚至专家委员会对国家进行排名（或实际上是评分）的时候，他们自然的反应是将一国与它所在区域内的其他主要邻国进行对比从而获得比较的基准。虽然一国实施重大的改革来控制腐败，并且 CPI 的某些信息源会对其积极的发展趋势做出评估，但它们相对于邻国的排名可能需要花费很多年才会发生变化，特别是如果某一特定区域内的国家也正同样进行变革。在短期内，一国排名的小幅度提升甚至也可能会受到匹配百分位第二阶段标准化过程的"惩罚"：

> 如果没有第二步的调整，那么得分就会出现不断变小的变化趋势。例如，如果芬兰的得分与前一年相同，那么它将必须是在所有信息源中都是得分最高的国家。如果它的得分在任何一个信息源中排名第二，那么它在经过匹配百分位技术处理后得到的标准化值将会低于它现在的分数。因此，考虑到各信息源间的异质性，芬兰的得分似乎无可避免地会降低。反之亦然，孟加拉国如果不是在所有信息源的评价中都得到最低分，那么它的得分就会提高。第二步标准化过程是为了避免一种得分不断变小的变化趋势。然而，运用简单的均值和标准差技术，可能会再次导致分值超过0到10的范围。第二步则要求更复杂的标准化：β 转换。这一单调的转换背后的理念是，提高标准差至期望值，但同时保持所有数值在0到10的范围内。（Lambsdorff, 2003, p.7）

孟加拉国目前获得了亚洲最腐败国家之一的名声。确实，它在 CPI 的排名中处于最后一位。这一排位是可以被证明的。由于国家覆盖面不确定的缺陷，人们

---

① 在最后发布的结果中，得分为10分（见http://www.transparency.org/cpi/2000/cpi2000.html#cpi, 2004年10月10日）。

无法知道纳入孟加拉国所在区域内外的国家是否会改变其排名。孟加拉国也是亚洲最贫困的国家之一。孟加拉国经常与不好的新闻联系在一起，其相当规模的人口、得到积极援助的社区以及频繁的自然灾害受到媒体的关注。此外，在此区域的大部分其他国家都在进行反腐败的变革；尼泊尔由于只有两个信息源因而没有被纳入 CPI 的评价当中。理论上，即使孟加拉国在腐败控制上有了明显的改善，它的得分（不仅是它的相对排名）仍可能保持多年不变。孟加拉国将需要改善它的形象并让国际商业界以及金融报刊了解并相信它的反腐败改革正大步向前迈进。只有制度改革（新的反腐败委员会、更高的定罪率、行政部门改革等等）是不够的。

为了改善孟加拉国的 CPI 得分，还需要一些事情：事实上，在其所在区域内外的其他国家情况正在恶化或正经历严重的挫折。这种坏消息，也是可以被单独证实的，接下来将需要被广泛地传播并且维持一段很长的时间（超过 3 年）。换言之，为了改善孟加拉国的 CPI 得分，孟加拉国不仅要自我改善，还要与邻国进行消极的竞赛，因为这些邻国全面的改善将会对孟加拉国不利（相比之下，如果其他国家情况恶化而孟加拉国保持原样，孟加拉国不用做出任何努力而分数也会上升）。

在每年发布 CPI 的基础上，透明国际有意在 CPI 排名的底部维持这种消极的竞赛。透明国际明确地承认，CPI 仅仅是一份"年度的快照"。然而，每年发布 CPI 引起了基于评级与得分的错误比较。CPI 不能奖励改革者，因为标准化技术强调排位而非内部改革。因而，它强化了关于某些国家的消极观念（以及对其他表现已经很好的国家的正面形象）。换言之，CPI 只有大棒而没有萝卜。这使得一些国家无法通过政府改革以及持续的反腐败努力提升其 CPI 得分。

如果不想完全停止发布完整的 CPI 的话，透明国际的一条可行的改善途径将会是至多每隔 4～5 年发布一次 CPI。透明国际自己可以控制数据收集与分析的"行贿指数"和新的"腐败安全避风港指数"两个更稳健的指数，应该每年发布。其他各种各样的工具，如全球贪腐趋势指数，可以用来弥补 CPI 其他的缺陷。在发布 CPI 的同时，透明国际应该通过自己独立的调查，尽力使国家覆盖面最大化。适度的努力可以扩大覆盖面至最少 35 个国家。

为了结束基于国家得分的错误和误导的比较，CPI 应该停止发布各国的得分，只列出国家的排名。误解仍旧会发生，特别是当许多新的国家被纳入 CPI 的评价中时，但这些误解的严重性远不及误解现有国家得分[①]。

[①] 自 20 世纪 90 年代末以来，更多详细的国家内部的诊断性调查被用于测量改善情况，并且为政策制定者提供更详尽有用的信息。近百个这样的调查被各式各样的机构所支持，特别是世界银行以及世界各地的许多非营利组织。但是，方法和样本上的异质性意味着它们之间几乎不存在相互比较的基础。而且，仅有一小部分的调查按某种规则重复开展过。再者，腐败感知指数（CPI）继续占据着头条，成为国际媒体默认的基准。在美国的世纪挑战账户（见下一节）的背景下，并入世界银行"腐败控制指数"可能会在未来几年内轻微打破这种平衡。

CPI 的缺陷之七：牵连效应——关于援助的限制性条款

牵连效应的缺陷可分为一个相对次要的缺陷和一个主要的问题。次要的缺陷是 CPI 与很多经济学家和政治学家自 20 世纪 90 年代中期开始进行的相关性分析和驾照分析工作有密切联系。为了公平起见，这些研究大部分都不使用 CPI，特别是世界银行和国际货币基金组织的经济学家所发布的研究。世界银行的研究人员都能使用他们自己近几年生成的数据源。许多依靠第二手数据的研究使用的是政治风险顾问公司的《国际国别风险指南（ICRG）》，因为它具有很大的国家覆盖面以及长期积累的数据，这特别有助于进行时间序列的分析。

在十级量表中所显示的腐败水平每下降 1 分，据估算，能带动年人均 GDP 增长 0.6~1.8 个百分点[①]；相似的下降会导致用以测量收入不平等的基尼系数从 0.9 下降至 2.1 基尼分（Gupta，Davoodi 和 Alonso - Terme，1998）。它也会导致每千名婴儿出生的死亡数下降 1.1~2.7 名（Gupta，Davoodi 和 Tiongson，2000）。相形之下，美国联邦储备银行圣路易斯分行的一个研究发现，相信地狱的信念与腐败水平呈负相关（Reuters，27 July 2004）。许多研究都基于简单的相关性分析，使得问题的因果关系悬而未决。此外，使用更复杂技术，力求分离并理解较低腐败水平的形成原因。

这些研究的启发意义与政治功能已经得到关注。例如，这些研究提供了布雷顿森林机构用以证明它们的反腐败承诺的合法性所需的表面上证据确凿的案例。成立 50 年来，它们因这一话题具有"政治性"并与它们的职责无关而避而不谈。这些研究大多都有一个甚至多至四个缺陷。第一，如果 CPI 是腐败的变量，那么它就不能被应用到时间序列的分析中。第二，如果腐败变量是政治风险顾问公司（PRS）的《国际国别风险指南》（ICRG），那么研究就不能阐释腐败水平的变化；政治风险顾问公司测量的是对投资者的风险。第三，CPI 和其他综合指数，诸如考夫曼的治理指标，受制于显著的方差和标准差。它们不能有助于做出详细的推论，特别是当自变量（如人均 GDP 的增长）并不是对许多国家都那么精确的情况下——正如前文对 CPI 第四个缺陷的阐述。第四，在过去的 40 年里，很

[①] 不同研究的测算结果存在很大差异，但是，减少腐败和增加人均 GDP 之间的关系通常都被认为是正相关的 [见 Abed, George and Davoodi, Hamid (2000). 'Corruption, Structural Reforms, and Economic Performance in the Transition Economies', *IMF Working Paper*, 00/132; Leite C and Weidmann J (1999). 'Does Mother Nature Corrupt? Natural Resources, Corruption and Economic Growth', *International Monetary Fund Working Paper 99/85*; Mauro, Paulo (1996). 'Corruption and the Composition of Government Expenditure', *Journal of Public Economics*, vol. 69, pp. 263 - 79; Tanzi, Vito and Davoodi, Hamid (1998). 'Corruption, Public Investment and Growth', in Shibata T and Ihori T (eds.). *The Welfare State, Public Investment and Growth*, Springer Verlag, Tokyo]。

大一部分国家仍然处于贫困状态。它们往往都有一篮子的"坏事情"，包括疲软的公共机构、低识字率、健康水平糟糕的统计数据、软弱的司法制度等。这些国家有许多也同时被评为腐败严重。只有少数几个国家在过去的40年中成功过渡到更高的生活标准。这些国家其中一部分仍然被评价为严重腐败，而更多国家已经享受了更高的生活标准超过40年。这些国家往往有一篮子的"好事情"，这与前面提到的第一类国家形成鲜明对比，它们也被认为是高度"清廉"的①。所以，就数字本身的值而言，回归分析、因果关系和相关性分析都不会有什么新发现。

在这方面，CPI 的过失被公认为是次要的。CPI 和 PRS 的数据被用作因变量的研究都是有缺陷的。许多结论是肤浅的，充其量也只具有启发意义。这些研究中的大部分几乎无法给政策制定者任何新的信息。作为一般的规律（同时也有一些明显的例外），高水平的腐败与很多不好的东西相联系。低水平的腐败则往往与好的东西相联系。CPI 及其所激发的种种研究，提供不了任何具有可行性的结果。它能使改革合法化，但是不能为改革者真正地指出任何有意义的改革方向。

CPI 更严重的由牵连效应引起的缺陷与援助的限制性条款相关。最近几年，一些援助提供者在进行双边谈判时使用 CPI。直到最近，这些限制性条款在很大程度上仍是非正式的或者是政治上的权宜之计（如莫伊政权最后几年的肯尼亚）。从小布什政府的"世纪挑战账户"（Millennium Challenge Account，MCA）开始，在拟定援助的限制性条款时使用 CPI 已成为众所周知的事了。MCA 预见到美国核心发展援助会有 50% 的增长。虽然这些援助的目标指向有需要的国家，但 MCA 根据 16 项"客观"标准对这些国家进行评级，以援助来奖励"好政策"②。其中一项标准就是"腐败控制"。世界银行为腐败评分提供数据源。然而，MCA 建议，"作为附加信息，委员会也可以将透明国际腐败感知指数的国家得分情况纳入到考虑的范围"③。

在表面上，这种牵连效应的影响似乎是良性的。毕竟 MCA 的受益人将会获得美国额外的援助。然而，申请失败的国家很可能会受到惩罚。例如，肯尼亚是 2004 年"达不到'控制腐败'标准"的国家之一，因而被排除在援助项目之外。在那个前提下，肯尼亚是最有可能被取消资格的七个国家之一（Financial Times，30 April 2004）。

---

① Mushtaq Khan 也有类似的论点。他的部分研究是关于一小撮"可以在腐败中保持高速增长"的国家［Khan, Mushtaq and Jomo K S. (eds.) (2000). *Rents, Rent-Seeking and Economic Development: Theory and Evidence in Asia*, Cambridge University Press, Cambridge, p. 10］。

② 见 http://www.mca.gov/，2004 年 10 月 12 日。

③ Millennium Challenge Corporation, Report on Countries that are Candidates for Millennium Challenge Account Eligibility in FY 2004 and Countries that are not Candidates Because of Legal Prohibitions: Annex A: Indicator Definitions, Washington, D. C., 2004.

抛开 CPI 其他缺陷，由于存在第六个缺陷（无法奖励实质的改革），CPI 就不应该作为这些援助决策的一个依据。CPI 是公开的文件，因此透明国际无法控制这些调查结果如何被应用。但是，透明国际可以公开拒绝将该指数用于援助的限制性条件，因为它完全不适用于此。根据阐述第六个缺陷时的建议，透明国际若能终止公布国家得分，就可以做得更好。

结 论

显然，腐败是能够被测量的。问题在于测量是否准确、要达到何种效果。得益于 CPI，腐败测量标准作为一种以描述为主的实践进入到人们的视野，而不再是由道德和价值取向主导的概念[①]。有历史先例可循，运用国家比较排名可以促成这种转变。在 19 世纪 50 年代的英国，公共卫生运动的主要革新之一是引入"健康地区"（Healthy Districts）的概念。这些"健康地区"是自然死亡率只有全国水平 1/10 的地区，有 63 个登记在册，占到了全国地区数的 1/10。在随后的几十年里，该国定期发出提醒：如果卫生条件都接近于健康地区的水平，那么国内各类城市数以万计的可预防性死亡个案就可避免（Szreter，1991）。

虽然这个排名要比 CPI 更加复杂和客观，但两者的共同点都是对分析单位进行对比评估（一个是地区，而另一个是国家），这在之前是被认为无用的。这两个例子都带来了意识以及具体政策的变革。

CPI 在影响全球反腐败改革议程的作用方面，扮演着一个中心的角色，它打破禁忌，唤起了反腐败的意识，并且将腐败问题带到了国内和国际话语的最前沿。2003 年联合国反腐败公约的颁布，标志着多年来为建立一整套国际和区域性反腐败标准所付出的努力终于取得了胜利，反腐败已经坚定地踏入了一个与前不同的实施和落实阶段。紧迫的目标不再是简单地唤起关于遏制腐败的重要性的意识，也不是建立更为复杂和严厉的国际标准。在这个最新的阶段，尽管许多新当选的政府都表示全力以赴，现有形式的 CPI 却起了反作用。

总而言之，鉴于 CPI 的七个缺陷，这一具有影响力的社会指标需要得到充分的重新评估以及彻底检查。尤其需要在 CPI 中补充其他的指标从而使问题各至关重要的方面都得到阐释，这是单一指标无法做到的。

第六个缺陷揭示了 CPI 不适合对趋势进行测量，或甚至无法反映实质的改革。它不应该再以现有的形式来公布，因为它实际上暗中破坏了改革者的努力。不是说要完全放弃，而 CPI 应该至多四五年发布一次，参评国家的范围要覆盖全球，国家的得分应该被摒除。透明国际自己可以认为，对贫穷国家的援助或债务

[①] Amartya Se 描述过关于贫困测量的一条类似的轨迹（1973），'Issues in the Measurement of Poverty'，*Scandinavian Journal of Economics*, vol. 81, pp. 285–307.

免除要附加有关腐败的限制条款,但它要同提供援助的机构保持距离,同时要提醒这些机构不要把 CPI 用于这类谈判中。同样,它要告知接受援助的政府,CPI 在这方面并不适用。

未来的挑战是显而易见的:十年过去了,现在是寻找新的测量方法的时候了!

参考文献

[1] Abdullah A, Ang P P M. Set up Malaysia Watchdog on Europeans [N]. New Straits Times (Malaysia), 1996 – 06 – 05.

[2] Abed, George, Davoodi, Hamid. Corruption, Structural Reforms, and Economic Performance in the Transition Economies [D]. IMF Working Paper, 2000.

[3] Bloem, Adriaan M, Shrestha, Manik L. Exhaustive Measures of GDP and the Unrecorded Economy [D]. IMF Working Paper, 2000.

[4] Deaton, Angus. Counting the World's Poor: Problems and Possible Solutions [D]. Unpublished Monograph, Research Program in Development Studies, Princeton University, 2000.

[5] Dogan, Mattei, Kazancigil, Ali. Comparing Nations: Concepts, Strategies, Substance [M]. Oxford: Blackwell, 1994.

[6] Florini, Ann. The End of Secrecy [J]. Foreign Policy, 1998: 111.

[7] Galtung, Fredrik. A Survey of Surveys in 2001 [R] // Robin Hodess. Global Corruption Report. Berlin: Transparency International (TI), 2001.

[8] Gupta, Sanjeev, Davoodi, Hamid, *et al*. Does Corruption Affect Income Inequality and Poverty? [D]. IMF Working Paper, 1998: 98/76.

[9] Gupta, Sanjeev, Davoodi, Hamid, *et al*. Corruption and the Provision of Health Care and Educational Services [M]. Jain A K. The Economics of Corruption. , Dordrecht: Kluwer Academics, 2000.

[10] Heidenheimer, Arnold J, Johnston, *et al*. Political Corruption: A Handbook [M]. New Brunswick, NJ: Transaction Press, 1989.

[11] Hellman, Joel, Jones, *et al*. Seize the State, Seize the Day: State Capture, Corruption and Influence in Transition Economies [R]. World Bank Policy Research Working Paper, 2000.

[12] Hellman, Joel, Jones, *et al*. Measuring Governance, Corruption, and State Capture: How Firms and Bureaucrats Shape the Business Environment in Transition Countries [R]. World Bank Policy Research Working Paper, 2000.

[13] Hoddess R. Global Corruption Report [R]. Berlin: Transparency International, 2001.

[14] Huntington S P. Political Order in Changing Societies [M]. New Haven: Yale University Press, 1968.

[15] Kaufmann, Daniel, Kraay, *et al.* Aggregating Governance Indicators [R]. World Bank Policy Research Working Paper (paper updated and revised in 2002), 1999.

[16] Khan, Mushtaq, Jomo K S. Rents, Rent-Seeking and Economic Development: Theory and Evidence in Asia [M]. Cambridge: Cambridge University Press, 2000.

[17] Lambsdorff, Johann. Framework Document 2003: Background Paper to the 2003 Corruption Perceptions Index [R]. Berlin: Transparency International, 2003.

[18] Leite C, Weidmann J. Does Mother Nature Corrupt? Natural Resources, Corruption and Economic Growth [D]. International Monetary Fund Working Paper, 1999: 99/85.

[19] Leys C. What is the Problem About Corruption? [J]. Journal of Modern African Stu-dies, 1965, 3: 215.

[20] Mauro, Paulo. Corruption and the Composition of Government Expenditure [J]. Journal of Public Economics, 1996, 69: 263-79.

[21] Millennium Challenge Corporation. Report on Countries that are Candidates for MCA Eligibility in FY 2004 and Countries that are not Candidates Because of Legal Prohibition Annex A: Indicator Definitions, Washington: D. C., 2004.

[22] Miller, William L, Grødeland, *et al.* A Culture of Corruption: Coping with Government in Post-communist Europe [M]. Budapest: Central European University Press, 2001.

[23] Mirus, Rolf, Smith, *et al.* Canada's Underground Economy: Measurement and Implications [R]. Canada: The Fraser Institute, 2002.

[24] Musa, Tansa. Cameroon Surprised at Ranking. Reuters (Yaoundé), 1999.8: 2

[25] O'Brien, Timothy. Trackers of Global Thievery Release Top 10 List [M]. The San Diego Union-Tribune (USA), 7 November, 1999.

[26] Rosenberg, Tina. The Free-Trade Fix [D]. The New York Times Magazine, 18 August, 2002.

[27] Scott, James C. The Analysis of Corruption in Developing Nations [J]. Comparative Studies in Society and History, 1969, 11: 317.

[28] Sealy, Thomas. International Country Risk Guide (February) [J]. Political

Risk Services, 2001: 21.

[29] Sen, Amartya. Issues in the Measurement of Poverty [J]. Scandinavian Journal of Economics, 1973, 81: 285 – 307.

[30] Stein, Jeff. In Pakistan, the Corruption is Lethal [J]. International Herald Tribune, 1997, 9 (12): 15.

[31] Sweeney, John, Beaumont, et al. Leonard. This is the World Cup that No Country Wants to Win [J]. The Observer, 28 June, 1998.

[32] Szreter, Simon. The GRO and the Public Health Movement in Britain, 1837 – 1914 [J]. The Society for the Social History of Medicine, 1991: 435 – 63.

[33] Tanzi, Vito, Davoodi. Corruption, Public Investment and Growth [M] // Shibata T and Ihori T The Welfare State, Public Investment and Growth. Tokyo: Springer Verlag, 1998.

[34] Webb, Jason. Reuters, 23 September, 1998.

[35] Woolsey R J. Why We Spy on Our Allies? [J]. The Wall Street Journal, 17 March, 2000.

[36] Wraith R, Simpkins E. Corruption in Developing Countries [M]. London: Allen and Unwin, 1963.

[37] Zvekic, Ugljesa. Corruption in Public Administration: Results of the International Crime Victims Survey [R]. UNICRI Working Paper, Rome, 1998.

第六章

基于非感知的腐败测量
——从政策的视角回顾问题和方法

尼克·邓肯

导　言

腐败"是"什么这一问题自20世纪70年代中期被提出后一直没有好的答案，尽管问题本身很吸引人。在不远的将来，似乎也不会就这一问题形成任何的共识。于是，各研究项目都根据自己准备开展的研究采用一个合适的定义（或者，在某些情况下，完全否定定义的合法性）。事实上，关于腐败由什么构成这一问题，并没有共识，这就给政策的制定者带来了挑战，特别是有人想了解某些比较性问题的时候，比如"与过去相比，我们的腐败是减轻了还是加重了？"此外，也有人会问及某些实实在在的问题，比如"药物供给方面有多腐败？"此时，这同样会带来更多的挑战。如果政策制定者要按轻重缓急分配稀缺资源并且要了解政策是否对问题产生效力的话，那么这类问题的答案就至关重要了。确实，除非腐败在某种意义上是可以被测量的；否则，声称存在着一个腐败问题是很难令人信服的。

在传达如腐败这样高度政治化问题的相关信息时，使用某种统一的指标或度量标准将会是很有价值的，这为用一个简明的方式来对一个问题的相关知识进行交流提供了基础。"腐败使得X国每年损失20亿英镑"，这一陈述非常有力，足以让人注意到：这是定性研究很难比得上的。有了定量数据作为基础，计量经济学，这种可能是社会科学最喜爱的工具，就可以得到使用了。通过计量经济学的研究指出被测量现象之间的联系，通常就可以带有实质的公信力了。那么，测量的动机也就清楚了。但是，概念自身的模棱两可是否表明所有的这些测量都是"建立在沙土之上"呢？

笔者认为，实践已经证明，腐败的方方面面都已通过所谓"直接"测量的方法描绘出来了，这一方法对政策是有用的；同时，感知和聚合的方法对于腐败程度的认识也起到了明显的作用，尽管只是部分的作用。对腐败的定量测量是，或者最少应该是，以明确认定的定性选择为基础，而这些选择要有当地政策制定者参与，并且旨在直接为他们提供他们所关心的现象、背景和解决方法的知识。

这里简略考察的方法解决了感知研究的一些政策缺陷，这些感知研究，即使是在精确研究中，也已被证明会受制于许多其他观点的"噪音"（Abramo[①] and Seligson，forthcoming 2006）[②]。这里所使用的方法的主要优势体现在当它们被用作以定性选择为依据的策略的一部分的时候（即，在所讨论的现象中，哪些方面对我们是重要的），比起用聚合方法测量感知，这些方法可以为政策制定者提供更为实用的知识。在许多案例中，这些知识转化为即时的政策建议。

尝试测量实际腐败的方法已经得到不断创新，并尽可能地追踪腐败的后果。事实上，这些方法并没有涵盖所有可能的腐败活动。（尽管，有关腐败活动涵盖面狭窄的情况，通常是需要说明的）。

本章旨在考察关于解释和定义腐败所面临的一些主要挑战，并回顾不同的、通常是独创性的工具如何发展起来，从而提供高质量的腐败知识以作为政策基础。

在本章的第一部分，笔者将回顾在设计和解释腐败测量中遇到的与背景相关的部分技术性挑战（即，如何在恰当的地方找出你所提的问题）。在第二部分，笔者将考察那些已经发展起来并得到应用的方法；同时，也将考察这些方法如何开始为政策制定者提供更具针对性和实用性的有关腐败的知识。

测量的环境敏感性

关于腐败的为数不多的几个已有共识的方面之一是，腐败在交易中发生。在实践中，交易如何被识别、要测量的是什么，这两方面都高度依赖于研究者对被测量的环境和现象所做的反应。哪一个交易被识别出来、选择哪些方面进行测量，这些不仅提供了测量与政策之间的联结点，而且反过来也为有关测量和指数的解释提供了指引。这一部分内容，讨论了为描绘出政策相关特征而对测量内容进行的选择和识别，同时也讨论了各行动者在确定联系网络过程中建立相互关系

[①] www.transparencia.org.br/docs/HowFar.pdf.
[②] 这并不是说非感知测量，特别那些基于中介的测量是没有误差边际的。非感知测量方法的优点在于对期望和差异的密切关注，旨在寻找确定的证据而非意见的一般方法。

的方式。

决定要测量什么现象

无论采用哪一个腐败定义，仍然不可能直接地测量腐败的实际数量。在大多数情况下，人们所能获得的最接近事实的就是第一手的报告或者偏差检测。在其他许多情况下，腐败是通过代理指标来测定的，代理指标是一种实质性的腐败证据。例如，如果一个政客的妻子变得非常富有，但又不能给出令人满意的解释，那么，即使无法确定资金的来源，也至少将其作为腐败的环境证据来考虑——这就是一种代理指标。由于交易的内容只是部分地体现了已发生的腐败类型和程度，因而代理指标也用于测量腐败的结果。基于实际的需要而使用代理指标是很普遍的，然而，在使用和解释它们时需要相当谨慎，因为它们通常会受制于许多具有误导性的影响（特别是在进行案例比较的时候）。

解释本地环境对代理指标的影响

腐败交易总是发生在一定的组织或制度环境下。要对一个腐败问题的测量进行考察，这就需要确定存疑现象的组织和协调程度以便测量交易的合适程度。如果打算通过代理指标并根据无法解释的效率或"漏洞"推论腐败水平的话，就必须考虑到政治经济对所使用的代理指标的影响。效率是特别容易受国家之间（甚至是国家内部）的不同环境影响的。在 Mushtaq Khan 的政治背景类型学中，"政治决定"和权利分配会对已观察到的腐败结果有显著影响。在这种情况下，如果存在一个掠夺性的私人部门或是一个掠夺性的国家，那么腐败就大不相同[①]。见表6–1。

表6–1 腐败类型

腐败的类型	国家部门主导[②]	非国家部门主导[③]
有效率的	初始权利无效率，腐败允许干预和修正	罕见：只在创造出有效率的且不伤害现存服务对象的权利的情况下
无效率的	初始权利有效率，和/或大量的寻租花费，以及或者不同机构之间协调的失败	常规：有效率的权利不能被创造，无效权利不能被摧毁

资料来源：Khan 1995.

---

① 另外，关于区分良性的或者腐败的国家对结果的影响，可以参见 Aidt, T (2003). 'Economic Analysis of Corruption: A Survey', *The Economic Journal*, vol. 113, pp. 632–51.

② 国家控制交易。

③ 非国家行动者控制交易。

国家的相对权力和行为为腐败的发生（Khan，1995；Aidt，2003）提供了条件，并且也影响了其所具有的冲击力。如果腐败测量对政治解决方案是敏感的，那么这必然是由所采用的测量标准或指标导致的——特别是在尝试进行跨国比较的时候。

最后，政治决定可能会显著地影响到是否能把来自一个环境中的数据用于另一个环境。例如，如果这个国家是脆弱的，或者已经屈服于政治腐败，那么，对于官方数据的应用就需要十分小心，特别是在关键的管治指标上。

关于交易谈判条件的不完备知识

在宏观水平上，代理指标的可信性会受到国家的相对权力和倾向的影响；同样，也会受到腐败交易行为人的相对支配地位的影响（Reinikka and Svensson，2001）。腐败的发生率和结果会因为行动者处于支配还是从属地位而不同。在小型腐败中，通常由国家或地方政府人物掌握交易的权力并处于交易的支配地位；而在权力委托案例中，情况则往往相反。

显然，相比于从交易的支配或同谋方获得信息，从受支配方获得信息通常要容易得多。腐败受害者调查就是这样的一个例证，即对腐败活动中的受支配方及其经历进行测量。这种方法往往更常应用于小型腐败，但就不会对有组织的腐败等进行深入考察。能否均衡地从双方收集到数据将取决于腐败行为人之间共谋的程度，因为他们双方都有隐藏交易细节的理由。根据这些初步知识，需要进行一些定量研究以确定合适的数据收集方法。

解决异质单元和金钱价值的问题

对腐败的定量测量必须确定可接受的交易形式并据此说明什么构成权力的滥用。由此，也可以根据一种给定的情况推断出可接受的和不可接受的结果。一个不可接受的结果或者"腐败租金"的可能形式包括以下内容：

（1）货币租金："贿赂"、"勒索"和"欺诈"等。

（2）产品或服务收益：例如，一桩一吨水泥的交易"从中提成100公斤装到我的卡车上"。

（3）投资社会资本：如社会责任市场（Ledeneva，1998）；

（4）值/供应链的扭曲：例如，强制选择特定的资源（"你要从以下供应商那里购买水泥"）。

（5）获得非货币的个人象征权力：各种形式的社会支配优势：如"恐惧/安全"、"威信"和"性行为"等等。

因为腐败经常会有许多无法比较的结果，所以，一种明智的常规做法是用额外的定性资料来平衡定量研究。然而，为了简便起见，金钱常被用作腐败的代理指标，因为它是有数值的并便于进行基数排序，因而也有助于确定腐败的程度

——以感知为基础的测量有一个常在缺陷是不能确定程度。在操作上，以使用金钱作为测量标准，或者说腐败的代理指标的吸引力已经导致聚焦于一个非常狭隘的腐败定义上——对于该种腐败定义来说，金钱是一个合适的单位。这种方法会导致无法解释程度或者外延。

测量腐败"程度"和选择要测量的交易特性

正如已经建议的那样，在给腐败交易附上货币价值，特别是要声称这类测量具有权威性时，必须要保持一定的谨慎。在一个非常基本的层面上，腐败的货币测量之间的可比性可能是很严重的误导。在某一国家，一美元的贿赂可能被视作玩笑，而在许多其他国家，这却代表一天的薪水。

在一个更加复杂的层面上，交易的特点对于测量而言是重要的，且对于交易自身而言可能是独特的。例如，一桩腐败的土地交易使原居民失去了传统土地的使用权，那么，如果腐败的价值是按照挪用拨款之前而不是挪用拨款之后的价值来测量的话，对当中的腐败活动的测量似乎就不恰当了。如果摄取这块土地的贿赂是很小的话，这样做也可捕捉到这些腐败活动吗？这种交易，多数会给当地居民造成很严重的影响，或可能通过相对较少的金钱和其他更直接形式的劝说来操纵。这表明，在确定需被量化的现象的范围时，对交易及其结果进行分析是至关重要的。表6-2包含测量时优先考虑的重要问题。

表6-2 在设计和解释基于非感知的测量时的一些关键阶段

目的是什么	谁参与其中	哪种单位适用	地点是哪里（环境与可比性）
目的是"规律"的还是现象驱动的	谁是支配者？规模小还是大？团伙还是个人	是否有单个标准单位（或多个标准单位）用作可接受的代理指标	如果要测量的是结果，那么环境具有可比性吗

如果腐败交易的影响被视作一个将用政策来解决的现象，那么，腐败后果的关联以及交易本身就是定量测量的合法范围。确定腐败测量点，并为它们选择代理指标，是腐败测量不可避免的一个方面。

在正式和非正式网络中定位交易

无论如何定义腐败，在以分析和测量为目的确定哪里有腐败时，有这样的共识，即腐败在交易中及协调交易间关系的网络中发生。在交易的特征和环境当中，应该就能找出腐败的原因和结果。

有关腐败的文献（Andvig，1991；Bardhan，1997；Goudie and Stasavage，

1998）在对抑制或怂恿腐败的委托—代理关系上投入了极大的关注。这样，用于测量的实证方法就可能与在现象中起到作用的交易结构和环境影响有关。

腐败交易发生带有机会主义特征，但也处于高度组织化的网络之中。这样的例子可能发生在同一部门中，但相互之间没有任何直接关联。在你想要测量的领域中识别出不同的正式和非正式网络，这就可提供一个架构来组织测量。

非正式网络

通过结合使用问卷调查和访谈两种技术，对非正式网络的测量已经得以实现（关于这些技术的更详细信息，参见 Miller *et al.*，2001 and Miller，2006）：①深度访谈；②圆桌会议；③基于全国配额的研究。

尽管详细考察这些方法会超出本章范围，但是，这些方法已被广泛使用和改善，从而提供表明适合进一步分析和测量的交易点的联络关系和网络的明确信息。

在正式网络中识别关键测量点

最近，在哥斯达黎加，就药物供应问题展开了对一个特定部门及其腐败风险的测量（Clare Cohen，2002）。在 Clare Cohen 的方法中，药物体系是根据决定点（即交易）进行测量的——这些决定点是腐败的潜在症结。Clare Cohen 的方法使用了 Robert Klitgaard 设计的试探法以识别存在于公共部门和私人部门之间的腐败易发点。这表述为 $M + D - A = C$[①]，即"垄断"加上"自由裁量权"减去"问责"等于"腐败"。随后，这种表述被用于调查供应链上的关键交易，以从中识别出供应链上的最薄弱环节。

这一方法提供了系统地接触正式网络的有用例证，因为根据行为人从某个程序节点上参与腐败活动的便易，就可以仔细检查当中的各个程序。这样，就可以在任何正规组织形式的动机和结构中系统地追踪腐败风险。在意料之中的是，这些关键交易是分散的，因而定位关键交易或许不能揭示能影响交易的网络。那些可以识别偏离预期形式的模式的方法敲响了政策的警钟。最近，美国健康保险制度实施了医疗补助计划（Medicaid），这就是其中一个有趣的例证。详见表6－3。

[①] 尽管自身不是真的相等，垄断和自由裁量权是相互依赖的；这一等式也确实揭示出适合测量的交易的某些特征。

表6-3 Clare Cohen法

登记	选择	采购	分配	服务提供
效力	确定预算	确定供给和分配的模型	按程序接收和检查药物	咨询卫生专业人士
标签	评估发病率	协调需要和资源	确保合适的交通工具并运送药物至医疗中心	住院病人护理
销售	根据发病率决定适合的药物	为投标定标准	适当的存储	配药
使用	药物成本/收益分析	招标发行	良好的存货管理	药物不良反应监控
警告信息	与世界卫生组织标准的一致性	评估出价	需求监控	病人对处方的配合度
全面注册		奖励供给商		
重新评估旧的药物		决定合同条款；监控订单；支付；品质保证		

资料来源：改编自 Clare Cohen，2002。

具适应性的腐败和归纳的测量方法：以医疗补助计划为例

在全面罗列打击腐败的最佳做法时，常常忽略腐败的一个特质，这就是：采用单一的最佳方式是有缺陷的。腐败参与者会在交易系统和由此产生的交易特征中寻求合适的位置，这样的缺陷是系统"高效"的结果，因而假定它们是不会消失的。关于这点，有一个新颖的例证，它是以交易分析为基础的，而这些交易提供了有关美国医疗补助计划中的腐败水平的显著证据（Sparrow，2000）。

造成这种腐败测量的潜在因素是差异性。尽管如此，Sparrow 不是考察投入和产出，而是制定出一种可以对医疗补助计划中的腐败水平进行评估的诊断工具，通过交易的管理特征的模式中存在的差异推导出评估结果："谁参与其中？""这些交易特征的合理性如何？"[①]

医疗补助计划系统旨在通过高水平自动化实现高效。在访谈诈骗犯的时候，

---

① 在某些情况下，如果索赔方事实上患有他们所声称的全部症状的话，他们已经死亡。

证实了这些积极、高效的一般特征为大规模腐败提供了合适的机会。

试图实施欺诈的人（即，更容易腐败的人）更喜爱的制度是：
- 快（即快速周转）；
- 易懂（即方法可以被学习）；
- 完全可预测（即意料之中）；
- 完全自动化（即没有人类直觉的问题）。

相当离谱的是，那些与低效相关的管理程序提供了最不利于欺诈的条件（特别是对于系统外的人）：
- 慢；
- 难以理解；
- 不可预知；
- 由人工检测和确认的风险。

所有这些特征都会增加管理医疗补助计划系统的交易成本，使高度自动化的欺诈变得更为困难。

Sparrow 分析了医疗补助计划的索偿程序中的交易本质，随后，寻找索赔模式。其分析方法背后的见解是，应当有不同的人涉及不同赔偿要求的索赔和赔偿过程，而且索赔要求的提出也是因为存在某种适当的（即可信的）治疗综合方法。在为医疗求助识别出索偿、病人、地点、供应商等各方面的模式中运用了一种算法。通过对索偿数据进行迭代处理，识别出行动者和交易之间那张密度不断增大的联系网络。随着迭代次数的增加，在某些个人的或组织的网络之间的联系越发紧密以至于预期的（或者甚至是技术上可能的）治疗模式中存在的偏差变得显而易见。

以索偿分析为基础的抽样方法所识别出来的腐败带有相当大的不确定性，因为只有较少量的诊断才能通过实地的舞弊检查来进行仔细的检验。尽管如此，在美国，该领域的腐败规模仍然被指占到该年度医疗保健支出的10%～35%。如此大幅度的不确定性很可能表明事实上这不是一种高精度的测量；然而，作为一个等级的提示，它是很有价值的。在扩大交易和网络分析之上更多地增加个案的研究将可使精确度得到提高。

当然，这类分析依赖于能否得到大量的数据，最好是格式非常便于使用的数据。如果这样的数据存在，不管怎样，它确实为识别最短暂的腐败中间产物提供了基础；亦即是，那些涉及腐败价值链的网络。即使发生在发展中国家，许多交易也都可用这种分析检验；但是，如果管理方法是类似于上文所列的 Sparrow 的欺诈者噩梦，那么，管理方法则很可能更有利于内部腐败，而不是外部腐败。

对交易和网络特征的识别，已经通过对"书面线索"的检查，提供了评估微观腐败的工具。评估政治的或大型的腐败价值的重要性并不低于评估小型腐败，但对研究者来说是非常不同的挑战，因为可能没有相关的书面线索而且其交易数量也非常有限。

通过分散的政治网络的价值来测量腐败

测量所得的腐败对一个企业的价值，不同于已发生的腐败交易的价值。例如，为获得一个建筑项目而贿赂一个地方官员，该项贿赂的规模难以表明这一腐败活动的价值以及因此而产生的资源流动过程。正如 Sparrow 的著作所言，有关交易的数据对识别腐败的存在是至关重要的，而网络的存在就是通过归纳交易数据推导出来的结论。在 Fisman（2001）的研究中，腐败的存在和价值是基于国别专家们的信息、通过某个政治家财富的起落与某公司股票价值之间的异常联系以演绎的方式识别出来的。

就像这章讨论的许多测量一样，这一方法与其说是提供了综合的统计数值不如说是提供了一个腐败水平的提示。Fisman 的案例是特别有趣的，因为它寻找到一种新颖的方式来测量一种常被引用的腐败来源即政治或大规模腐败的价值。即：政治的或大型的腐败价值。一个可用于解释这一点的例子是，印尼总统苏哈托的健康状况与某些股票的价格有关联。股票交换价格被用作测量每股股票价格的基础；同时，关于苏哈托的健康报道则是测量相对股票价格的关注点。

在被认为和苏哈托关系密切的公司例子中发现，有关苏哈托健康恶化的新闻与这些公司的股票价格下跌之间是正相关的。以关联性（专家感知的）的加权平均和股票价值的方差为基础，根据正常程度的稳健性进行估算可得出，股票价值的 16% 可归因于这家公司和总统之间的庇护关系。

这种方法确实依赖于一定程度上的假设：例如，提出会因某人去世或者失势而消失的政治联系的整体价值。它也依赖于专家关于关联性的意见。如同大部分定量研究一样，这一方法也没对一些显然是腐败的现象提供测量方法；然而，它确实提供了一条路径可以使市场行为和那些难以禁止的信息联系起来，特别是那些有关上市公司的信息，由此解决了一个数据可及性的重要问题。一个公司与政治领导的关系本应不带任何利益，但该公司大部分价值却以其与政治领导之间的关系来解释，在这种情况下，如果其他数据都无法解释这种关系是良性的话，那么就可推断腐败的存在①。

官僚政治实践中的裙带关系和腐败

在许多文化中，裙带主义是一项权利，也是一项责任。然而，对于有效官僚政治的发展，这是有问题的（Rauch and Evans, 2000）。偏离"韦伯式的"② 精英管理实践，已被作为一个基准用于分析公共部门运作过程所涉及的腐败程度，

---

① 这常遭到警告：这样的行为在所讨论的文化里是被认为不可接受的。
② 尽管作为一个理想的模型，它是有问题的，但是它还是提供了有用的基准。

其中包括招聘和晋升。韦伯式的实践与高效的官僚政治相关,根据这一结论,偏离这种高效实践的程度被用于测试各官僚机构的腐败水平。在这个例子中,根据偏离韦伯的理想模式的裙带关系指标,对入职的标准和晋升的标准进行了检验。

通过雇佣和晋升过程的特征来考察公共部门中资源的分配及绩效,这种测量可以成为以行贿和受贿为主要关注点的腐败测量的重要补充。

在有关秘鲁具影响力的个人之间关系的研究结果中,可以找到关于这类网络的图解,见图6-1。对于识别重大腐败的可能的参与者,这样的网络分析是一个特别有用的分析工具,因此,它也是合适的测量目标。

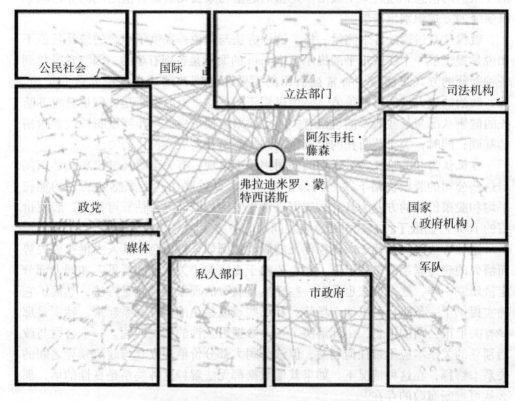

图6-1 政治网络(秘鲁:2002)

资料来源:世界银行。

在存在这样的网络且行动者之间相互协调的情况下,其中每一个成员对腐败的最后行动都发挥了作用,因而以相关联的各人画出一条价值链是有用的。

用于确定网络中的交易及分解其关键特征的总体框架

下面是一个测量协作腐败的结构图解,这一测量是以交易为基础的。每一个行动者都是价值链上的一员。每一个行动者可能都与组织存在内部的链接，这些链接反映出的就是这一模型。

图6-2提供了一个总体框架，在这个框架内，许多正式的和非正式的不同交易及结果都可被定位并相互联系起来。它并不是要对所使用的测量方法作任何规定。中间一列描绘了存在于各个过程中的正式价值链、不同的相关人员及其实施的交易。在中间一列右边的是非正式交易，代表会影响交易结果的其他参与者。例如，如果聘请的是家庭成员而不是最合适的专业人员，这既是一笔对家庭网络的投资，也是对经聘用程序所产生的结果的扭曲。或者，如果第三方为了分得土地而威胁或贿赂某人，这也是对可能腐败的交易引入了非正式的和扭曲的因素。与交易相关的外部性显示在左边。

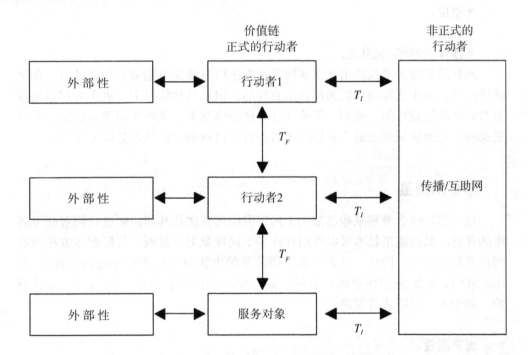

注：T=交易；下标"F"=正式的；下标"I"=非正式的。

图6-2 用于确定腐败测量点的交易网络

从环境敏感性的定性选择中得出的定量数据

这部分，我们考察了腐败测量的一些特征，而这些特征对研究者和工具使用者提出大量要求。

研究者的初始任务可以按照两个方向来进行，任何一个方向都要明确他或者她要测量的是什么。一个方向是从"学派"或学科出发去确定定义，然后由定义确定应该捕捉的现象；另一个方向则是确认现象本身为测量的主题，然后确定合适的研究方法，这些方法最终能使这项研究置于某一学科范畴。虽然大部分研究都表明所选择的定义，但是，被采纳的定义往往都遵循类似的模式。

测量过程的定性阶段将有助于使用者明确哪种知识最终会包含在那些据称可以概括腐败问题的数字中。

测量的准备阶段的重要贡献在于力图对以下各项作清晰的陈述：
- 将会得到改善的结果；
- 将被测量的现象；
- 单位；
- 环境；
- 涉及的网络/交易点。

测量需要切实地描绘出什么腐败正在发生以及政策可能带来什么结果。在某些情况下，关于这样的问题的回答是直接的；但在其他情况下，更多的回答是带有微妙的政治意味的。然而，不管在什么样的情况下，从政策的角度证实，当然是那些能正确地识别出最为重要的项目并对其进行测量的技术是最为成功的。

非感知测量

这一部分将会考察某些已被用于确定腐败的方法及其如何增进我们对腐败程度的理解。虽然测量技术可以被用在许多不同现象上，然而，目标塑造方法的准则仍然是适用的。因此，笔者将被使用的测量方法分为以下最普通的三种类型：①宏观的，如经济整体措施；②部门的，如医疗保健教育或立法机关；③微观的，如个人、组织或者设施。

宏观测量

对非正式部门的测量的优点在于其巨大的涵盖面，即使它们不见得能精确地区分腐败。在腐败的测量大部分是基于样本的情况下，它们为腐败规模的量化提供了一个参照点。普遍认为，非正式经济由两种活动组成：第一种是不纳入 GNP 的生产活动，第二种是逃税活动（Frey and Pommerehne, 1984; Johnston, Kaufman et al., 1998; Frey and Schneider, 2000）。非正式部门的规模和随之发生的逃税提供了一种定量的方法来测量在多大程度上经济活动是通过某种特定方式协调的，这种方式可能是非法的、文化规范之内或之外的、缺乏正式规制的和无法求助于法律来保护权利的转让。国家的或政府机构的成员在多大程度上参与或对这类活动有兴趣将有助于提升关于这类活动的数量和价值的估算精确度。

尽管，在使用自下而上方法的情况下，腐败数据的收集容易漏掉非小型腐败；理论上，自上而下的测量应该等同于自下而上的测量。因此，可以确定一组粗略的腐败条件式：

所有腐败 = 非正式经济的一种功能

所有腐败 – 小型腐败 = 大型/有组织的腐败

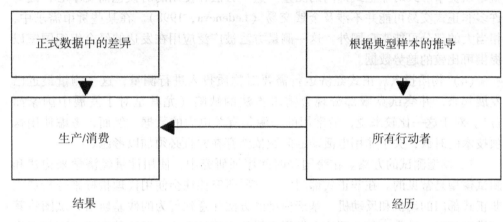

图 6-3 宏观方法及其推导腐败水平的基础

这些宏观测量不需要交易的细节或者交易之间的关联，因为其本质是捕捉差异。尽管这很可能是一个迟钝的工具，但是它已经被用于阐明腐败相关活动的全国水平，并转而被用于连接对腐败水平边界范围的量化和理解。这样的方法在阐明全国腐败水平方面为腐败感知指数提供了补充。以下的三组主要的宏观测量方法已经逐步形成.

1. 直接法。直接法分为问卷调查和税务审计。

（1）问卷调查。该方法被广泛应用。这方法也许是与直觉相反的，但是其已被证明是在收集有关非正式活动的参与规模和结构的数据上是非常有效的。

（2）税务审计。这是一个以样本选择为基础的方法，通常是针对疑似异常的情况。

这两种方法往往指示非正式活动的下界，因为，众所周知，它们只捕捉一个经济体内的部分交易。

2. 间接的差异法。差异法也许是最有效的、最广为应用的一种腐败测量方法：实际上，你测量的是什么进入到过程之中；同时，有一个关于产出的预期；然后，测量与预期的差异。这样，就不一定需要记录已经发生了的实际交易。为了在国家层面上使用这种方法，已经采用了数种技术（并且，在某些情况下也使用在微观层面上，作为对开支的测量，也是对收入账户的有效测量）。虽然每一个方法都有缺陷，但在特定的情况下都是有用的。

（1）开支。如果所发生的开支高于记录收入的水平，那么这表明有非常规的活动。但要注意，即开支超过收入可以用数种和非正式经济无关的方式实现（如存款、借款等）。

（2）劳动市场参与比较。较低的参与率说明活动可能正在非正式部门发生。

（3）对现金的需求。这一测量考虑到由正式交易带来的现金需求。超出的就是以货币形式对非正式部门的测量。这一方法在使用的时候也需要小心，因为许多非正式交易可能并不涉及金钱交易（Ledeneva，1998）。在某些货币需求中，相当大的部分可能来自国外。这一测量方法被广泛应用在发达的经合组织国家以提供可比较的趋势数据。

（4）物质投入。正式经济运行需要对物质投入进行测量，这一测量最近已发展起来，并尝试克服部分现金需求方法的缺陷（尤其是对于发展中国家而言）。对于这一比较来说，最常用的来源是有关电力的数据。然而，考虑使用这项技术的时候，关于非用电活动的问题依然存在并且必须加以考虑。

3. 模型测试的方法。在跨国和时间序列研究中，使用计量经济学来构建和测试模型是常见的。在非正式部门中，这些研究往往会使用代理指标来分析加入非正式部门的动机和反动机。基于模型的方法注意到行为的残差轨道并试图将其与模型相配。这是一种在理论上发展得最为完善的方法，但这种方法也不能解决在大部分发展中国家使用时会遭遇经常得不到所需数据这一重大问题。这种方法往往会导致大多数对非正式活动进行的基于模型的测量使用了基于感知的数据。已有研究对这种模型方法与腐败和公共财政的联系进行过考察（Johnston, Kaufman et al.，1998）。在 Johnston、Kaufman 等（1998）的研究中，包括"法律与秩序"、"保护财产权"和"官僚政治效率"在内的退出正式经济的动机被模型化了。

模型测试的方法最近被用来质疑腐败测量中基于感知的数据的可靠性。Abramo[①] 所做的计量经济学研究对腐败经验和感知之间的关联进行了检测。这项研究表明，除感知外，还需要其他手段，才能更可靠地表明实际的腐败水平。感知与任何关于腐败的经验或一手知识之间的关系并不紧密，而是更多地接近于有关各种其他事项的看法。

4. 腐败受害者和自下而上的方法。腐败受害者方法来自于犯罪学中被广泛应用的犯罪受害者方法。以感知和"文字记录"为基础的测量已出现聚合和数据有效性的问题，而这一方法则试图避免这些问题的出现[②]。这个问卷调查方法基于人口的随机样本，并且关注前一年。采用这个时间段的原因是，这个方法不是为了获得一般趋势数据，而是试图对会明显迅速衰减的个人经验进行量化。

---

① www.transparencia.org.br/docs/HowFar.pdf.
② 它力求避免为迎合如警察局长、政客或者报纸编辑的工作议程而操纵腐败的发生率。

这些调查关注腐败的直接和间接经验。调查发现，间接的回应更容易受感知影响而被夸大。在调查数据中谨慎地使用个人腐败直接经验，导致了直接经验被用于设定调查群体当中的腐败下界。

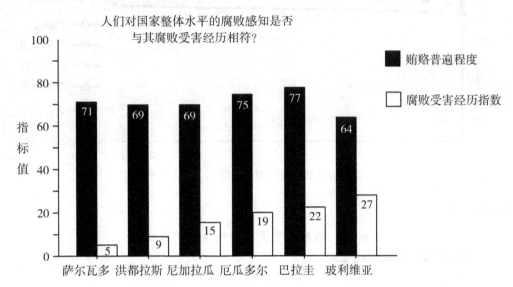

图6-4 参照腐败受害经历的全国腐败感知

资料来源：Seligson，2005。

Seligson（2005）再次强调要关注基于感知的测量的应用，并敦促在以感知而非以经验为基础评估腐败时要小心。他引用萨尔瓦多的发现，认为那些具有最频繁的腐败经历的人与那些只经历了一次腐败的人相比，所感知到的腐败程度会稍低（也可以参阅本章先前提到的 Abramo 的研究结果）。

这样的调查数据有一个公认的特征是，它没有捕捉交易的双方（特别是可能会漏掉共谋的腐败）。在一个已经建立起来的庇护关系中，不可能断定受访者在多大程度上算是受害人，或者在多大程度上算是共犯。在受害人是下属的情况下，腐败水平是有可能被确定的，尽管在某种程度上，因果关系依然是模糊的①。这个方法被最广泛应用于测量那些日常的或者具欺压性的小腐败，对于这些腐败，受害者通常是无权谈条件的。如图6-6和6-7所示，使用受害人问卷调查可以提供（小）腐败的地区性和人口统计方面的重要经验数据。

---

① Seligson 认为，如果国家制度不缺乏公平也不低效，那么对于共谋腐败的交易的需求将是微不足道的。

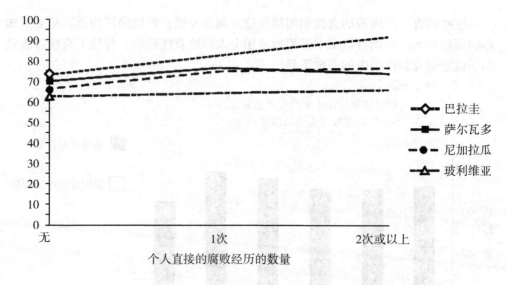

All sig. < .05

图6-5 腐败受害者对腐败感知的影响

资料来源：Seligson，2005。

图6-6和6-7显示，在区域性的腐败方面，尼加拉瓜和玻利维亚之间存在着区域性的不平衡。拉丁美洲的研究显著表明：①腐败水平在国家和人口内部存在着明显的差异，这与政策有关；②感知并不总是能很好地指出腐败的方式或水平，特别是对于小型腐败来说。

这个技术还没有被广泛地用于量化腐败的内容（即金钱等），然而，它已经生成了部分目前可用的、关于小型腐败的最精确的数据。

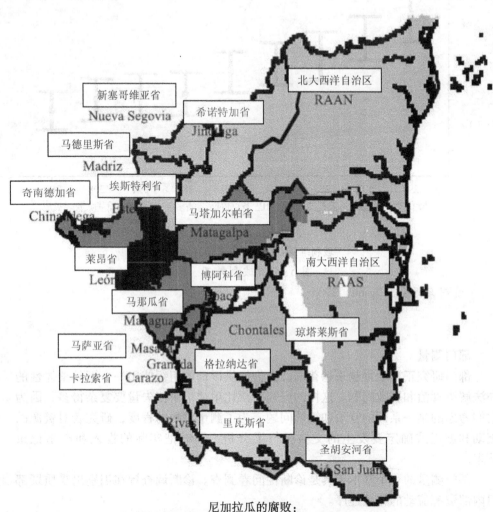

尼加拉瓜的腐败：
关于年龄、收入、教育及财富的残差控制

图6-6 尼加拉瓜

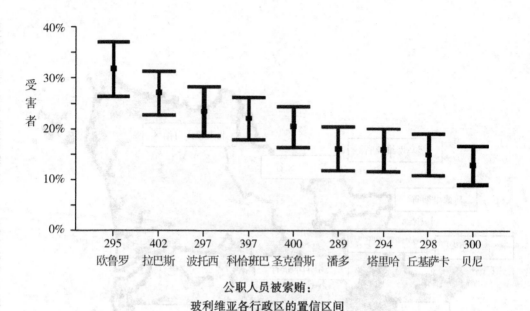

公职人员被索贿：
玻利维亚各行政区的置信区间
图6-7 玻利维亚

资料来源：Seligson, 2005。

部门测量

部门研究正在变得越来越普遍，因为提供援助的组织使用一个更具整体性的办法解决管治和腐败问题。这样的研究变得比单纯记录流失量要复杂得多，因为它们考虑的是一系列的管治和绩效问题。为了测量腐败的程度，研究者对资源的流动和被正式确定要发生的交易进行了分析，同时把实际的投入和产出记录下来。

部门测量的一个基本工具是诊断性问卷调查。诊断调查旨在识别出受质疑部门内部资源流动的相关程序。

一般来说，这样的研究是结构化的，因为旨在从许多不同资料来源中得出关于腐败的数据，并且在一个研究中同时完成两个方面的研究，一是对腐败的定量研究，一是与组织和机构结构相关的因果研究（如上述的网络结构所显示的）。这种方法的结构大致如下：

（1）对公民、企业和公共机构的问卷调查。目的是通过与一般的和特殊的经历有关的各种问题来说明制度性或系统性的缺陷。

（2）对结果的量化。

（3）在不同调查结果之间使用三角测量法。

（4）确定腐败的原因。

(5) 用更深入的定量和定性数据进行测试。

这个行动序列说明了，在对腐败进行可靠定量的过程中，数据来源多样化是重要的。最近，有一些使用这一手段的方法发展起来，其中，最为成功的包括了公共支出跟踪调查（PETS）和定性服务供应调查（QSDS）。

1. 公共支出跟踪调查（PETS）。PETS主要关注资金的审查跟踪，并在每一阶段都进行差异测量。实际上，PETS对于文书与在资源流动中发生的事项的相符程度进行核实；这个核实的过程明确地指出相关的行动者有强烈的误报动机。PETS也力图检验和解释跨单元的效率差异，以便通过收集如下事项的数据制定出某种基准线（Reinikka and Svensson，2000）：①绩效；②资源利用率；③投入和产出。

PETS也使用差异法来对资金要求和所用资源的合法性进行比较。有关这方面的一个重要例子是"影子"工人，他们是供应链资源上的一种"流失"（Rienikka and Svensson，2003）。

1996年，在一个关注乌干达小学经费的研究中（第一个大规模的PETS项目），测量的第一个层次就是资金的投入和产出。因为可靠的和完整的数据不存在，所以乌干达的研究不得不收集超过五年的数据并在每一个阶段都对数据进行核查和交叉检验。这个研究显示，到小学手上的资金均值只有被分配的非工资预算的13%（见表6-4）。PETS已具有重要的影响力，因为它能使分析和建模得以开展并由此促成成功的政策行动。

由这些测量而产生的政策之一是通过本地报纸对预算信息进行宣传（即资金层面的一种政策透明）。调查发现，这对增加流向小学的资金起了重要作用。Reinikka和Svensson（2003）发现，资金流动的改善有2/3的情况可归功于阅读这些报纸，因为其克服了助长腐败的一个主要因素——被官僚享用的信息不对称。

表6-4 1991—1995和2001年，乌干达小学教育非工资资金的流失

年份（年）	平均值（%）	中间值（%）
1991	97	100
1992	96	100
1993	85	100
1994	84	100
1995	78	100
2001	18	18

资料来源：Reinikka（2001）；Reinikka and Svensson（2003）。

其他国家也已经实施了类似 PETS 项目并已识别出很高的流失量。这在部门层面上提供了有价值的跨国数据。

如上所述，PETS 在许多案例中都没有单单使用货币数据，并且为丰富数据而与三角测量法保持一致，同时也使用了更多其他定性的和民族志的方法。只有在与其他方法（包括定性的）对照完成了对数据的检验后，有关"流失"程度的测量才可归因到腐败。

表6-5 小学教育非工资资金的流失：来自公共支出跟踪调查的证据

国　　家	平均值（%）
2000 年加纳	50
2002 年秘鲁*	30
1999 年坦桑尼亚	57
2002 年赞比亚	60

注："*"表示只有公用事业。

资料来源：加纳来自 Ye and Canagarajah (2002)；秘鲁来自 Instituto Apoyo 和世界银行 (2002)；坦桑尼亚来自普华永道会计事务所 (1999)；赞比亚来自 Das 和其他 (2002)。

尽管 PETS 方法获得了很大的成功，然而有证据表明贪腐官员正在适应这一体制。因此，如果 PETS 方法要有效地应对这些挑战，它就必须相应地进行修改。

微观测量

1. 案例/民族志方法。民族志法被广泛应用，为腐败交易提供"证词"和观察数据。这一方法能够提供有关许多具体部门的可靠的重要数据。其中一项最有名的研究是（Wade, 1982；Wade, 1985）通过生成数据，或者说生成"价格"和"费用"，指出交易中的高例行性和稳定性，从而确定印度水产业中的腐败水平。如此精确的定量诊断数据通过其他方法肯定是很难收集的。近期的关于水利部门的研究（Davis, 2003）以问卷调查为工具来确定有多少来自腐败的额外税收额。Davis (2003) 发现，部分雇员"……已经发明了一种出色的精细算法用于估计某个特别岗位的价值（其产生额外薪水的潜力）以及由此他们愿意为这样一个调任而支付的最大金额"。这样的数据可以为腐败的程度提供重要的额外数据，特别是在组织和机构环境稳定的情况下。

在测量腐败上，定量的民族志方法有特别的优势，它提供了非常精细的诊断细节，并提供了一个机会去了解因果链上的关键事项及相关过程。同时，它也提供了机会去区分被认为是腐败的行为和那些不被认为是腐败的行为，以及区分那些因不良的管理技能而造成的单纯浪费和那些因其他合法原因造成的流失。

对腐败价值进行及时的测量可以源自使用这种自下而上的方法，而有别于在PETS中应用的自上而下的方法。在理想的情况下，自下而上和自上而下的腐败测量应该是等同的。两个结果越相近，数据就越可能可靠。在现存文献中，包含重要定量结果的案例材料依然大量匮乏，这可能是值得注意的。

自下而上的民族志方法必须考虑个人经历，在这个意义上，它总是一个微观的方法。其他微观方法则涉及测量特定组织内的腐败。我们将对这些方法给予更为详细的考察。

2. 公民赋权和差异检验。直到前不久，对于腐败的微观测量还只限于为交易案例和经历提供一些细节的自下而上的案例方法。在许多案例中体现的历史原理已经缺乏适合的数据。然而，有用数据的可及性在许多情况下已经有所改善，而且在发达国家通常是相当好的且可及的数据形式经常是机器可读的。这样，就能通过使用最基本的分析工具进行基于非感知的腐败测量，即测量直接的差异。

使用这一方法的低技术的有力案例是由印度拉贾斯坦邦的工人和农民权力组织（MKSS）做出的。在这个案例中，要识别和测量某一项目的腐败程度关键在于，取得比较本地和区域财政记录的法定权利。对二者的系统比较提供了有关腐败规模的明显证据。这一方法提供了很有影响力的、地方腐败层面的数据，特别是关于较低程度的腐败的。与民族志方法相似，这是一种自下而上的方法，通过把在项目支付记录中出现的各种差异相加而使腐败可以用货币的形式得到量化。在MKSS的案例中，这种"低技术"的方法的实际影响是显著的，因为在某些案例中，村里的领导人被迫归还了挪用的公款。

差异法的自上而下版本已经发展起来并扩展到PETS和QSDS两种方法，用于测量供应链上和某个供给设施中的腐败。我们已经考察过PETS方法的基本应用。下面，对QSDS方法作更详细的概述。

3. 服务供应质量调查（QSDS）①。QSDS方法旨在收集某一特定组织与其顾客接触时的表现的详细（特别是定量的）数据（详见图6-8）。它收集如投入、产出、品质、价格和监督等方面的数据，如同公司调查中的公司和家庭调查中的家庭，QSDS中观察的主要典型单元是一线服务的供给设施（Rienikka and Svensson, 2003）。

因为数据范围（包括感知）广，QSDS不可避免的需要很多资源。尽管如此，它在许多国家的使用还是获得了一些成功。在很大程度上，这个调查一直以发展中国家的卫生和教育服务供应为目标。

创新之一是使用一种考察供给设施上、下游事项的混合方法——特别是交叉引用可观察到的特性和感知，从而为量化和记录一段时期内包括腐败水平的各类事项建立可靠的基础。

---

① 世界银行研究所首先倡导了这一方法。

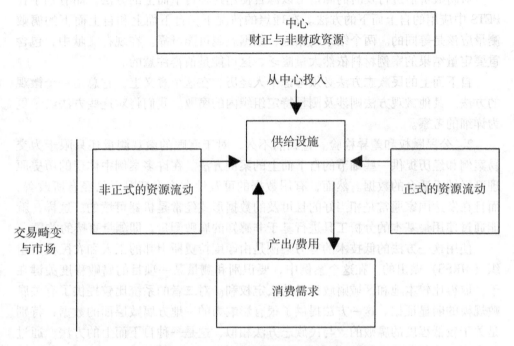

图6-8 关于QSDS方法的图示

QSDS方法是设计来捕捉与一个特定单位或设施的功能相关的一些现象的。它用差异法识别"流失";然而,这种方法正在加速发展成一种综合商业分析的形式,使定量和定性方法相结合。下文对QSDS的范围进行了概括。

QSDS测量腐败是因为腐败影响关键交易和资源流动的投入和产出,它也考察服务的质量及其对需求的可能影响。在卫生部门中,有一项重要的观察发现(Reinikka and Svensson, 2003),需求部分地由供应的质量决定——因此,如果腐败影响了供应的质量,随之就会影响到愿意从事系统本身工作的人。如果要以一个代理指标去测量腐败的影响,那么,这就是一个非常重要的组成部分。没有发生的交易也可以是一个非常真实的腐败结果。基本的卫生保健就是一个经典的例子。

QSDS含有以实践检验已公开的数据的要求。在许多情况下,这需要对供给设施进行突击审计。这样的审计(Reinikka and Svensson, 2005)揭示了如医院和小学中缺勤率的程度这样的情况(见表6-6)。

在这些结果中识别出来的腐败,(当针对每一个案例中的缺勤理由进行检验时)提供了用于在国家间进行非货币形式的腐败比较的指数。

因此,如在QSDS方法中被测量的那样,腐败不仅是对流失的测量,也是对结果的测量。这需要同时考虑到两个方面,一方面是交易本身及外部性中的异情况，另一方面是与最后消费者之间的供给/需求的沟通平台。

表6-6 在公共部门中教师和医护人员的缺勤率

国　　家	小学 (%)	初级卫生设施 (%)
2002年孟加拉国	-	35
2000年洪都拉斯	14	27
2002年印度*	23	43
2002年秘鲁	13	26
2002年乌干达	26	35
2002年赞比亚	17	-

注："-"表示缺省；"*"表示14个州的平均值。
资料来源：孟加拉国来自Chaudhury and Hammer (2003)；印度、秘鲁和乌干达来自Chaudhury和其他 (2003)；洪都拉斯来自世界银行 (2000)；赞比亚来自Habyarimana和其他 (2003)。

4. 公司层面的研究。它是指在某些方面与QSDS方法相类似的公司层面的问卷调查。这个方法对商业组织贪污和贿赂的经历进行了调查。这一方法已在可以获得腐败数据的一些案例中建立了一些重要的做法：①开展问卷调查的组织必须为调查对象所信任（即，不是公共部门）；②关于腐败的问题应该是间接的；③关于腐败的问题应该放在调查的最后；④出于可靠性的考虑，关于腐败的问题应该是多样的和相互对照的。

由Reinikka和Svensson在乌干达所做的研究发现，腐败的经历在公司与公司之间很不相同。定量数据显示，贿赂给商业带来了沉重的负担。

> 就报告中确实存在贿赂的公司而言，用于腐败的花费平均值为8280美元，花费的中位值为1820美元。这个量是相当大的，就均值而言，相当于每个工人花费88美元，或者占去了大概8%的总成本（平均值的1%）。把报告中没有贿赂花费的公司也包括进来计算的话，平均花费是6730美元，中位值是450美元。（Reinikka and Svensson，2005）

这样的调查提供了定量的和分解的腐败数据，首次使建立微观经济腐败水平的解释模型成为可能。两个特征解释了贿赂水平：支付的能力和拒绝的能力（Reinikka和Svensson，2003）。这些特征与关于腐败水平的谈判假设是一致的，而这一谈判假设已经得到在上面讨论过的乌干达的PETS项目的支持。在PETS和QSDS方法中，数据经常不得不进行初次收集，特别是在发展中国家。数据充足可用、自动化程度高的国家，为腐败及其诊断、定位和测量都提供了更多的可能。

结　论

本章的目的是回顾腐败测量所面临的一些问题并考察为回应这些问题而发展起来的方法。此外，本章强调要运用联系相关背景的方法，首先和着重关注被认为有问题的、政策制定者或相关各方都希望找到解决方法的现象。测量应该以对相关交易尽可能清楚的和彻底的理解为基础。

可以推断，定量测量的价值体现在两个层面上。在理论层面上，它们允许对关于腐败的假说进行检测。从政策视角来说，定量研究也是有价值的，因为它们提供了有关腐败水平的简明信息，而且，在某些情况下，提供了有关腐败程度的信息，从而帮助政策制定者决定事情的轻重缓急。这种测量的吸引力已预示了其将被广泛制定和运用的趋势。

大量可用的腐败数据来源并没有掩盖这样的一个现实，即它们的含义可能比它们所显现出来的含糊得多，因而降低了它们的关键效用。因为在一般的腐败理论上没有共识，那么，作为测量基础的定性判断对于解释数字结果就是至关重要的。我认为，应当在任何测量过程的计划阶段和对它们的结果进行解释时就确定这些基础判断。

从本章所回顾的经验来看，能促成测量实践带来积极的政策结果的几个关键方面包括：

- 把特定现象作为目标；
- 反映出经验的多样性；
- 应用合适的技术；
- 解决偏见和数据缺陷；
- 平衡自上而下和自下而上的方法；
- 结合各种知识；
- 对公民有权质疑滥权的认识；
- 可调适的而非教条式的研究；
- 信息的可及性。

尽管腐败的测量有不可避免的实际困难，但许多方法已经发展起来。在这个领域中，很少能做到为政策制定者提供一个可考虑的政策工具范围，也无法整合出一张宽泛的政策"知识地图"。一些测量方法已经得到进一步发展，因为它们没有遇到更为棘手的有关研究单元和范围的定性问题，被看作有问题的现象已经明确（如，学校拨款的流失）。

从对关乎腐败测量技术的回顾中可以明显看到，在能够对国家环境进行部分揭示的宏观技术当中，许多都会在腐败水平通常都很高的发展中国家遭遇某些困难。尽管如此，如果用这些数据对 CPI 进行交叉核对的话，则 CPI 这样的国家腐败聚合数据将会更具可信性。同时，如腐败受害者调查这样的国家分解研究提供了有关腐败经验蔓延的重要数据，那么，对政策制定者来说，特别是在关注小型和非共谋腐败的地方，有相当大的价值。

由世界银行倡导的部门研究已开始为政策提供真实的结果，尽管他们确实严重依赖于国家内部的支持和重要专家的资源来开展所需的测量，特别是在文字记录保存的不好的地方。这些研究已开始生成有助于政策评估的、有价值的国际比较数据。

微观的研究已经发展为许多形式，对腐败和一些定性考虑进行量化。对非货币现象的测量在不断地增加；同时，所使用的数据——在可以得到的情况下——也随之越发复杂。尽管与非货币化的腐败成分的普遍性与重要性相比，对非货币化的腐败现象的测量仍然不够，但它对纳入或集中关注某些常常被排除在外的腐败的某些方面是重要的，例如，"蔑视"（Jaffre and Olivier de Sardan，2003），它可以像贿赂一样有效地把某个人排除在某个权利之外。

腐败具有适应性并能回应一连串的环境条件，测量也如此。以静止的眼光去制定测量的类型，对于要获取一组具有可比性的数据而言，可能是相当不合适的。一个经典的例子就是把美国老年人医疗保险制度（Medicare）中欺骗社区的腐败方式去同一个发展中国家的腐败方式进行比较。

显然，当代研究者所使用的方法灵活多变，他们也有明显的意愿去尝试解决关系的问题，但与关系问题相关的数据却可能是难以得到的（如重大腐败）。对于一个非常狭隘的腐败水平指标，或一项统计，过分依赖其中一个都有扭曲反腐败政策的实际危险。可能的话，期望看到不断演进的规范，当中，可得到精确实用的腐败水平数据，在"宏观"、"部门"及"微观"层面上描绘出一幅具有实际价值的、专注于政策的知识地图，从而能够提供政策制定者真正需要的反馈信息作为其行动的目标指引。这里所阐明的方法——见表 6-7 的总结——尽管是拼凑、混乱的，但是已向这个目标积极迈进。

表 6-7 对基于非感知的测量技术的总结

测量	注释	赞成的理由	反对的理由
宏观的	环境设置	包容性； 不需要交易细节	不一定能摘录到"腐败"
直接-调查	下界	数据普遍很好	高技能过程

续表 6-7

测量	注释	赞成的理由	反对的理由
直接-受害者	基于经验的调查	最适合于无组织的小型腐败	在共谋和大型腐败上有问题。关注交易细节
直接-税务审查	下界	差异数据好	缺乏综合措施/资源
直接-开支	上界	揭示不能解释的财富	需要说明开支能力的其他来源
直接-劳动市场参与	上界	在国家之间参与率是可以比较的	需要可信的公共记录
直接-对金钱的要求	上界	揭示不能解释的财富	如果大量现金来自国外,则可能是不可靠的
直接-物质投入	上界	差异数据好	没有捕捉无关购入投入物资的活动
模型检验	统计的	可以给出非常有力的聚合数据	如果没有什么其他可用的话,使用少量数据的存在风险
部门的			
PETS	正式网络分析;当货币为分析单位时最好	政策指引的;预先调查的;可比较的数据	缺乏资源
微观的			
案例/民族志	描述性的	定性知识的深度;也可以是定量的	可比较性
差异法	基于期望的	政策友好的;灵活的;可以深入基层	需要良好的数据可及性
QSDS	解决许多非货币服务的问题	考虑结果和定性问题	缺乏资源
公司研究	量化的商业成本	公司腐败"税款"的估计	收益较含糊(参阅本章的数据偏差)
识别网络			
交易网络的归纳分析	根据数据推断网络	对于腐败形式的可变性应对良好	需要好的数据

续表6-7

测量	注释	赞成的理由	反对的理由
非正式网络	基于调查和访谈	对于交易的双方都可以提供高质量的数据	需要高技能的团队
网络价值	测试不适当的相关关系	在无法获取直接数据的情况下，也可对假设进行测试	合适的间接数据并不总是可以获得的
过程异常	参照标准测试异常	可以很好地捕捉非货币腐败	需要无可非议的标准

参考文献

[1] Aidt T. Economic Analysis of Corruption: A Survey [J]. The Economic Journal, 2003, 113: 632-51.

[2] Amundsen I. Corruption Definitions and Concepts [M]. Stockholm: Chr. Michelson Institute, 2000.

[3] Andvig J C. The Economics of Corruption: A Survey [J]. Studi Economici, 1991, 43 (1): 57-93.

[4] Bardhan P. Corruption and Development: A Review of the Issues [J]. Journal of Economic Literature, 1997, 35 (3): 1320-46.

[5] Buscaglia E. An Economic and Jurimetric Analysis of Official Corruption in the Courts [C]. Vienna: United Nations, 2001.

[6] Clare Cohen. Improving Transparency in Pharmaceuticals Systems: Strengthening Critical Points against Corruption. Latin American and Caribbean Bank, 2002.

[7] Davis J. Corruption in Public Service Delivery: Experience from South Asia's Water and Sanitation Sector? [J]. World Development, 2003, 32 (1).

[8] del Castillo A. Lets Talk about Corruption [C]. Amsterdam: University of Amsterdam, 2002.

[9] Fisman R. Estimating the Value of Political Connections? [J]. American Economic Review, 2001, 91 (4).

[10] Frey B S, Pommerehne W W. The Hidden Economy: State and Prospects for Measurement? [J]. Review of Income and Wealth, 1984, 30 (1): 1-23.

[11] Frey B S, Schneider F. Informal and Underground Economy? [M] // Encyclo-

pedia of Social and Behavioural Science, Amsterdam: Elsevier, 2000.

[12] Goudie A W, Stasavage D. A Framework for the Analysis of Corruption? [J]. Crime Law and Social Change, 1998, 29 (2/3): 113 -59.

[13] Jaffre Y, Olivier de Sardan J - P. Une Medicine Inhospitaliere [M]. Marseilles: Editions Karthala, 2003.

[14] Johnson S, Kaufmann D, Schleifer A. The Unofficial Economy in Transition, The Brookings Panel on Economic Activity. [M]. Washington: [s. n.], 1997.

[15] Johnson S, Kaufman D, Zoido - Lobaton P. Corruption, Public Finances and the Unofficial Economy [R]. Santiago: ECLAC, 1998.

[16] Johnson S, Kaufman D, Zoido - Lobaton P. Corruption, Public Finances and the Unofficial Economy [R]. Washington: D. C.: World Bank, 1999.

[17] Khan M. State Failures in a Weak State? [M] // Harriss J H, Lewis J C. The New Institutional Economics and Third World Development. London: Routledge Press, 1995.

[18] Khan M H, Sundaram J K. Rents Rent Seeking and Economic Development. Theory and Evidence in Asia [M]. Cambridge (UK): Cambridge University Press, 2000.

[19] Ledeneva A. Russia's Economy of Favours: Blat, Networking and Informal Exchange [M]. Cambridge (UK): Cambridge University Press, 1998.

[20] Michael B. The Rise and Fall of the Anti Corruption Industry: Toward Second Generation Anti - Corruption Reforms in Central and Eastern Europe [R]. New York: Open Society Institute, 2004.

[21] Miller, William L, Grodeland, Ase B, et al. A Culture of Corruption? Coping with Government in Postcommunist Europe [M]. Budapest: Central European University Press, 2001.

[22] Miller, William L. Corruption and Corruptibility? [R]. World Development, Forthcoming 2006.

[23] Rauch J, Evans P. Bureaucratic Structure and Bureaucratic Performance in Less Developed Countries? [J]. Journal of Public Economics, 2000, 75: 49 -71.

[24] Reinikka R, Svensson J. Cost Efficiency in Healthcare [R]. Washinton D. C.: World Bank, 2000.

[25] Reinikka R, Svensson J. Explaining Leakage of Public Funds [R]. [S. l.]: Stockholm University, World Bank, 2001.

[26] Rienikka R, Svensson J. Survey Techniques to Measure and Explain Corruption [R]. Washington D. C.: The World Bank, 2003.

[27] Reinikka R, Svensson J. Survey Techniques to Measure and Explain Corruption

[R]. World Development, Forthcoming 2005.

[28] Seligson M. Corruption and Democratization in Latin America [M]. [S. l.]: Westview Press, 2000.

[29] Wade R. The System of Administrative and Political Corruption: Canal Irrigation in South India [J]. Journal of Development Studies, 1982, 18 (3).

[30] Wade R. The Market for Public Office: Why the Indian State is not Better at Development [J]. World Development, 1985, 13 (4): 467–97.

第七章

感知、经历和谎言
——用什么测量腐败？腐败的测量方法用于测量什么

威廉·米勒

导 言

模糊不清的定义、问题、答案和幼稚的解释困扰着腐败的测量。这对于第一次尝试、宽泛的概述，甚至一项国家排名可能都不太要紧（Lambsdorff，2001）。但是，它也有可能重要。而且，无论如何，腐败的测量根本未能令人满意。问题不仅仅是要制定一个指数从而得出各国贪腐问题的大致顺序并据此对它们进行排名——这是任何国家层面的、与腐败有关联的事物都做得到的——而且还要对腐败本身进行测量。为了这个目标，如果可能的话，主题、问题和答案越精确越好。

模糊的定义

Michael Johnston 断言，"在关于腐败的辩论中，没有其他问题比腐败的定义更经久不衰，也没有其他问题可以像腐败的定义如此频繁地使得讨论变得无意义"（Johnston，1998，p. 89）。Vito Tanzi 声称，定义的问题常常在会议上占用了大部分时间却徒劳无益，腐败"就像一头大象"，"难以描述，但不难识别"（Tanzi，1998，p. 564）。同时，András Sajó 也同样对此表示不耐烦，认为在定义问题上争论就是浪费时间——"专家们永远不会就任何单一的定义达成共识"——而且，更糟的是，争论定义实际上有害无益："当代腐败的问题在于，

它的定义几乎总是反映了局外人的道德谴责。"(Sajo, 1998, p. 38)

显然,最好是避免去争论什么是腐败的唯一定义。如果专注于一些比"腐败"本身的涵盖范围小的且比它更具体的特定概念,很容易就能避免这个问题。也许这可以表述为,专注于腐败的成分或者具体的腐败行为。腐败功能这个概念用作形容词比用作名词更好。并且,即使人们不同意某个具体行动是或不是"腐败",他们仍然可以继续测量它的出现频率、它的起因和后果,以及公众对它的态度等等——将实证研究从道德谴责中分离出来。

在这一章,笔者通过案例关注后共产主义欧洲的普通民众和下级官员之间的交往——即所谓的与"基层官员"的"官僚遭遇战"当中的行贿与索贿行为。显然,这不同于在其他层次的,如资深政客、高级官员和上层商人的交往当中的行贿与索贿。而且,这也有别于其他形式的腐败行为,比如利用联系人、影响力、裙带关系、敲诈或不诚实的审计。

Rasma Karklins 提出了一种有趣的"分类法",把后共产主义欧洲的"滥用公共权力谋取私利"划分成 16 个元素(Karklins, 2002, p. 22-32)。但是,用如此多的不同元素"测量"任何事情都是不可能的——尽管对单个元素的普遍性和显著性是可以,也应该进行测量——也许对具体的元素要适用不同的技术。

从这些单个元素的测量中,也许可以构造出一些初步的整体评估。但这么做的目的是什么?保持测量的单独性将更为有用,举个例子,在某个特定的地方,贿赂不是问题而裙带关系或不诚实的审计反而是一个问题——或者,反之亦然。模糊的总体测量也许有助于将注意力集中于一个特别腐败的国家,但不会集中到特别腐败的官员或特别腐败的行为。为此,我们不但需要一个更严格的、更具体的关注点和定义,而且也需要好的数据。

测量技术的替代方法

各种各样的方法已被用来研究官僚遭遇战和/或共产主义和后共产主义政权下的腐败,包括:
- 作者的个人印象和轶事———些是个人的,一些是非系统地取自新闻故事;
- 直接观察——使用民族志或调查式的报告技巧;
- 新闻剪报的系统分析;
- 官方统计数据;
- 跨国的相关性或类似的国家层面统计分析;
- 访谈调查。

其中,作者的个人印象和轶事是最不系统的。它可以是非常有趣的,也可以传达一种很强的洞察力,特别是如果作者在所谈论的国家政权下生活多年(Simis, 1982, pp. 146-74)。但是,它仍然是单个个体非常个人的观点,并且它缺乏任何真正意义上的数量、程度或差异。根据定义，作者们都不是典型的个人，也没有理由相信他们的经历是什么典型的。更多地依赖媒体使得这种方法具有较少的个人因素，但还是不系统的（Shlapentokh，1989）。民族志的和调查式研究则更为外向，但是它们仍然是很个人化的阐述且通常是本土化的。它们受到的限制与轶事报道所遭遇的极为相似，尽管限制的程度不一样。

系统的新闻剪报分析可能被用于尝试拓宽视野，对研究结果进行去个人化和量化处理（Holmes，1993）①。然而，即使新闻是有组织地进行采样的，它的内容也由编辑和审查的限制和偏好决定，或者，在共产主义的欧洲，由控制了大部分媒体的后共产主义"寡头"决定。所以，一连串关于腐败的新闻故事可能反映出官方的反腐败"运动"而非腐败的激增，而缺乏新闻报道可能仅仅反映出官方对事实的隐瞒。

事实上，官方统计数据更直接地受到当局的控制，甚至一些西方经济统计数据也经巧妙地处理以迎合政治的需要（Levitas，1996，pp. 45 – 65）。特别是犯罪统计数据是出了名的不可靠。犯罪受害者不报案，因为他们对警方失去了信心；为了让警方的记录更好看，警察不会对报告的罪案做记录。最糟糕的是，官员腐败的统计数据比其他犯罪统计数据更不可靠，正如 Richard Lotspeich 指出，"交易的任何一方都不会积极报告"（1995，p. 577），他可能还会补充说，"警察经常参与其中"。

此外，还有一个与内容有关的普遍问题困扰着所有以与官僚机构打交道的人的轶事、媒体报道或以官方数据为基础的研究。不可避免的是，刊登出来的轶事和公布出来的统计数据都是不满意的事情，以及为取得满意效果而采取的非法手段。贿赂官员的新闻轶事更具娱乐性，因此，相比于与官员争论或者向官员献媚的新闻轶事，更有可能被刊登出来。就此，基于这些类型数据的研究被植入了偏见。

国家层面的数据用在一个跨国的统计分析时也存在特别的问题。其中最重要的就是统计学家所说的"生态效应"或"生态谬误"（Miller，1995，p. 155）。简单地说，"生态谬误定理"证明，在同一层面上的两个变量间的相关并不一定在另一个层面存在，或者可能在另一层面有不同的迹象。因此，假如（基于国家层面指标的）低收入官员和腐败之间的跨国相关性并不能证明，在国家内部，低工资会鼓励官员受贿；相反，最贫穷的国家里收入最高的官员通常腐败最严重。

原则上，这种"生态效应"可以有多种形式，但它自己通常都会表现为一

---

① 特别是第三章：'Patterns of Corruption and its Reporting in the USSR and the PRC'. See also UCIPR's (Ukrainian Center for Independent Political Research, Kyiv) monthly *Corruption Watch* which trawls the Ukrainian press for corruption stories; accessible via kam@ political. kiev ua; CSD/Coalition 2000's *Weekly Review of Bulgarian Press Coverage of Corruption*, accessible via www.online.bg/coalition 2000; and RFE/RL's Newsline, accessible via www.rferl.org/newsline/search/. .

种"超级叠加效应",由此导致的地区差异比由各地人口的构成所能预测到的地区差异更大。在选举研究中,这个超级叠加效应是常见的和强大的:贫穷和富裕地区的政党政治两极化的程度可能是他们的阶级构成所预示的两倍,因为人们往往会接纳他们生活的社会环境里的某些态度和行为(Miller, 1978, pp. 357 - 84)①。

有证据表明,这种超级叠加效应也发生在后共产主义欧洲各国与官僚机构打交道的人中。受到不公正待遇的民众更可能是生活在乌克兰而不是捷克共和国。不公平待遇往往会影响对改革的态度,但所有乌克兰的民众都倾向于接纳受到不公正对待的民众的态度,即使他们自己受到的待遇并不是那么糟糕。相反,所有捷克共和国民众则倾向于接纳受到公平对待的民众的态度,即使他们受到的待遇并不是那么公平。在一定的环境下被视作"不符常规"的待遇可以激发强烈的个人情感,尽管可能不会完全转化为对官僚政治的普遍态度。仅仅在国家层面的数据间寻找关联性,是永远不会被发现和去考察这些倾向的。因此,个体层面的调查数据非常必要。

跨国腐败统计研究的第二个问题是它们通常本质上是混合的,试图寻找经济或官僚结构的官方统计数据与基于调查的腐败感知指数的关联——诸如透明国际发布的或者欧洲复兴开发银行发布的,或从"商业国际"或"世界竞争力报告"购买到的那些指数②。因此,在关键的部分,即便是跨国分析通常也是基于问卷调查数据的有限使用。

访谈法及其相关方法,如焦点小组讨论,可以比跨国的统计研究所使用的典型方法提供更多的信息。它们不仅能提供有关全国范围内的腐败信息,而且还能提供如下信息:①每个国家的腐败行为变化;②腐败行为的动机和借口;③腐败行为的评价和解释;④与同政府官员打交道的其他方面相比,腐败问题的相对意义。

但访谈法有它们自己的特殊缺点,"腐败调查也许会由于提问这些问题而使结果扭曲——如果一个人日常几乎都不会去考虑腐败,但突然却被问及许多关于这方面的问题",他们的答案就有可能会夸大了腐败在他们的生活中的,甚至在与官员打交道中的重要性(Gole, 1999, pp. 1 -2)。在对官僚机构除腐败之外的其他方面进行的问卷调查、对犯罪受害经历的问卷调查、选举或投票调查或综合性普查这样一些没有提供任何背景却突然问及腐败问题的调查中,是否嵌入有关

---

① 转载于 Denver, David T. and Hands, Gordon (eds.). *Issues and Controversies in British Electoral Behaviour*, Harvester Wheatsheaf, London, 1992.

② 见 EBRD. *Ten Years of Transition: Transition Report*, European Bank for Reconstruction and Development, 1999: 125; Mauro, Paolo. 'Corruption and Growth'. *Quarterly Journal of Economics*, 1995, 110 (3): 681 - 712; Ades, Alberto and Di Tella, Rafael. 'The New Economics of Corruption'. *Political Studies*, 1997, 45 (3): 496 -515.

官员腐败的问题就可能很重要。并且，问卷调查方法可能不是研究高层腐败或所谓的部委层面的"重大腐败"的最好方法——尽管它们可能是研究公众对重大腐败的感知和反应的最好方法。

模糊的问题

问卷调查这一方法出现的一些问题可能是难以解决的。但是，问卷调查经常会仅仅因为问了错误的问题而未能发挥它们的潜能。特别是，关于腐败的调查问题经常被弄得含糊不清。这包括两种情况：①它们常常无法充分地列明具体的腐败活动；②它们常常无法指定受访者在其中的角色——或者甚至大概的关系。

无法列明具体的腐败活动——再论定义的问题

在Lambsdorff（2001，p.3）回顾用于构建透明国际的"清廉指数"的问卷调查时，他指出受访者曾被问及：

- "腐败的程度"（自由之家的调查）；
- 就腐败对"整体生活/工作环境"的影响来说，"你如何评估腐败"？（政治和经济风险顾问公司的调查）；
- "腐败"是否会给"商业活动带来麻烦"（世界经济论坛的调查）；
- "腐败"定义为"为个人或政党政治的经济利益而滥用职权"（经济学人情报中心的调查）；
- 是否"贿赂和腐败在公共领域盛行"（管理发展研究所的调查）。

这些组织的大多数似乎都认为"腐败"的含义是精确且不言而喻的。《经济学人》虽然意识到需要认真地定义腐败问题的措辞，但是，随后却将它们定义得如此宽泛以致为论文定了一个好标题却使调查所用的问题变得非常糟糕：尽管问题经过精心措辞，但它如此包罗万象以至于在实际运作起来也是模糊的。洛桑国际管理发展学院（IMD）把"腐败"与"贿赂"放在一起，但没有把这两者等同起来。总之，这些问题没有一个是定义良好的。至于问题是有关公职人员还是有关私营企业，还是与两者都相关，大部分都含糊不清。同时，所有问题在腐败活动的级别（例如，高级还是低级官员？顶尖商人还是小商人？）和性质（例如，联系人、恩惠、贿赂、裙带关系、内幕交易、审计等）两个方面都焦点模糊。

无法详细说明受访者的角色——是印象还是经历

Vito Tanzi认为"基于问卷的调查"只是测量"腐败感知"而不是"腐败本身"（Tanzi，1998，p.577）。事实上，对以问卷调查为依据的腐败研究的一个反复的批评是，它们是关注对腐败发生情况的普遍感知而不是腐败本身——主要因为调查人员担心他们的受访者不愿让自己受到牵连（Lancaster and Montinola, 1997, pp. 193–94）。

特别是，Lambsdorff 指出，用于构建透明国际的 CPI 指数的全部数据，就像它的名称（腐败感知指数）所显示一样，都由"感知而不是真实的现象"构成（Lambsdorff, 2004, p. 5）。姑且不管它的名字，透明国际的 BPI（行贿指数）不是基于行贿者的供词而是基于对下面这个问题的回答：

> 请指出，在您最熟悉商业领域中，在以下这些国家的公司有多大的可能性为在这个国家保持自己的业务而支付或提供贿赂——这只是关于普遍感知的另一个问题而已。

当然，这种作为 CPI 和 BPI 基础的感知，可能是基于实际的经历，但它们也可能仅仅是基于偏颇的小道传闻或媒体的哗众取宠。无人可知。如果你不详细询问实际的行贿和受贿问题，即使受访者愿意甚至渴望告诉你，他们也不会这么做。本来，感知实际上就是其结果的"真实的现象"，有一定的重要性——谁想在一个腐败的国家投资呢？但感知只是一些印象，并没有同等行为那样坚实的基础。清廉的印象会掩盖腐败行为；同时，腐败的印象也许更多的是基于其他的东西而非基于腐败行为——或者错误地以别人的腐败行为为依据。

Lambsdorff 承认：①没有任何转变的基础，感知也可能迅速地改变，"这种变化可能缘于影响感知的高层政治丑闻，但并不反映腐败级别的实际改变"（Lambsdorff, 2001, p. 2）；②当地人的感知可能会受制于根据当地文化对腐败的构成所做的解释；③一些人的感知可能并没有有效的依据。

他以下列的方式依次处理这三个问题：①使用三年的平均值（减少腐败测量对突发媒体丑闻或曝光的敏感性）；②不包括当地民众（因为他们的当地文化有可能是异常的）；③不包括一般群众（因为他们不够专业）.

他为每种策略给出了令人信服的案例，但前两种策略使我们逐步远离对时间地点的关注和对行为信息提供者的疏远，并且，如果我们关注的是普通民众和基层官僚之间的互动，那么第三种策略也会如此。所以，一切都将变得越来越不具体、越来越模糊。

假设有这样一个瞬间，勤奋的检察官和一家自由媒体揭露了一起巨大的腐败事件，结果导致官员们因害怕会受到惩罚而紧张起来，这可能增加对腐败的感知而至少暂时减少腐败行为；相反，高调地通过没有强制力的新反腐败法律或行为准则，可能会减少腐败的印象却不能改变腐败的行为。

另外，腐败的印象可能与任何类型的事件都是分离的。印象可能已经变得如此根深蒂固和习以为常，以至于他们未能应对行为上的实际变化，尤其是行为的改进（"犯罪记录"综合征）。印象可能是基于无知的推测和小道传闻，或基于无关的推断（从某一个层次上的腐败真实证据的推论到另一个层次上关于腐败盛行的猜测；或者，只是因为富人和当权者很富有而自动地假设他们肯定接受了贿赂）。同时，印象可能同样地反映出感知者和被感知者各自的特征（信任的、怀疑的、多疑的、嫉妒的等）。

所有这些模式都看似合理，即使它们之间并不一致。要发现腐败感知和实际腐败行为之间的联系，唯一的方式是直接测量腐败行为。

Lambsdorff 引用的一个国际调查：ICVS（国际犯罪受害人调查），虽然没有用在 CPI 指数上，也没有对腐败行为进行深入的研究，但它的确直接触及经历而不是对腐败的感知。它提出的问题是：

在某些地区的政府或政府官员中，存在腐败问题。在过去一年里，你所在国家是否有政府官员，如海关官员、警察或者巡视员，要求或期望你对他行贿以获得其服务吗？

接下来，受访者似乎会被问及官员的类别和他们是否把这件事报告给警方，但不会被问及他们实际上是否有行贿。所以，这不是一种贿赂行为（尽管都这样报道）的问题，而是一种"企图敲诈"行为的问题——这可能是或可能不是明确的（"要求的" VS "期望的"），可能是被错误地推断的，也可能已经成功或可能还没成功的。

更有趣的是，ICCS（国际商业犯罪调查）向受访企业提问有关感知的问题，然后紧接着问有关经历的。相关的问题都很长，但其措辞都非常重要：

感知的问题：我现在想问你关于腐败的问题。我说的腐败意思是：贿赂员工或公司；向公司敲诈金钱；收取保护费；污染产品的威胁；政府官员贿赂和敲诈勒索；也包括类似行为的企图。在你的业务领域，你认为这样的做法是常见的吗？它们是非常常见、相当常见、不是很常见、还是不常见？

经历的问题：有没有人试着贿赂你、你的员工，或者从公司获得贿赂，或在这些前提下，通过公司活动向你的公司勒索钱财呢？这包括试图收取保护费或污染产品的威胁，也包括政府官员的贿赂或敲诈勒索行为。

这些问题每个都只要求对一系列可能的活动给出唯一答案——这不是一个好的调查做法。特别是，它们把官僚腐败和私人企业敲诈者的刑事敲诈捆绑在一起。即使如此，答案仍然体现出感知与经历之间的巨大差异，而且这种差异在国家之间也有很大的不同。意大利和英国的商人有同样的受害率（都低于 2%，意大利稍微低于英国），但是，两者则在有关这类行为普遍性的感知上存在很大的差异（英国只有7%，而在意大利却有15%说至少"相当常见"）。虽然法国和捷克共和国的商人有着同样的受害率（稍低于5%），但是他们在关于这样的事儿是否"相当常见"的感知上却很不一样（捷克有34%，法国只有1%）。显然，感知并不是取决于经历（van Dijk and Terlouw, 1996 – 1997）①。

由于这些错误，ICCS建议，如果我们希望测量腐败而不是去测量以小道消息或者道德慌恐为基础的腐败印象的话——虽然有趣的是，错误的印象它们本身就是一种真实的现象——那么，我们需要直接测量事实的腐败行为。

法庭式质疑：Shuy 的讯问原则

然而，直接测量的方法也存在明显的问题。在所难免的是大多数人不会直接经历很多种（也许是大多数）腐败行为。受访者必须和特定类型的腐败有联系。公众会被问及他们直接经历的基层官员中低级别的腐败行为，却不会被问及有关在决策室或者部委里面的高级别腐败。虽然BPI和CPI完全依赖于感知而不是经历，但是，在他们尝试测量高级别腐败的过程中，的确或多或少通过相关"告密者"来解决这个问题。他们所提的问题也许是错误的（感知而不是经历），但是他们的确试图使用相关的抽样框架。

但是，不管哪个层次，都有谎言的问题：有直接行贿受贿经历的"告密者"都希望"掩盖"而不是"曝光"他们自己的经历；相反，他们会夸大与他们不直接相干的指控——还是那句老话："他们全都牵涉其中！而我？不可能！"

将来，可能要更加关注揭示直接经历的途径。这不是一项简单的任务，并且需要一个更具怀疑态度的方法用于研究设计，包括"意见"和"法庭"的混合方法用于制订问卷调查和小组讨论计划。为了成功，社会学家和政治学家需要借鉴研究者和记者的技巧——将访谈当成是讯问。

有些人把"访谈"和"讯问"对照并加以区分，认为后者有"一个独特的任务，就是让人坦白交代实际的或者看上去违反法律、政策、规定或者其他约束的事实"（Yeschke，1987，p. 25），即让人"承认有罪"（Aubry and Caputo, 1980, p. 21）。但是，这恰巧是测量腐败的访谈设计中的任务。这也是访谈的一个特征，没有差别。

非常奇怪的是，犯罪学家似乎并未曾在他们的ICVS犯罪调查中使用讯问的方法。甚至此调查的名称也暗示着一种封闭的心态，即把受访者作为受害者而不是犯罪人来对待。这是一个谨小慎微的方法。

调查员能够从专家那里得到什么有关讯问技巧的建议呢？

---

① 同时参见 van Dijk, Jan J M and Terlouw, Gert Jan. 'Fraude en Criminaliteit Tegen Het Bedrijfsleven in Internationaal Perspectief'. Justiti? le Verkenningen, 1995, 21 (4)：119 – 42.

很明显，一种是警察局中的警察讯问者和嫌疑犯之间的权力关系，另一种是调查中的调查者与被调查者之间的权力关系，两者之间存在着巨大差异。受访者可以随时终止访谈并将访问者送走，但是嫌疑犯却不能在讯问中逃走。这必然会使其供认的机会也存在巨大差异吗？嫌疑犯可能会因被威逼利诱而供认不讳，然而调查的受访者则不会。但如果我们感兴趣的不是这样的招供，而是如实的供述，那么，调查访谈和审讯之间的差异就小得多。威逼利诱不仅侵犯公民的权利，也经常会导致虚假口供。事实上，做民意调查的研究人员不能使用它这一事实不会造成很大的损失。

当然，对于如何发现虚假供词，很多专业的审讯者都有他们拿手的理论①，但这些都经不住科学的测试（Robinson，1996）。也许令人惊讶的是，可能对于外行来说，只要不是快速的民意调查，关于警察审问的科学建议与关于调查访谈的真正好的操作方法非常相似。有一种趋同性。审讯专家认为将审讯想象成面谈是非常有用且有效的。事实上，Inbau、Reid 和 Buckley 认为，审讯者"避免产生审讯者为的是让人招认和给人定罪的印象"会更有效。仅仅履行一个寻求真相的角色往往会更好（Inbau，Reid and Buckley，1986，p.36）。同时，Shuy 报告说，"在最近几年"他"听到了许多执法人员证实他们不是'审问'而是'采访'受访者"（Shuy，1998，p.12）。但实际上他们的意思是，他们尽可能使用社会调查的样式进行一项旨在寻求真相的审讯，无论是否包括招认或有力的否认。

所以，Shuy 的"讯问基本原则"是：①"会话式的"；②"问清晰明确的问题"；③"在试图确认欺骗之前找到矛盾之处"；④"提问很多问题"。没有很多的问题，审讯不能成为会话式的，也不能发现矛盾之处，更不用说试图解决它们。

有些民意调查问的是关于感知的问题，却随后将它们的发现当成实际的腐败指标而不是腐败的印象，因而不符合第二个准则，即"清晰明确的问题"。另一些民意调查只问几个，有时只问一个或两个相关问题，则不符合第一和第三个标准，它们不能规定"矛盾之处"的检测范围，也被认为不是"对话式的"。

值得回顾一下 ICVS 的问题。有两个问题，一个关于蓄意勒索，另一个关于举报蓄意勒索，这两个问题几乎不构成很大的会话。但是比这更糟的是，问题的内容是非常对话式的。例如，在诸多问题中，第一个问题就问及"警员"是否曾试图"为他提供的服务"索取贿赂；第二个问题则问及受访者是否"把这件事报告给警方"。如果这在会话中发生，回答就不会被刊登出来。世界各地的警察都受贿——但通常不是因为提供服务。恰恰相反，他们因为没有提供服务而反过来收取贿赂。而且，向受访者提问其是否向警方报告了警察的敲诈勒索，回复

---

① 参见 Zulawski, David E and Wicklander, Douglas E. *Practical Aspects of Interview and Interrogation*. CRC Press, Boca Raton, FA, 1993.

将是滑稽的。很容易就可以猜到研究人员想要什么信息,但他们的问题却与自然的谈话相去甚远。实际上咬文嚼字的回答将会是很有趣的,但访谈人员可能不会把它们记录下来。

虽然,在我们设计腐败的文化项目时,我们不熟悉 Shuy 的论点(Miller, Grøeland and Koshechkina, 2001),但是,常识和良好的调查研究实践,如 Vaus 概述的一样(1991, pp. 80 – 105),给我们指出了大致相同的方向。但重要的是,要强调我们的研究只是第一次尝试以一种讯问的方法去理解和测量腐败,且关注的只是某一层面的腐败,它不是一个通用的腐败研究的解决方法。尽管如此,根据 Shuy 的四个讯问原则去检视我们的方法是有价值的:①"会话式的";②"问清晰明确的问题";③"在试图确认欺骗之前寻求矛盾之处";④暗示"提问很多问题"。

"成为对话方式"

我们从 26 个焦点小组的讨论开始,包括乌克兰、保加利亚、斯洛伐克和捷克共和国等国,由 187 名参与者组成。与这些焦点小组讨论相关的是 136 个半结构化的深入访谈,它们与焦点小组讨论同步,并以更私人的一对一方式进行。一个或多个项目负责人亲自参加了其中的 18 个焦点小组讨论(同声传译),并且都被录像和转录。尽管这些讨论都遵循一个明确的时间表,但它们当然比大规模的访谈调查更可能以"会话的形式"进行。它们得到了大量的"故事",包括许多特定的"供词",以及许多有关一些已得手的或蓄意的勒索的具体指控。

顺便说一句,小组讨论强制执行了一些类似审讯的限制。参与者也许可以有人身自由而离开讨论,但在讨论期间他们在心理上已被禁锢(只有一个参与者跑了——一个保加利亚库尔德加里的土耳其种族/穆斯林妇女——在讨论开始的时候。)此外,坦白也导致更多坦白:一个参与者的坦白诱发其他人坦白——有点像他们在卫理公会或救世军祷告会上做的一样。在一些情况下,随着讨论的深入,一个最初的否定会被收回,或一个供述会被一个承认扩展到一连串的承认。此外,一些否认会被有说服力的细节强化。参与者讲述一些坚决争取免费的良好服务的故事;同时,另一些人则讲述行贿但是被官员拒绝的故事,这些官员很乐意在没有"额外"报酬的情况下提供服务。

焦点小组讨论包括了这样的在一定程度上不具代表性的(可能)少量(确定的)参与者,因而不能被用于测量。另外,它们确实为应该测量的内容提供了一个很好的指引,为问题的设计提供了非常宝贵的帮助,而问题的顺序,则尽可能地使调查问卷以自然的和"会话的"形式出现。

我们把焦点小组讨论上透露的故事、供述、指控和观点作为调查问卷的基础,然后委托完成了对 4778 名公众代表为样本的全结构化访谈,并另外补充进行了对 1307 名基层官员以及对少数民族地区 1272 名额外公众样本的访谈。对基层官员的访谈包含许多与公众访谈时用到的问题，另外，为了从官方的角度而不是一个公众角度出发涵盖论题，把一些其他的问题进行重新措辞后再加入其中。我们在全国范围内配额抽取基层官员样本，包括卫生、教育、社会服务、警察和法律服务等各领域。

通过探索论题细节、提出许多问题，尽可能把所有的访谈都设计为会话式，这样，就能使受访者的回应细致而有质量。此外，使用大量的问题便可以花时间建立一个非评判性的、甚至是和谐的氛围并为不带威胁的查问和无惧指责的供述"建立合适的环境"。通常——即使在与基层官员进行访谈时——我们都是在其供述前先深入地讨论他们的问题。

"提问清楚明确"

在我们所有的焦点小组讨论、深入访谈和大规模的调查中，我们相当详细地明确提问（a）关于感知和小道传闻，然后是（b）关于实际经历，同时明确地把这两者区分开来。根据我们的焦点讨论，我们预料腐败的印象会比腐败的经历普遍得多，并且我们的研究结果清楚地显示腐败的印象和实际的个人经历之间的存在很大且多变的差距。但我们花了大量访谈时间在腐败的普遍印象上，原因主要是为我们的受访者回答有关他们实际经历的、明确的具体问题"建立合适的环境"。

通常，避免偏见是好的调查做法——无论是在问题的措辞还是其他问题所设置的背景上。该规则的例外是，当我们有理由相信恐惧的压力或道德指责的氛围可能会抑制诚实的答案。通过先让我们的受访者明确地表达一个也许夸大的观点，即腐败是普遍的，或人们"通常"不得不这么做，我们就能够使他们随后更易于承认他们自己也那么做。在我们的访谈中，第141道和第142道问题就明确地向公众问及——事实上，他们或他们的家人最近几年里是否曾经给官员送过礼物或贿赂。即便如此，我们问的并不是他们"是否"曾经给官员送礼和贿赂官员，而是"有多频繁——经常、有时、很少或从不？"至于那些"清晰明确的问题"，尽管我们没有施加不当的压力，也没有许下任何承诺，但也使"供述变得容易"。事实上，这个有关频繁程度的问题不仅使供述变容易而且只会使回答更加具体而不减少回答的数量。

就简单百分比而言，我们的腐败测量基于经历和供述，与基于感知的测量相比，所得出的百分比更小——就像我们之前引述的国际商业犯罪调查（ICCS）所做的那样。他们对腐败规模的印象很不同，并提出，是否感知和经历测量的是不同的东西？

我们从几个方面测量腐败感知或印象。首先，我们问：

> 现在，想象一个人正在争取自己有法定权利拥有的某些东西。为了从以

下各官员处获得帮助，他必须提供金钱、礼物或帮忙——我的意思是提供超过官方收费，这样的情况可能吗？

紧接着是一张包括 10 种基层官员的列表。平均而言，超过 2/3 认为"可能"，即花钱、送礼或帮忙将是必要的，比例变化介乎最低的捷克共和国的 44% 到最高的乌克兰的 85%。

之后，我们仍然专注于感知和印象，要求更具体地说明八种与官员处理关系的典型的方式，包括礼物的使用和贿赂：

假设一个人问一个官员要他/她法定有权拥有的东西。为了得到好的结果，他/她有可能还是不可能提供：①一份小礼物？②金钱或者一份昂贵的礼物？

平均而言，超过 2/3 认为"可能"，即"金钱或者一份昂贵的礼物"是必要的，变化区间介乎最低的捷克共和国的 44% 到最高的乌克兰的 81% 之间（"可能"需要提供一份"小礼物"的数据甚至更高）。

然后，我们转向关注个人经历，问道：

想想过去的几年里与官员打交道的个人经历，你或你的家人是通常、有时、很少或从不必须提供：①一份小礼物？②金钱或一份昂贵的礼物？

平均而言，少于 1/4 的人曾送过"金钱或者一份昂贵的礼物"，甚至只是"很少"会这样做，变化范围介乎捷克共和国的 11% 到乌克兰的 36%（至于送"小礼物"，这个数据则相对较高）。

所以，在捷克共和国，认为"有可能"必须提供"金钱或者一份昂贵的礼物"的公众四倍于那些能够记起近年来他们——或者他们家人——曾这么做过的人。如果我们相信他们，那么他们的答案意味着大多数认为"有可能"的捷克人自己未曾直接经历过这种情况。他们认为低层次行贿无处不在的印象肯定是基于其他东西而不是经历。在乌克兰，这种感知和经历之间的差异相对小得多，但是差异的绝对值仍然很大。

在最近的 2001 年波兰国家选举调查中，当我们问及"你认为受贿等腐败行为在波兰政治家中有多普遍？"94% 的人说这至少"相当"普遍，56% 认为这"非常"的普遍，而 80% 的人则认为波兰的街道基层官员比欧盟国家的更腐败。但是，正如在捷克共和国一样，其中只有 10% 的人近年曾送过"金钱或昂贵的礼物"，甚至只是"很少"会这样做。

161

"在试图确定欺骗之前，找出矛盾之处"

通过提问很多问题，有可能检测出矛盾之处。这可能预示着欺骗，但是这也可能表示有误解或混淆，并且它本身只是揭示出问题，但不能解决它。注意到矛盾之处却没给受访者体面的台阶下的话，就有可能会破坏我们花了这么长时间才建立起来的非审判式的甚至是和谐的氛围。当然，我们在分析数据的时候也可以揭露这些矛盾之处，但在访谈过程中我们还是需要一种较温和的方式。另一个选择就是直接忽略他们的否认并再以不同的方式就同一问题提问，使受访者得以在不伤脸面的情况下更改他们最初的回答。

我们多次使用这种方法，曾出现过相当惊人的结果。在我们和官员的访谈中，我们就官员收礼的实际经历一连串地问了三个问题：

- "在过去的几年里，比如说过去五年里，你有没有收受过礼物，然后利用职务之便帮人解决问题？"
- "如果你的确收礼了，那么是在帮别人办好了事情之后还是之前收受的呢？"
- "如果你确实收礼了，那仅仅是一份小礼物——如鲜花、巧克力或者美酒——还是比这些更贵重的其他东西呢？"

虽然第二个和第三个问题带有条件假设，但我们还是向所有的官员都提问了这三个问题，包括那些本来已否认曾收过礼的官员。当然，问卷有一个"沉默"的选项，这是为那些坚持自己"未曾收受过"礼物，无论是之前还是之后、厚礼还是小礼的人而设置的，但是调研员并没有读出这个选项。

对于第一个问题，只有30%的人承认收礼。但在第二个问题上，43%的人承认他们在帮别人办事之前（8%）或者之后（35%）收过礼。而在第三个问题上，58%的人承认他们曾接受过"小礼物"（53%）或"更贵重的东西"（5%）。

回答"不知道/拒绝回答"的人很少，值得注意的是，当问题变得不那么模棱两可的时候，选择这个答案的人数在这三个问题上都逐步减少。随着这些问题变得更加具体，不愿或无法作答的人数减少。

即使在修改后的答案中也存在一致性的因素。超过 1/3 的人最初否认接受过"礼物"，后来又承认他们曾接受过"小礼物"，但没有人承认接受过"更贵重的礼物"，且几乎没有人会承认在办事之前收礼。此外，几乎所有的那些用"你可以说是也可以说不是"来回答第一个问题的人，后来都承认他们曾收过礼，但这几乎总是一些小礼品，而几乎没有人会承认在事情未办成之前会收礼，即便是小礼品。形成鲜明对比的是，那些在第一个问题上已经欣然承认他们曾收过礼的人中，有14%的人继续承认他们曾经接受过"比一个小礼物更多的东西"，有22%的承认在事情办成之前曾收礼。

可信的证人？使分析更敏锐

在某种程度上，最初的否认和随后的改口只会强化 Shuy 的建议：问题应该是"清楚、明确的"。但在某种程度上，它也揭示了一种倾向，许多受访者的回答半真半假，或"避重就轻"——利用问题中任何实际的或可能的模糊之处。我们知道很多曾经接受过"小礼物"的人（由其后来的供认所知）会避重就轻地回答说根本未曾收过礼。这似乎很有可能是其他接受了"厚礼"的人也会做的事，避重就轻地说成是接受了"小礼物"——利用大和小两者之间的歧义，这样就没有任何说谎的心理负担。

就许多分析的目的而言，相比于把所有受访者都纳入分析，仅用较可信的证人进行分析也许会更好。通常，我们往往会排除选择"不知道"的回答。在为 CPI 和 BPI 而进行的调查当中，抽样框架也仅限于预计会对情况较为了解的人——商人和专家，而不是普罗大众。有些受访者所提供的证据出于某种原因是可疑的，我们也需要排除这部分受访者。这样做不涉及新的原则。

我们没有理由怀疑承认给予或接受"厚礼"的受访者实际上已经这么做了。在另一方面，大多数否认曾给予或接受过哪怕只是小礼物的人，很可能也没有给予或收到过厚礼。在我们的调查中，没有一个官员是先否认曾收受过东西而后来却承认接受过厚礼的。问题在于中间这部分人，他们承认给予或接受过一些东西，但否认给予或接受过厚礼。可能的情况是，其中某些人给予或接受过一些厚礼，但其他人是真的没有。

排除那些声称曾给予或接受的只是小礼物的受访者，可能有助于使所有关于腐败模式和动机的分析更为敏锐。这样做之后，那些保留在分析中的受访者被错误归类的概率相对极小。应该相信那些承认接受过厚礼的人。同时，虽然那些否认牵涉即便是"小"礼物的人不应该言之凿凿地予以否认，但是假设他们没有接受过"大"礼物是相对安全的。

在分析个人价值观和外部压力（敲诈或诱惑）的影响时，我们把（在公民中）承认的行贿、（在官员中）承认的受贿与内在的价值观、外部的压力联系起来（Miller, Grøeland 和 Koshechkina，2002, pp. 165-93）。贿赂被定义为"大礼物"——也就是"钱或者一份昂贵的礼物"。

在接受公民关于他们是否送过"大礼物"的表面答案的情况下，公民行贿与价值观关联度在 0.15，与勒索等外部压力的关联度为 0.35，通过仅把那些承认给过大礼物或否认给过即使是小礼物的公民用于分析，可以把与价值观的相关值增加到 0.20、与敲诈勒索的相关值增加到 0.43。这表明，在那些宣称自己赠送的只是"小礼物"的人当中，某种程度上存在着含糊其辞或自欺欺人（不管哪一种，无论我们是否使分析更敏锐，勒索对行贿的影响力比价值观的影响力强两倍)。

类似地,如果我们接受官员们有关他们是否接受过"大礼物"的表面答案的话,官员的受贿与价值观之间的关联度在0.15、与诱惑等外部压力的关联度为0.34。在分析中,排除那些承认只接受过小礼物的人,仅纳入那些承认接受过大礼物和那些否认收到过即使是小礼物的官员,这样显著地提高了分析的敏锐度。当我们将这个限制应用到行贿者的分析时,受贿与价值观的相关性上升到0.25,与经常提供的诱惑的相关性为0.51。这表明,与承认曾经送过小礼物的公众相比,声称曾接受过"小礼物"的官员的含糊其辞或自欺欺人更为严重(再次重申,不管哪一种,无论我们是否使分析更为敏锐,勒索对行贿的影响力比价值观的影响力强两倍)。

在这个例子中,消除含糊其辞的努力只是改善了一种已经是清晰可见的模式,但它鼓励更多的尝试使用"可信证人"的方法。

感知测量用于测量什么

最后,回到基于感知的测量这个话题,我们知道基于经历的腐败测量与基于感知或印象的测量之间有很大的差别。这回答了印象和感知是否准确这一狭隘的问题。如果它们被夸大,它们就不准确;如果它们被系统地抬高,它们仍可能制定出可接受的国家排名——尽管,如果低腐败水平国家的腐败感知比高腐败水平国家的腐败感知要抬得更高的话,它们可能会低估腐败水平在不同国家之间的差异。过度依赖于"轶事和感知"的方法存在的麻烦不仅仅在于它夸大了基层腐败的程度和重要性,而且还在于它未能进行充分的区分。最糟糕的是,那会导致形成一个模糊的、带误导性的、以偏概全的结论,即"腐败无处不在",因此任何方法都无法消除它。而对实际经历的关注则会导致截然不同的结论,即街道层级的腐败是多变的,且这类腐败在某些国家非常少,因此,即使在这类腐败较多的地方也有措施可以减少它(如果不是消除的话)。

但关于腐败的印象和感知的更广泛、更有趣的问题是:腐败的印象反映了什么?为什么有些人会想象他们周围充满了腐败而其他人则不会?腐败印象的变化是随机的吗?还是它们反映了什么东西吗?如果有,是什么?让我们考虑一些可能性。

第一,腐败印象可能反映的是广泛流传的小道新闻,或是媒体丑闻/指控,而不是更个人的意见。

我们要求受访者就他们对于基层官僚、那些经常和普通民众打交道的人以及那些他们刚刚提及的(前面问题的答案)收受过礼物和贿赂的人的行为的看法的依据作自我评估(见表7-1)。只有57%的受访者表示,他们对这些初级官员的看法主要基于个人经历,28%引用小道传闻(人们通常谈论的关于官员的事情），15%基于媒体（你在报纸看到的和在电视或收音机上听到的）。在我们2001年的波兰选举调查中，只有33%的人说他们对这些基层官员的看法主要基于个人经历，21%引用小道传闻（人们通常谈论的关于官员的事情）、47%来自媒体。

事实上，即使在这样基层官员的案例中，仍然有许多受访者没有以太多真实的经历作为依据而作出判断的。我们连续地使用14个问题含蓄地定义我们所指的初级官员，并提醒受访者与他们联系的方式。他们自己或家人是否"在过去的几年中曾与官员打过交道"？问题涉及健康，教育，税收，官方合同，养老金或其他福利，失业，私有化或赔偿，关税，电力、燃气或用水等服务，护照（内部或外部），住房问题，警察，法院官员以及其他官员。然后，我们又问："在过去的几年中，你或你的家人不得不与这些官员打交道的频率——经常、偶尔、很少或从不？"只有14%的人说"经常"，42%为"偶尔"、39%为"很少"和5%"从不"（据乌克兰人自己的说法，他们特别擅长完全避免接触官员）。

正如我们所料，接触的频率影响评价的基础。以个人经历为依据评价官员行为的人数，在频繁和官员打交道的人当中比例高达75%，而在那些很少或从不与官员打交道的人当中则下降到47%。所以，那些相对比较少与官员打交道的人都自觉地意识到，他们的看法是基于流言蜚语和媒体，而不是他们有限的经历。

接触的频率会影响经历，以及在较小程度上影响腐败的印象和感知。承认曾给予官员"金钱或昂贵的礼物"的人数，在那些经常和官员打交道的人当中的比例为34%，而在那些很少或从不与官员打交道的人当中则下降到20%。同时，认为人们"有可能"给官员赠送"金钱或者昂贵的礼物"的人数，在那些经常和官员打交道的人当中的比例为69%，而在那些很少或从不与官员打交道的人当中则轻微下降至64%。详见表7-2。

表7-1 有意识地打交道的频率影响感知的基础

	全部受访者(%)	如果家人曾与官员打交道……		
		经常(%)	偶尔(%)	很少/从不(%)
你觉得，对于官员们的行为，你的看法更多的是基于……	—	—	—	—
媒体：你从报纸上看到的、在电视或收音机上听到的	15	10	12	19
传闻：人们对官员的一般看法	28	15	27	34
经历：你的亲身经历	57	75	62	47

表7-2 打交道的频率对个人行为影响较大，但对感知的影响较小或无影响

	全部受访者（%）	如果家人曾与官员打交道……		
		经常（%）	偶尔（%）	很少/从不（%）
印象/感知：一个人"有可能"给钱或其他行贿物品	66	69	66	64
经历：至少在少数情况下，给过钱或其他行贿品	24	34	24	20

第二，尽管腐败的印象可能反映出一些更个人的想法，但是也有可能包括远超出腐败官员个人经历的东西。它们确实包括：①官员的腐败行为经历，如企图勒索。但是公民的腐败印象可能也反映出其他经历。②不公平待遇的经历，从而导致一种不公正的感觉并轻易做出也许不合理的推断，认为这是由腐败引起的。③公民的腐败印象可能也反映出他们自己的腐败行为经历，如行贿。④反映他们的自身腐败倾向，如他们参与腐败行为的意愿，即使纵容他们腐败的机会并未出现。从对腐败的指控中，我们能了解到的有关原告的信息可能与有关其他人的一样多。

在所有受访者中，腐败印象（感知/普遍的指控）关联最强的（只有一个小差别）是腐败倾向。在那些基本上依赖于媒体或小道新闻来看待官员行为的人中，腐败倾向与腐败感知的差距较大。而在那些主要根据经历来看待官员的人当中，腐败倾向则是变化的。那么，在腐败倾向差距不大的情况下，受访者亲身的腐败行为经历就成为指控官员的最佳关联。详见表7-3。

此前，我们认为行贿者可能试图用那句老话"掩盖"自己的腐败行为："他们全都牵涉其中！而我？不可能！"与此相反，他们似乎试图通过转变这种说法以使自己的腐败行为合情合理："是的，我做了。但是，每个人都不得不这么做。"关于需要给官员送礼和贿赂的指控与市民本身的行贿行为或者行贿意愿有较大的关联，而与市民们所报告的受到的不公平的对待和敲诈勒索的经历关联较小。

但指控的模式比这个稍微复杂一点，它是高度互动的。实际上，在那些即使行贿过官员，即便是偶尔行贿的人当中，腐败的感知是非常高的并且也非常一致，平均达到84%。在那些从未给官员行贿的人当中，对贿赂的感知比率要低得多，平均为58%。然而，至于那些个人或家人都没有行贿经历的人，这个比率还是相当高的，这也解释了目前为什么感知要高于直接的行贿经历。对腐败的指控严重超过了腐败经历。

但在非行贿者中，对官员需要受贿的指控水平对影响想象力的其他因素也很敏感。变化范围介乎捷克共和国的38%到乌克兰的78%，从49%的"通常"会被官员公平对待到71%的很少或从未被公平对待过，并从48%的"否认"行贿到65%的"如果要求就给"。简单来说：行贿的经历是感知到贿赂普遍存在的充分非必要条件。

在那些说自己对官员的看法主要依据亲身经历的人当中，他们的行贿经历将会大大地影响他们的感知：有30%的差异（84%对54%）。但是，在那些主要依靠媒体来看待官员的人当中，他们自己的经历只带来14%的差异。可见，在那些看法是基于行贿经历的人当中，感知反映了腐败状况。但在那些看法是基于媒体消息的人当中，感知反映了腐败可能性。详见表7-3。

表7-3 不同的腐败感知来源对人们腐败感知的影响

	所有受访者	受访者对官员的看法基于……		
		媒体	传闻	经历
	r × 100	r × 100	r × 100	r × 100
小礼物：下列情况与"有可能"的判断之间的关联度				
（i）官员曾索贿与否	13	7	7	16
（ii）受不公平待遇的频繁程度	6	2	2	9
（iii）送小礼物的频繁程度	23	14	18	28
（iv）在被索贿并可承受时的行贿意愿	25	19	23	26
金钱或者贵重礼品：下列情况与"有可能"的判断之间的关联度				
（i）官员曾索贿与否	17	16	15	20
（ii）受不公平待遇的频繁程度	15	10	15	17
（iii）送小礼物的频繁程度	22	12	20	26
（iv）在被索贿并可承受时的行贿意愿	22	16	21	22

注："r"代表"Respondents"（受访者）的首字母缩写。

如果受访者依靠媒体而没有行贿的经历则更倾向于指控腐败；相反，如果受访者依靠媒体却也有过行贿的经历则不太愿意指控腐败。对媒体的依赖会降低个人经历的影响，不管是好的还是坏的，都会使得腐败感知回归趋向平均值。在那些曾行贿的人中，腐败感知一致的高。但在那些没有行贿的人当中，腐败感知反映的是媒体的报道、腐败可能性、不公平待遇和居住国的一般状况，详见

表7-4。

表7-4 是否曾经行贿对人们腐败感知的影响

	在与官员打交道中，贿赂"很可能"是必要的判断	
	未曾给官员钱或贵重礼品的人（%）	曾给官员钱和贵重礼品的人（%）
如果对官员的看法主要基于：		
经历	54	84
传闻	61	85
媒体	63	77
如果直接被要求行贿，受访者会…		
拒绝	48	75
行贿	65	87
如果受访者受到官员的公正待遇……		
经常	49	85
有时	64	85
很少或者没有	71	81
如果受访者居住在……		
捷克共和国	38	80
斯洛伐克	51	85
保加利亚	68	83
乌克兰	78	84

结 论

腐败的印象或感知本身很有趣，也因为它们可能会对服从、民众秩序和外国投资有影响。但是，它们并不是对腐败行为的精确测量。以调研为依据的对腐败行为的精确测量本身需要明确而具体的腐败行为定义框架、有关腐败行为的清晰而明确的问题和对答案持怀疑态度的方法。尽管持怀疑的态度，但我们不应该放弃测量腐败行为的努力；相反，我们应该致力于投入足够的精力和创造力去克服我们的受访者的恐惧和拘束。一个对受访者的回答持怀疑态度的方法意味着，把访谈作为讯问可能是有用且有效的，而审讯专家当然觉得把讯问作为面试是有用和有效的。

参考文献

[1] Ades, Alberto, Di Tella, et al. The New Economics of Corruption [J]. Political Studies, 1997, 45 (3): 496-515.

[2] Aubry A S, Caputo R R. Criminal Interrogation [M]. Illinois: Charles C. Thomas, Springfield.

[3] de Vaus, David A. Surveys in Social Research [M]. London and Sydney: Allen and Unwin Press, 1991.

[4] EBRD. Ten Years of Transition: Transition Report [R]. European Bank for Reconstruction and Development, 1999: 125.

[5] Gole, Juliet S. Public Opinion Polls as an Anti-corruption Technique [J]. LGI Newsletter, Local Government and Public Service Reform Initiative of the Open Society Institute, 1999, 1 (1): 1-2.

[6] Holmes, Leslie. The End of Communist Power: Anti-Corruption Campaigns and Legitimation Crisis [M]. UK: Polity Press, 1993.

[7] Inbau F E, Reid J E, Buckley J P. Criminal Interrogation and Confessions [M]. Baltimore: Williams and Wilkins, 1986.

[8] Johnston, Michael. Fighting Systematic Corruption: Social Foundations for Institutional Reform [J]. European Journal of Development Research, 1998, 10 (1) (Special Issue 1998).

[9] Karklins, Rasma. Typology of Post-Communist Corruption [J]. Problems of Post-Communism, 2002, 49 (4): 22-32.

[10] Lambsdorff, Johann Graf. Background Paper to the 2001 Corruptions Perceptions IndexTransparency International and Göttingen University [C]. June 2001.

[11] Lancaster, Thomas D, Montinola, et al. Towards a Methodology for the Comparative Study of Political Corruption [J]. Crime, Law and Social Change, 1997, 27 (3-4): 185-206.

[12] Levitas, Ruth. Fiddling while Britain Burns: the Measurement of Unemployment [M] // Ruth Levitas and Will Guy. Interpreting Official Statistics. London: Routledge, 1996.

[13] Lotspeich, Richard. Crime in the Transition Economies [J]. Europe-Asia Studies, 1995, 47 (4): 555-89.

[14] Mauro, Paolo. Corruption and Growth [J]. Quarterly Journal of Economics, 1995, 110 (3): 681-712.

[15] Miller, William L. Social Class and Party Choice in England: A New Analysis [J]. British Journal of Political Science, 1978, 8 (3): 257-84.

[16] Miller, William L. Quantitative Methods [M] // David Marsh and Gerry Stoker. Theory and Methods in Political Science. London: Macmillan, 1995: 154-72.

[17] Miller, William L, Grødeland, et al. A Culture of Corruption? Coping with Government in Postcommunist Europe [M]. Budapest: Central European University Press, 2001.

[18] Miller, William L, et al. Values and Norms versus Extortion and Temptation [M] // Donatella Della Porta, Susan Rose-Ackerman. Corrupt Exchanges: Empirical Themes in the Politics and Political Economy of Corruption. Baden-Baden: Nomos Verlagsgesellschaft, 2002.

[19] Robinson W, Peter. Deceit, Delusion and Detection [M]. Canada: Sage, Thousand Oaks, 1996.

[20] Sajó, András. Corruption, Clientelism and the Future of the Constitutional State in Eastern Europe [J]. East European Constitutional Review, 1998, 7 (2): 37-46.

[21] Shlapentokh, Vladimir. The Public and Private Life of the Soviet People [M]. Oxford: Oxford University Press, Oxford, 1989.

[22] Shuy, Roger W. The Language of Confession, Interrogation, and Deception [M]. Canada: Sage, Thousand Oaks, 1998.

[23] Simis, Konstantin M. USSR: Secrets of a Corrupt Society [M]. London: Dent, 1982.

[24] Tanzi, Vito. Corruption Around the World: Causes, Consequences, Scope and Cures [J]. IMF Staff Papers, International Monetary Fund, 1998, 45 (4): 559-94.

[25] van Dijk, Jan J M, Terlouw, et al. An International Perspective of the Business Community as Victims of Fraud and Crime [J]. Security Journal, (1996-1997).

[26] van Dijk, Jan J M, Terlouw, et al. Fraude en Criminaliteit Tegen Het Bedrijfsleven in international perspectief [J]. Justitï?le Verkenningen, 1995, 21 (4): 119-42.

[27] Yeschke C L. Interviewing: An Introduction to Interrogation [M]. Illinois: Charles C. Thomas, Springfield, 1987.

[28] Zulawski, David E, Wicklander, et al. Practical Aspects of Interview and Interrogation [M]. Boca Raton: CRC Press, 1993.

第二部分 案例研究

第二编 案例研究

第八章

俄罗斯区域腐败指数

艾琳娜·潘妮费罗法

导 言

腐败研究领域中，不同国家和地区的腐败差异已经引起更多关注。事实上，许多关注源于全球对透明国际的腐败感知指数的研究兴趣的增长。然而，跨区域、跨国家比较的差异，如波罗的海地区（面积 175000 平方公里，总人口约 800 万）或高加索地区（面积 190000 平方公里，总人口 1600 万）可能会导致的主要争议是，在大型联邦国家中，可感知的腐败水平有何差异？俄罗斯地区腐败指数考察的是，一个有着 89 个联邦区域、人口 1.45 亿、面积 1700 万平方公里、横跨 11 个时区的国家，并通过考察揭开犹如巨人的俄罗斯如何陷入普遍和猖獗腐败的谜团。

为了更好地辨识观念之间的不同以及在联邦地区之间的腐败交易，进行了一系列调查，了解在公民和企业家中的腐败交易的观念和现实。对俄罗斯 89 个联邦区域中的 40 个进行调查，至少能在调查时间段内对俄罗斯联邦的腐败情况有局部了解。

研究方法

从 2002 年 1 月至 2003 年 1 月，反腐败研究中心和俄罗斯透明国际进行的一项民意调查——"俄罗斯地区的腐败指数"，由开放社会研究所（索罗斯基金会）提供资金。本次调查的主要目的是建立一个俄罗斯联邦及其地区的有关腐败的多维视图。这项研究调查了贿赂的相对量和腐败行为的特点，以及评估公众对政府机构的信心程度，调查收集和分析有关腐败的不同形式和表现的社会学数据，这样的规模和范围的研究是世界首次的。我们的项目是基于 2002 年 7 月至 8

月,对89个中的40个联邦区域、5666个公民和1838名中小企业家代表的调查数据进行研究的。因此,腐败指数是基于两份问卷——公民和企业家,问卷内容包括一般的政府腐败程度和公信力的估计问题。腐败指数最终将为一个复合指数,聚合其他(主要的)指数目的在于反映腐败现象的复杂性。一般来说,在国家研究中,这种规模是前所未有的。

调查问卷

对腐败的社会学测量是基于两种类型的调查:
1. 评估问题。
2. 与个人腐败行为有关的问题。

调查问卷的举例:

1. 您所在地区居民遇到腐败现象的频率是?请选择以下其中一个答案:
   (a) 经常
   (b) 有时
   (c) 绝少

2. 你什么时候用贿赂、礼品、服务等有非正式手段影响官员,以解决您业务所面临的问题?请选择以下其中一个答案:
   (a) 在不到1周前
   (b) 从1个星期到1个月前
   (c) 从1个月到6个月前
   (d) 超过6个月前

收集到的数据被用于建立:①腐败的观感;②腐败的相对量。

腐败指数包括日常和商业腐败市场的特征。公民和政府官员之间的关系提供了滋生轻度腐败的沃土,而政府和企业之间的关系则是形成商业腐败的充分条件。这种腐败是由于企业和政府的合作(行政腐败)、商业影响政策(国家获取)和政府对经济的影响(经济获取)。一个主观估计的腐败水平,可能由于受访者对于政府的情感态度而发生变化,因此,我们认为有必要评估对于国家(联邦、区域和地方层级)和它的机构(包括行政、司法、立法机构和执法机构)的公众信任程度。

研究结果

公民问卷

这些问题的目的在于辨识公民的看法和腐败官员的相互作用。具体而言,其目的在于测量日常腐败行为的程度、特定机构的信任程度和各级政府的水平。

(1) 间接的问题。

受访者被问道：您怎样评价以下机构的腐败程度？

表 8-1　评估不同机构的腐败水平

回答/机构	法律执行机构（%）	安全机构（%）	政府（内阁部门）（%）	国家杜马（%）	联邦议会（%）
诚实	2.9	8.7	3.7	1.1	1.6
有点诚实	15.5	34.0	22.9	11.7	16.2
有点不诚实	35.9	21.0	37.8	40.3	32.9
不诚实	36.0	11.7	18.8	33.3	23.9
不知道	9.1	23.9	16.3	13.0	24.0
没有回答	0.6	0.7	0.5	0.6	1.4

上述结果产生了一个对各种政府部门信任程度的独特画面。一个特别有趣的结果是，对法律的创建和实施各环节之间的腐败感知程度水平。考虑到对执法机构的低信任水平，总统普京提出的俄罗斯"独裁法"在俄罗斯将很难执行。此外，立法和行政分支点之间存在高程度不诚实感知，对立法和执法人员只有低程

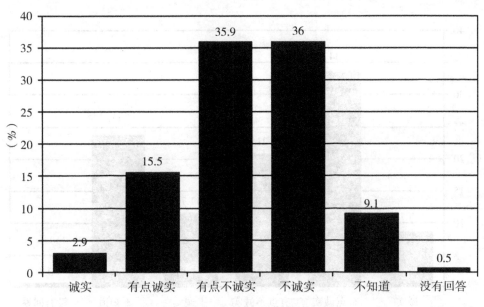

图 8-1　执法机构

度信任。被称为"人民代表"的国家杜马被认为是最不值得信赖的，73.6%的受访者认为他们是或者有一点不诚实，要认真考虑是否未来在俄罗斯实行民主体制。当然，"议会制"的文化没有在俄罗斯发展起来，对立法机关的信任水平低是当前体制不良的指示。见表8-1、图8-1、图8-2、图8-3、图8-4、图8-5所示。

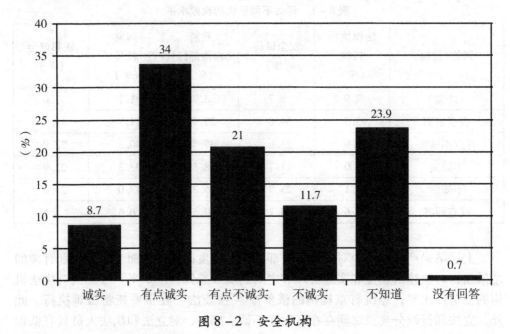

图8-2 安全机构

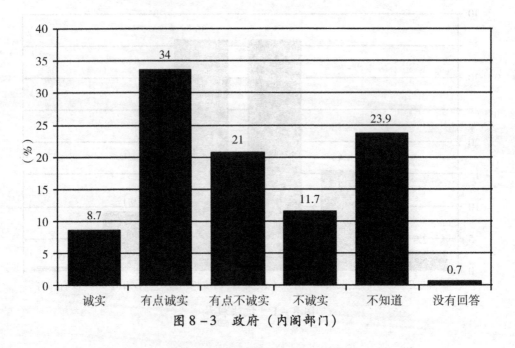

图8-3 政府（内阁部门）

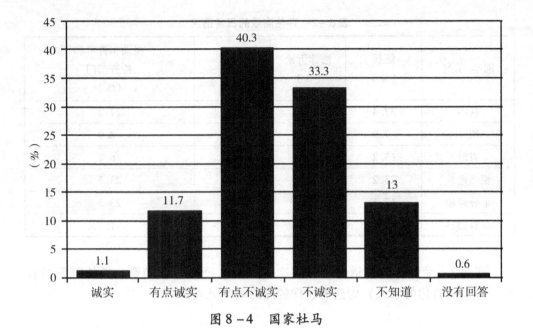

图 8-4 国家杜马

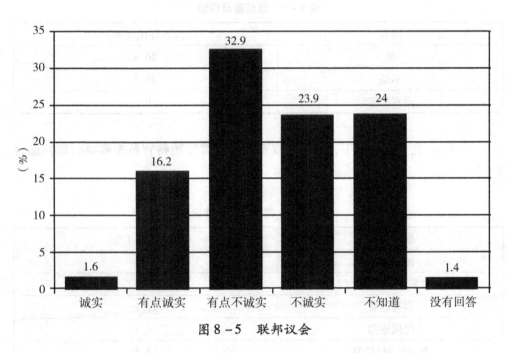

图 8-5 联邦议会

(2) 直接问题举例（关于个人经验）。

问题1：受访者被问道：根据你的个人观点，在日常情况下，人们遇到腐败的频率是？见表 8-2。

表8-2 评估腐败的日常情况

回答/情况	征兵(%)	法律诉讼(%)	警察(%)	机动车许可和检查部门(%)
从不	37.4	37.3	36.6	27.2
很少	7.9	14.3	16.3	8.9
有时	13.2	17.2	18.0	16.2
相当经常	23.2	17.2	16.2	23.3
十分经常	17.1	12.1	11.7	23.3
没有回答	1.2	1.4	1.2	1.1

问题2：受访者被问道：有时候这个国家的公民需要贿赂、送礼等影响官员，你（或者你的家人）曾经有这样的经历吗？见表8-3。

表8-3 贿赂官员经验

回答	占百分比（%）
是	56.4
不是	43.3
没有回答	0.3

问题3：在什么情况下，你明白或者感觉到需要贿赂官员来解决问题？见表8-4。

表8-4 贿赂官员的情况

服务情况	占百分比（%）
医疗服务	25.3
机动车许可检查部门	17.4
高等教育	12.1
房屋维修	6.1
获得注册/护照	5.1
取得房产	4.8
小学	3.9
法律诉讼	3.8

续表8-4

服务情况	占百分比（%）
征兵	3.5
幼儿园	2.4
警察	2.3
其他	11.5

注：*数据保留小数点后一位。

背 景

在俄罗斯，有公民日常地卷入贿赂一点也不奇怪。大多数的受访者表明，贿赂是用来"应付"日常的俄罗斯生活。然而，奇怪的是，1/3的受访者没有参与某些核心机构的日常腐败行为（问题2），这意味着在俄罗斯，不用诉诸贿赂也可以应付日常生活和实现目标。这是一个积极的迹象，表明未来可以创建具体的反腐败措施，可以进一步减少需要贿赂的官员，同时可以破除俄罗斯是一个先天腐败国家的谜团。许多受访者认为医疗服务是腐败不可抵抗的一个现象，这个数量也体现了国家卫生系统的一般情况。基础医疗提供者得到最低工资，其他服务是通过非正规款项交付的。这种形式的"直接支付"公共服务，通常被认为这样不会造成"贿赂"（Miller, Greland 和 Koshechkina, 1998）。交通警察在需要以贿赂换取服务的官员中居于第二位，人们感知的交通警察的"敲诈"方式，一般来说，可能是对国家执法不信任的一个因素。

企业家问卷

这些问题关注从私人部门的角度揭露腐败的程度。在与国家打交道的过程中，他们将会面对大范围公共渎职的可能，问卷反映了他们的经验——特别是，腐败的感知程度和腐败行为的频率。

（1）间接的问题举例。

受访者被问道：您会如何排列下列官员的等级？见表8-5。

表8-5 官员排名

回答/机构	法律执行机构（%）	安全机构（%）	政府（内阁部门）（%）	国家杜马（%）	联邦议会（%）
诚实	1.4	5.6	2.7	0.7	1.2

续表 8-5

回答/机构	法律执行机构（%）	安全机构（%）	政府（内阁部门）（%）	国家杜马（%）	联邦议会（%）
有点诚实	12.8	34.6	24.4	11.8	18.5
有点不诚实	39.6	22.1	37.8	40.1	33.8
不诚实	34.0	10.9	15.5	30.6	20.4
不知道	11.5	26.3	19.2	16.2	25.4
没有回答	0.7	0.5	0.4	0.6	0.7

分析：调查的结果是用于描绘俄罗斯联邦的腐败的分析图，这些图显示了许多有趣的关系，以及给专家提供研究不同领域腐败问题的丰富资源。在本章，根据已经得出的数据，俄罗斯透明国际的专家将一些更有趣的点放在一起。在不久的将来，更多的分析资料将是可用的。

（2）直接的问题举例。

受访者被问道：您还记得上一次你不得不贿赂官员来获得一个对你们业务有益的结果吗？见表 8-6。

表 8-6 最近一次贿赂行为的发生率

服务/情况	（%）
上一周	8.7
一周至一个月前	17.3
一个月至六个月前	18.6
六个月至一年前	9.5
超过一年前	10.4
从来没有	35.0
没有回答	0.5

腐败的领导者与局外人

根据受访者的普遍感知，克拉斯诺达尔、萨拉托夫州、乌德穆尔特共和国、滨海边疆区和累利阿共和国是受腐败污染最严重的地区，巴什共和国、阿尔汉格尔斯克、克麦罗沃、秋明和雅罗斯拉夫尔州等地区是受腐败影响最少的。更客观的指标——描述腐败行为特征而不仅仅是腐败感知，证明一些不同的图景。在这种情况下，莫斯科、诺夫哥罗德、萨拉托夫州、车里雅宾斯克州和圣彼得堡市是腐败方面的领袖，雅罗斯拉夫尔共和国、秋明卡累利阿共和国、阿尔汉格尔斯克和鄂木斯克州是受到腐败较少影响的地区。如果我们关注腐败的地理位置，我们看到一个"南方带"地区深受腐败影响——从罗斯托夫州延伸到伏尔加地区。

不同地方——不同的企业生存方式

统计分析表明，三种商业腐败——行政腐败（通常与一般敲诈有关）、州获取（企业发起购买行政决策）和商业获取（官员非法控制公司）是密切相关的。按相关规律，一种类型的商业腐败盛行，其他形式的商业腐败则也存在相当比例的问题。然而，某些类型的商业腐败的不成比例表现的特定地区，如巴什科尔托斯坦共和国是一个行政腐败方面的领袖（它排名35，也就是说在行政腐败方面，40个地区里面只有5个比它排名高）；但是，巴什科尔托斯坦共和国也只有国家获取的1/8。图拉州是完全不同的情况。它清晰地显示当局的弱点：国家获取（排第23位），显然超过行政腐败和商业获取（两方面都排第4位）。类似的特征也出现在哈巴罗夫斯克区和秋明州，那里的商业获取超过行政腐败和国家获取，而腐败的整体水平在这些地区相对较低。

区域性敲诈方法

研究数据提供了机会展示日常腐败（即在日常生活中遇到的腐败）和商业腐败（即涉及企业的腐败），使两者能在可比较的单位上测量。以个人和企业贿赂的年度总量相比地区生产总值，来测量每种类型的腐败。因此，可以单独标出日常腐败盛行的地区，如普斯科夫和罗斯托夫州。在其他一些地区，包括莫斯科城、图拉和克麦罗沃州，商业腐败盛行，这可能减少一点由个人支付的腐败退出租金。当然，还有一些地区，官员同样积极"剥削"个人和企业（如莫斯科州、圣彼得堡市、萨拉托夫州等地区）。

公众信任的悖论

对不同层级的政府及不同的政府部门的态度存在明显的地区差异。图8-6表明，诺夫哥罗德州（Novgorod Oblast）公民轻视联邦当局，将他们排到40个地区的最后一位，但对地区的（第13位）和本地的政府有信心。在下诺夫哥罗德州（Nizhni Novgorod Oblast）展示了一个相反的图景。居民对当地的（第37位）和地区的政府没有信心，但对联邦政府相当忠诚（排第12位）。

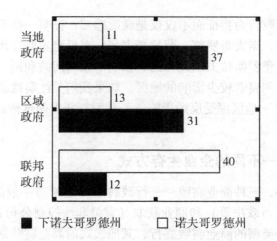

图 8-6 居民对诺夫哥罗德州和下诺夫哥罗德州政府的信心

同样引人注目的差异是对于不同政府部门的感知。图 8-7 表明,克拉斯诺雅茨克区的居民相当怀疑执法机构(包括对所有地区的看法中排名第 26 位),也相当怀疑司法部门(第 37 位),但是尊重立法(第 4 位)和行政部门(第 7 位)。同时,斯塔夫罗波尔区的居民给执法和司法部门的排名很高,而立法和行政的排名分别为 32 和 33,表明他们对这些部门缺乏信心。

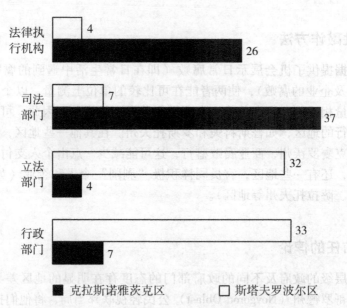

图 8-7 居民对克拉斯诺雅茨克区和斯塔夫罗波尔区政府的信心

需要注意的是,公众信任的认知和个人及商人认为的政府腐败程度密切相关。可以肯定地说，在俄罗斯，政府赢得尽可能多的公众信任，在公民眼中他们是诚实的。

区域腐败的地图：南方与北方，东方与西方

这个课题的主要结果是创建一张"腐败地图"，用那些最有代表性的地区来反映俄罗斯联邦腐败具有差异性的内部结构①。俄罗斯腐败扩散有几个主要的倾向：

1. 根据调查结果，俄罗斯南方比北方更腐败。结果显示，前共产主义的农业"南方带"深受腐败影响，从罗斯托夫州延伸到伏尔加地区②。同时，北部地区（如阿尔汉格尔斯克州、卡累利阿共和国和雅罗斯拉夫尔州）往往被认为较少腐败。

2. 一个常见的联系，俄罗斯的东部（哈巴罗夫斯克地区和滨海边疆区，最近的腐败丑闻被揭露的地区）估计比西部地区更腐败。

3. 在西部，"首都地区"——莫斯科城，圣彼得堡市和莫斯科州被评为最腐败的地区。它是最发达的动态区域，拥有巨大的人力、经济和政治的潜力。

4. 与一般假设相反，在自然资源丰富的地区（如秋明州或巴什科尔托斯坦共和国），腐败程度低于地区研究的平均水平。

这个调查表明俄罗斯在地理区域的差异，为进一步研究开辟了新路径。这个调查得出的关系没有完全被解释，有理由形成其他的假设：①南北的不同可能在于，受现代欧洲国家、斯堪的纳维亚地区影响的俄罗斯北部高加索地区，与受更传统的高加索地区影响的俄罗斯南部之间，存在发展和文化的基本差异。较强的家庭和宗族结构（类似于传统的北方部分地区和南部的高加索地区）被证明是腐败的推动者。②东西方的分裂可能由于中心与外围政府结构的典型差异。越靠近中央的地方政府，腐败活动的机会就越多。正如俄罗斯谚语所说，"沙皇是遥远的，上帝是在上面的"。另外，越接近亚洲的北部和中部，越多腐败的事件发生，这也指出在欧亚大陆的欧洲和亚洲文化差异。

5. 首都地区表现了一个困境，即属于俄罗斯的欧洲部分，但陷入最严重的腐败。这可以解释为，在权力中心有更多机会参与腐败行为。

基于自然资源的区域较少腐败的结果，开拓了一个非常有趣的未来研究领域。富裕地区更平等地支付公务员薪酬的简单解释，违背俄罗斯联邦公共服务系统的性质。

---

① 所有的图片可以参看 http：//www.transparency.org.ru/proj_ index_ doc.asp.
② 州（Oblast）和边疆区（Krai）是俄罗斯联邦的行政区域。

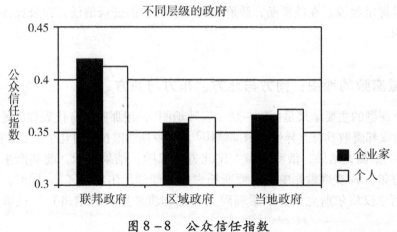

图8-8 公众信任指数

观点和建议

设计定期常规进行的调查，是为了能够观察腐败范围和结构的年度变化。全部89个俄罗斯地区将定期进行调查，目的是构建一个横跨俄罗斯联邦的区域腐败图。

这项研究的结果将通过透彻的分析提出建议来帮助政府遏制腐败。例如，研究设计将区域腐败数据与不同的区域指标做比较，反映了各自的经济、社会和政治特征。此外，这项研究使人们可以评估不同经济部门和政府机构的腐败水平和结构。

调查项目"2002年俄罗斯区域腐败指数"的结果通过媒体传播，引起了不同级别的政府以及公众对俄罗斯腐败问题的密切关注。不管区域评论的结论如何，事实上没有地区忽视调查所揭示的内在问题。

这个调查是试点研究，虽然它并没有反映出的一个俄罗斯腐败的整体图景，以及它不同的方面，但是，该项目对于腐败研究是至关重要的，其得出的信息能够有效推动反腐败政策的建立。

参考文献

Miller, William L, Grødeland, Ase B. and Koshechkina, Tatyana Y. Are the People Victims or Accomplices? The Use of Presents and Bribes to Influence Officials in Eastern Europe, Discussion Papers, No. 6 Local Government and Public Service Reform Initiative, Budapest.

第九章

腐败风险区和腐败抵制[①]

安吉拉·戈培

导　言

本章的主要议题是测量腐败本身不是终点。腐败测量仅仅是实现某一目标的一种工具而已。当考虑如何测量腐败的问题时，我们应该首先考虑为什么要试图测量腐败。

然后，本章提供了一个由新南威尔士反腐败独立委员会（NSWCAC）确定腐败风险领域来测量"腐败抵抗"的实证研究的例子。这种测量方法是一种定性测量而不是定量测量的方法，其把组织作为分析单位并且包含了通过考查组织进行的工作的性质来确定腐败风险，询问那些最了解组织的人他们认为的腐败风险是什么，确定现存的腐败阻止战略并且考查员工对相关政策和做法的意识。该信息被用于形成腐败风险档案，反过来又被用于确定如何并且在哪里入手干预以使得组织更加具有腐败抵抗性。

测量腐败时考虑的问题

尽管有很多不同的方法尝试去测量腐败，但是测量腐败并不简单。

[①] 本章节在论文 "*Developing a Corruption Risk Profile for the NSW Government Sector*"（《开发新南威尔士州政府部门的腐败风险简介》）基础上完成，论文发表于国际公共伦理研究所2002年双年度会议（澳大利亚布里斯班，2002年10月4日到7日），尽管这项实证研究构成了廉政公署研究项目的组成部分，本章节的观点并不一定反映廉政公署的观点。

我们通常把测量和指定一个数值同物理属性联系到一起，因此一个物体就可以和另外一个物体相比较或者和一个标准相比较。比如，考虑到一个相对简单的测量盒子的任务。一个盒子是看得到的，它的维度（长度、宽度、高度）是已知的并且是形成共识的。为了测量一个盒子，我们需要一个规则或者测量棍子来计算它的长度、宽度和高度。从这些测量来看，盒子的表面面积和它的体积就可以被计算了。不同的盒子就可以使用这些标准来比较哪个盒子更大或者更小。

从另外一个方面来讲，腐败经常是不可看到的并且它的维度并不是有共识的。不像测量一个盒子的任务，要想开始测量腐败的任务，我们必须首先决定要测量什么并且决定如何测量它。

对于为什么腐败测量是不简单的，有很多的原因。其中一些原因在下面会有讨论。

腐败的隐蔽性

某些腐败的隐蔽性是增加测量腐败困难的原因之一。某些类型的腐败行为（并且没有人知道到底有多少种或者它们出现的频率是什么）往往是秘密进行的，很少有人见证其发生。不能被见证就意味着不能被报告。即使腐败行为可以被见证，但也由于很多原因而不能够被报告（例如，个人会考虑到报告腐败不是他们的责任，或担心被报复，或相信即使被报告了也不会有什么措施）。

对于有部分比例的腐败是隐蔽的，其实不是腐败仅有的现象。在测量犯罪率上也有些困难，因为并不是所有的犯罪都是被报告的。然而，大部分犯罪（如偷窃、袭击）都是有直接的受害者的。因此，犯罪学研究者试图通过进行"受害人调查"来测量未被报告的犯罪比率，包括访问总体的有代表性的样本来发现什么罪，如果有的话，他们曾经在给定的时间内遭受过。然而，这样做在腐败中却是行不通的，因为潜在的受害者（通常是社区成员）不可能了解有些腐败行为。例如，一个潜在的腐败行为的受害者不可能知道是否一个政府官员被行贿了来给某个公司授权合同。他们也不可能知道一个检查员是否被行贿来宣称一件设备满足了安全标准。

对于腐败的定义缺乏共识

另外一个因素就是没有一个普遍接受的腐败定义。关于腐败定义的范围和数量有一个很大的文献主体（Gorta 和 Forell，1994，pp. 22–23）。缺少一个统一的可接受的定义，对于研究试图提供一个跨国比较分析提出了一个独特的挑战。

腐败的多面本质

腐败不是一元现象。评论者关于腐败的作品将腐败看成是单一现象则十分常见。然而，腐败是一个术语，这个术语可以围绕着很多不同形式的权力滥用或者职位滥用。它不是一个单一的议题，也不是一个单一的问题。比如，腐败这个术语可以被应用到行为上就像行贿一个政府官员来授权土地发展的申请、办公设备偷到家里使用、款项欺骗性的分配、机密信息的乱用、警察制造证据来简化对犯罪嫌疑人的定罪等等。

腐败的多面本质提出了几个问题：腐败的测量应该是什么样的？腐败的不同方面是什么？这些不同的方面（如行贿、徇私舞弊和权力滥用）能够被整合到一个单一的测量中去吗？

测量腐败的原因

试图测量腐败有很多的原因，比如以下几种：

1. 引起对腐败问题的重视和加大行动力度以减少腐败的需要。
2. 确定何时以及如何干预是最好的——如果我们知道在不同的系统中什么类型的腐败是广为渗透的，并且在什么系统中腐败是最有可能出现的，我们就能够决定把有限的可获得的资源配置到什么地方以减少腐败。
3. 评估不同腐败减少战略的成功或者测量反腐机构的绩效——能够评估反腐工作的有效性，该工作将会对于比较在干预之前出现的腐败类型的数量和干预之后腐败出现的数量是有用的，同时去看任何数量的或者腐败本质的改变同"之前"和"之后"测量的比较，以及同类似没有干预系统的比较。
4. 只为了通过测量腐败来学习更多关于它的知识。

为了决定如何最好地测量腐败，决定我们基于测量实践而希望能够做什么样的决定是非常重要的。例如，如果我们仅仅是为了关注这个难题而不是尝试去评估不同腐败减少战略的成功的话，较少的精确度是需要的。

向前迈进——为新南威尔士公共部门制定腐败风险档案

尽管有这么多的困难，但是不同的人都尝试去测量腐败，或者间接的腐败指标，以一系列的方式——从民意调查到公共部门开支追踪和诊断调查。腐败预防指数①，TI全球腐败晴雨表和乌干达非工资学校授权项目的研究提供了这些方法的部分例子。

腐败风险概况的形成，正如本章所描绘的，对于那些已经进行的做法提供了一个非常不同的方法类型。腐败风险领域对测量腐败是有利益的，因为它们呈现了减少腐败的机会和增加了建立腐败抵制的机会（Gorta, 1998）。

本章所描述的方法依赖于一个从各个组织结构化的信息集的收集，这些信息来自各个组织，这些组织可以被用于形成一个关于各个组织的腐败风险概况或者可以结合到一起形成相关组织或者整个部门的集体的概况。

本研究的更大的目的，由反腐独立委员会进行，是去确定将来干预腐败的机会，通过个人组织和ICAC，是很有可能最为有效的。

新南威尔士公共部门在其行使的功能上是非常多样的。本项工作的另外一个主要目的就是去获得一个关于腐败风险和腐败问题如何在公共部门组织中变化的更好的理解，以便ICAC可以量身定制其工作来满足这些不同的需要。

为了评价南威尔士公共部门腐败风险概况发展的描述，考虑防腐独立委员会工作的性质和其所扮演的角色是非常重要的。接下来的介绍非常简短地给出了一些背景。

新南威尔士独立反腐委员会

新南威尔士独立反腐委员会②开始运作是在1989年3月份。它是在议会关于曝光和减少腐败的议会法案中建立的，并且影响了新南威尔士公共部门③。它试

---

① 见 Lambsdorff J. (2001) *Measuring Corruption: State of Art and Future Challenges*. (《测量腐败、国家艺术与未来挑战》), Andvig, J. Fjeldstad O. and Shrivastava A. (eds.)《当代研究的重要评估——多学科的研讨会报告》, Chr. Michelsen 发展与人权研究所，工作论文17; Lambsdorff, J. (2003) *Measuring the Dark Side of Human Nature* (《测量人性的阴暗面》), 载《透明国际季刊通讯》, 2003年6月，第12页; Langseth, P. (2001) *Qualitative versus Quantitative Methods* (《定性方法与定量方法》), Andvig, J. Fjeldstad O. and Shrivastava A. (eds.) *Corruption: Critical Assessments of Contempary Research – Report from a Multidisciplinary Workshop*《腐败，当代研究关键评估——多学科研讨会报告》, Chr. Michelsen 发展与人权研究所，工作论文第17页; Reinikka, R. and Svensson, J (2002) *Measuring and Understanding Corruptionat the Micro Level*《微观层面的腐败测量与理解》. Donatella Della Porta and Susan Rose – Ackerman (eds). *CorruptExchanges: Empirical Themes in the Politics and the Political Economy of Corruption*《腐败交易：政治领域的实证主题和腐败的政治经济学》. Nomos Verlagsgesellschaft, Baden – Baden, pp. 134 – 46; Galtung, F (2003). *Are Anti – Corruption Efforts Making a Difference? Introducing the TI Global Corruption Barometer*《反腐败的成果有影响力吗？介绍透明国际的全球腐败晴雨表》. 载《透明国际季刊通讯》，2003年6月，第5页。

② 总部设在悉尼，新南威尔士州（NSW）。新南威尔士州有人口约600万人，面积801428平方公里，是澳大利亚人口最多的州。

③ *Independent Commission Against Corruption Act*［廉政腐败法（1988年）］。在网址 http://www.legislation.nsw.gov.au 上可以找到。

图建立和维持公共部门的廉洁，它的作用如下：

1. 在新南威尔士（澳大利亚的一个州）它具有管辖权；
2. 它关注公共部门的腐败，也就是关注影响和存在于州、司法机关、高校、州警察、地方议会和地方议员等公共部门组织的腐败；
3. 只有当处于私人部门的某人试图影响公共部门的雇员时，私人部门才进入到 ICAC 的管辖范围。

ICAC 有三个主要法定性的功能：

1. 调查腐败的指控。通过调查和报告事件，来曝光和阻止腐败行为并发现系统和程序缺陷，这些缺陷使得该种腐败行为出现。
2. 腐败预防。通过建议和与公共部门组织工作来改进程序、政策、工作系统和道德文化，以减少腐败的机会。
3. 教育。教育社区和公共部门关于公共机构的正确行为，腐败的决定性影响因素和从行动流向减少腐败的好处。

除了这些法定性的功能，ICAC 使用实证研究作为工具来帮助新南威尔士公共部门更好地理解腐败①。

在执行这些功能的时候，ICAC 可以把它的注意力放到不同的层级上。它可以关注：个人（在调查个人行为的案例中）；系统（各个机构内部和跨机构）；各个机构；机构群体；和/或者在整个公共部门（Gorta，2001b）。

更多的关于新南威尔士 ICAC 和它的工作信息，请查阅 ICAC 的网址：http：//www.icac.nsw.gov.au。

建立和维护腐败抵制系统

过去，ICAC 就"减少腐败"或者"组织腐败"讨论其所扮演的角色。最近，ICAC 已经改变了这个术语并且现在讨论"建立和维护腐败抵制机制"。这个改变很大程度上是因为任何人不能看到其到底能阻止多少腐败。事实上，任何人都不能测量到底有多少种行为（如疾病、道路死亡率）被阻止了。然而，观察和记录一个机构采取的积极行动来增加其对腐败的抵制却是可能的，诸如，检查它的行为准则、培训员工关于他们可能面临的腐败相关的风险和他们如何处理这些风险。

使用公共部门组织建立和维持腐败抵抗对 ICAC 是一项关键的优先考虑的政

---

① 见 Gorta, A (2001a). *Research: A Tool for Building Corruption Resistance*（《建设腐败抵御工具研究》）. Larmour and N. Wolanin (eds) *Corruption and Anti-Corruption*（《腐败与反腐败》），亚太出版社，堪培拉，第 11-29 页；廉政公署 (2001b). *Corruptiontrouble-shooting: Lessons Learnt from ICAC Research About Identifying and Dealing with Corruption Hot Spots*（《腐败问题疑难排解：廉政公署研究如何识别和处理腐败热点的经验教训》），载《廉政公署报告》，2001 年 11 月，见 https：//www.icac.nsw.gov.au/pub/public/pub2_25r.pdf。

策。这个过程重要的部分是新南威尔士公共部门组织去确定他们面临的风险,并且采取合适的方法管理和监督这些风险。

确定腐败风险

本章所描述的方法不是试图去定量化出现的腐败的数量;相反,它是为了确定腐败的机会(或者腐败风险),这是对增加腐败抵制设计有效战略的第一步。更多的风险不一定使更多的腐败出现——它取决于风险如何被管理。

我们采取了一个多管齐下的方法,它包括考查组织开展的工作性质、感知的腐败风险、现有的腐败预防策略,以及相关政策的员工意识及基于组织和员工视角的实践做法。

组织和员工的观点是通过两个独立的调查问卷来收集的。"组织问卷"在2001年9月末被分发到400个左右的新南威尔士政府组织。组织调查问卷和附信被寄送到每个组织的首席执政官或者主席那里,要求他们选择一个合适的人来完成或者协调完成代表组织利益问卷的工作。

在该方法中,各个公共部门组织被用于作为分析单位,因为它们在最佳的位置:描述其正在面临的问题和执行战略以形成和维护其反腐的能力。

大量的州一级的公共部门组织,构成了ICAC的管辖范围被邀请来参与其中。除了政府部门和当局之外,该调查问卷也被送到了同政府贸易的企业、州立企业、大学和一些委员会及董事会。地方议会由于其中的腐败风险和腐败抵制战略已经成为ICAC之前的研究主题,因此被排除在外了。(ICAC, 2001a)。

表9-1展示了被调查的不同类型公共部门组织和它们的回收率。

表9-1 组织回收率

组织类型	发放数量(个)	回收数量(个)	回收率(%)
地区卫生服务部	20	20	100
大学/高校	10	10	100
国有企业	19	17	90
各部	63	55	87
已宣布的主管机构	13	12	92
其他机构	57	37	65
董事会/委员会	180	114	63
总数	362	265	73

"雇员调查"于2001年10月末展开,有594个样本量被分发到公共部门的雇员中去了(ICAC, 2003, pp.3, 73)。

本章接下来的部分描述了确定腐败风险的四个战略：
1. 考查组织所开展工作的性质，尤其是高风险功能的；
2. 询问那些最了解组织的人他们认为腐败风险是什么；
3. 考查 CEO 关于腐败预防合适的战略的观点；
4. 确定相关政策，确定相关政策与实践的意识以及他们对执行问题的看法——员工认为组织没有一项政策或者不知道是否组织有一项政策的执行领域。

这四种策略中每种方法使用一些关键性发现结论的逻辑以及该种方法的优势都展示出来了。汇报所有的调查项目的发现超出了本章的范围①。

考虑高风险职能

研究思路：很明显一个组织面临的腐败风险和在其中工作的个人所面临的风险依赖于，除其他事项外组织履行的职能。确定腐败风险的一个战略是考虑组织行使的职能类型。考虑到组织风险的话，目前没有完善的用于划分组织职能的分类。由于该原因，一个初步的职能清单形成了，该功能可能会使这些雇员处于一个更高的腐败曝光程度中。与那些负责行政事务并且在其职责范围内与社区成员没有接触的员工相比，负责检查和签发商业凭证的员工更有可能面临腐败的风险，比如被行贿，这些职能可定义为"高风险职能"。

高风险职能的概念可以通过一个例子得到最好的理解。"检查，管制或者监督场所、企业、装备或者产品的标准"，在本研究中是按照高风险职能划分的，因为雇员在该角色中的自由裁量权和潜在的对于公众成员有重要意义的结果是联系在一起的。当一个政府雇员正在调查、监督场所或者装备来查看它们是否满足了安全标准的时候，拥有场所的或者设计了装备的社区成员需要收到一份良好的报告。为了收到一份良好的报告，一些社区成员可能会试图以舞弊的方式影响政府雇员或者给对那项决定复杂的政府雇员施压。对检查和确定企业场所复杂的雇员更有可能面临腐败风险，比如被行贿；而一个公务缠身的官员，其腐败的机会相对就比较少，他很少会与社区成员互动并成为其中的一员。

这并不表示高风险职能与其他职能（如检查职能）相比其更有可能被以腐败的方式行使：对风险的认识和良好的控制机制会使该种可能较少出现。要求雇员从事这些高风险职能的组织，需要认识越来越多的潜在的腐败并且确定合适的步骤来减少出现的风险。

研究方法：该项研究中 15 个高风险职能被理清了。一些职能被选中是因为政府官员行使的自由裁量权与其结果对于公众的潜在重要性是联系在一起的。其他是基于顾客群体所选中的。其他被选中的则是因为之前 ICAC 经验表明它们对于虚假提供了机会和诱惑。这 15 个职能通过 ICAC 经验被识别［如调查、听证

---

① 更多调查结果综合性报告见廉政公署（2003 年）。

会，腐败预防工作和（或者）通过明显有腐败风险的活动分析受到的限制］（例如，开出罚单或者其他惩罚措施的自由裁量权）①。

15 个高风险职能如下：

1. 检查，管制或者监督场所、企业、装备或者产品的标准；
2. 对新移民提供服务；
3. 给个人发布合格证或者营业执照表明其有能力或者能够进行某种活动类型；
4. 对需要经常超过供给的社区提供服务；
5. 分配公共资金的补助金；
6. 发布或者检查罚款，或者其他惩罚的问题；
7. 收到现金支付；
8. 对于弱势或者残疾群体提供协助或者照顾；
9. 给那些需要的人提供扶助金、财政支持、特许权或者其他救济；
10. 关于个人或者争端做出决定或者宣判决定；
11. 测试来自人的或者动物体液的、尿的或者其他的身体样本；
12. 关于土地更改规划用途或者形成的审批有自由裁量权；
13. 卖票；
14. 承担建设功能；
15. 不是常规的物品和服务的购买，与私人部门有着常规的交易关系。

应该得到承认这不是一个被考虑有高风险全部职能的全部的清单。比如，一些潜在的高风险职能（比如招标、录用、购买、公共资源的使用）对于所有的组织都是非常常见的。然而，本研究很少把焦点放到一般的功能上（例如，发放合格证或者营业执照；公共资金的补助金分配）。并不是在所有场合同时承认 15 个职能，按照本研究的指标被评估为高风险是非常重要的。被识别出的高风险职能是那些 ICAC 认为的风险，而在新南威尔士公共部门组织则经常呈现出一些不同的腐败风险。

研究发现：回收的调查问卷提供了关于这些被选中的高风险职能是在新南威尔士公共部门中普遍程度的信息。大部分受调查的组织说他们履行着 15 个高风险职能的一部分。平均来看，每个组织宣称他们行使着大约 15 个职能的四种类型的高风险。行使 15 个高风险职能最多的数量是一个组织大约有 13 个这样的高风险职能。相比较而言，一些组织（17% 的董事会或者委员会和 4% 的其他类型的组织）报告他们没有行使这些职能的任何一种。

有些类型的组织很有可能行使比其他组织更多的高风险职能。行使最多高风险组织职能的组织往往是比较大型的组织（超过 1000 名员工）。这没有什么惊讶

---

① 每一项功能选择的详细基础解释见廉政公署（2003），pp. 99~104。

的，因为大型组织的工作往往更加多样并且因此会牵涉到更大范围的高风险职能。

结果表明：至少这些职能有些是经常跨公共部门行使的，大部分职至少是 1/4 的机构在行使。这些职能中的两种（"接受现金支付"和"私人部门有常规的交易而不是日常的物品和服务的购买"）被大约占被调查的 2/3 的机构行使。

本方法的优势："高风险"概念的引入往往促进腐败风险的讨论，因为它给组织另外一种关于他们可能面临风险的思考。定义高风险组织有助于使组织警惕独特的腐败机会和解决它们的需要，这些腐败机会以这些职能为特点。同时，它也提供了一种构建逐步思考管理这些与职能相关风险的过程的起点。对于每个高风险职能，组织应该考虑以下内容：

- 他们的组织是否承担这些职能？
- 如果是承担这种职能的话，哪个雇员承担并且是什么原因？
- 相关联的风险是什么？
- 处理确定了的风险的能力和战略是什么？
- 告知和建议员工应该如何减少和管理确定了风险的员工培训和监督？

这个调查也为基地提供了有多少和哪一个新南威尔士公共部门组织行使每一项这些职能的地图，这个地图有助于 ICAC 更好地量身定做他的信息。例如，如果 ICAC 需要给组织发送一个分配政府补助金的特殊信息，通过查看一张哪个组织行使该项职能的地图，ICAC 就更好地开展这项工作。

感知腐败风险

研究思路：确定腐败风险领域的第二个战略就是询问那些最了解组织的人——他们认为腐败风险会是什么。感知腐败风险是重要的，因为如果组织不能确定风险，那么他们就很少有可能试着去管理那个风险。

当分析组织确定什么作为他们的感知风险的时候，较少的感知风险不一定是最好的。组织越熟悉他们面临感知的风险，那么他们就能够越好地处理和管理这些风险。当组织描述他们认为是腐败风险因素的时候，他们事实上正在确定他们相信可能会出现的行为，并且如果这些行为发生的话，就会对组织工作产生消极的影响。他们不一定真的是已经出现的事件。当考虑到感知腐败风险的时候，应该记住并不是所有的风险都是一样重要的。有些风险与其他风险相比较是更有可能出现的，并且如果它们要出现的话，有些会有更大的影响。

研究方法：为了发现各个组织把什么看作是他们腐败风险的领域，组织接受了大约 40 个工作环节的清单，比如"招投标服务"、"人才招聘"、"机密信息的使用"并且被要求按照他们认为的组织内每个活动的风险程度去给这些活动排序。组织有以下五个可能的选择来做出，不论他们认为每个活动是什么：①你的组织内目前被处理得很好的主要的腐败风险区域；②你的组织内目前需要主要关注的腐败风险区域；③你的组织内部主要的腐败风险区域；④你的组织内完全不构成腐败风险的区域；⑤或者不适用，因为你的组织没有承担这项功能。

所有的组织被要求用他们自己的话记下他们看到的：①他们最为明显的腐败风险；②他们潜在的最具破坏性的腐败活动；③在接下来的三五年里他们的组织最有可能出现的腐败风险。

研究发现：该研究中一个积极的发现就是大部分对调查做出回应的组织能够确定他们所面临的风险，有些组织所提供的细节的回应反映了他们已经给予他们需要管理的风险的考虑数量。

那些被机构大多普遍排序为主要腐败风险领域内的活动目前得到了妥善处理，并且给出排序的机构比例数如下：

- 使用组织资金或者银行账户（33%）；
- 秘密信息如何使用（29%）；
- 服务招标或者合同（29%）；
- 现金处理（27%）。

这些活动大多数组织一般认为，可以被看作是需要进一步关注的主要信息并且机构评定比率如下：

- 工作中使用互联网/电子邮件/电子商务（17%）；
- 机构资源、资料和装备的使用（16%）；
- 服务招标或者合同（15%）；
- 工作记录保持（15%）；
- 员工如何对工作时间负责（13%）；
- 购买或者采购物品（13%）。

正如可以从上面的清单看到的一样，当跨整个部门的多样的组织检验结果的时候，组织排序任何一个特殊的领域为"需要进一步注意"的比例并不大。然而，当视角被限制到一种类型的组织认为是需要进一步关注的主要风险的时候，就有更多的共识。比如，在大学的关于一些他们腐败风险的领域就会有更多的共识。新南威尔士的10所大学中大约有3/4把"机构资源、材料和装备的使用"和一半把"员工如何对工作时间负责"作为主要的需要进一步关注的风险领域。

总体来讲，组织大部分会把腐败风险定在以下领域：

- 机密信息的使用；
- 物品和设备的购买和招标；
- 机构资源、材料和设备的使用；
- 舞弊；
- 组织资金的使用。

组织通过新技术、信息安全和增加的商业活动所提供的机会确定为今后3～5年可能出现的腐败风险。

员工大部分把腐败风险确定在以下几个领域：
- 员工如何晋升的；
- 招标；
- 员工如何对他们的时间负责；
- 机密信息的使用。

组织不认为是有风险的领域也是有利的。

方法的优势：回应是有用的，不用去说是否感知腐败是正确的或者错误的，单就关于主要腐败摆在组织面前的风险的进一步讨论就有用。不能识别潜在的组织面对的潜在的风险本身就是一个显著的风险。

每个组织独立地完成其问卷。通过提供一个关于部门范围的结果和不同组织类型的结果的概要，该研究报告使得组织能够把它自己的风险和具有同类组织功能组织面对的风险进行比较。这可能强调一些潜在的各个组织之前没有考虑到的风险区域。

考查现存的腐败预防战略

研究思路：第三个确定腐败风险领域的战略是通过收集关于腐败预防战略的信息，这些战略组织已经将其落实到位以管理他们的风险。

研究方法：调查关注的是在一些关键领域的腐败防范措施：
- 风险确定和记录战略；
- 行为准则；
- 礼品和福利政策；
- 信息管理和技术；
- 招聘；
- 合同和采购战略；
- 提供关于对员工道德工作的信息；
- 审计程序；
- 被保护的曝光；
- 内部调查能力。

组织不仅被询问各个政策的存在（如你的组织有一套行为守则吗?），他们也被问到对这些政策的执行和评论，例如，你的行为守则上一次被审核是什么时候？你的组织多久会提供行为守则的培训或者对员工有进修的信息？你的行为准则都会覆盖哪些领域？

研究发现：对于问卷回应的整理提供了一张多少组织开始采取一系列的战略增加他们反腐的能力的图片（参照图9-1和图9-2）。

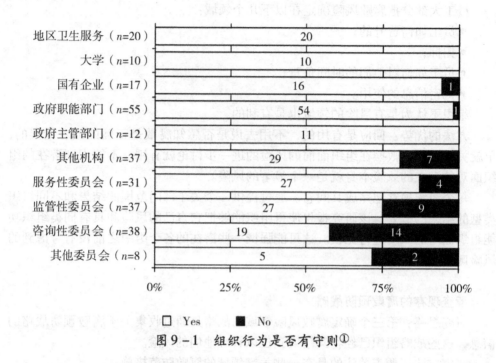

图9-1 组织行为是否有守则①

总的来说，调查回应提供了公共部门抵抗腐败能力的描述，一些确定的优势的例子包括以下内容：
- 大部分机构现存有很广泛的预防战略；
- 很多组织描述采取多管齐下的方法来减少他们组织中的腐败；
- 在部门间有很多行为准则被采纳；
- 内部审计被所有机构都认为是"必要的"或者"非常重要的"——有内部审计计划的大部分机构和其他审计程序支持该种重要的层级；
- 往往被暴露出高风险功能的组织类型也是那些进一步改进执行战略，以增加他们反腐能力的组织。

该研究也提供了一个机制来确定改进的领域。比如，尽管大部分组织说他们有政策或者程序覆盖礼品和收益，但部门间礼品登记者相对比较稀少（见图9-2）。礼品登记是一个相对比较简单的办法，可以把礼品提供者和利益带到公众的视野中去。用这种办法，可以去掉任何的因为这些提供而导致的相关怀疑。一项礼品登记也提供了一种模式跟踪，是谁提供了礼品或者好处到什么职位并且是在什么类型的环境下发生的。

---

① 少部分机构没有回答这个问题。

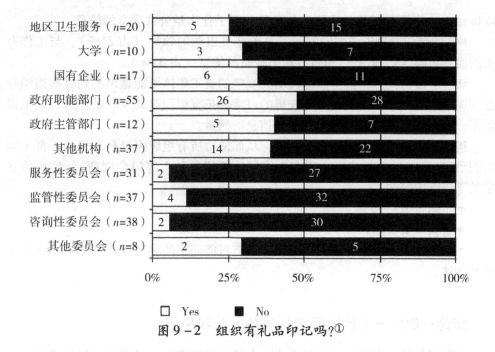

图9-2 组织有礼品印记吗？①

方法的好处：该研究提供了一种确定当前建立腐败防御系统的优势和改进的领域。通过提供一个跨部门的预防战略的地图，报告的结果能够使得组织去标记他们的工作并且用这种方式帮助他们确定可以改进腐败抵抗的领域。

员工对相关政策的意识

研究思路：确定腐败风险的第四个战略是检验员工对各种腐败预防政策的意识和他们对参与培训的回忆。

为了改进任何组织抵抗风险的能力，员工理解组织的价值和组织对员工的期待是非常重要的，类似地，员工如果要遵循组织腐败预防战略的话，员工需要知道一个组织存在的腐败预防战略是什么。

研究方法：一个来自20个组织的员工样本被问到他们认为什么是主要的摆在他们组织面前的风险。他们也被问到对腐败预防战略的意识和其参与到培训的记忆。

研究发现：尽管被调查的员工有较高比率（89%）认识到他们的组织行为规范，但是几乎1/3的人说他们从未受到任何的关于行为规范的培训。

调查中占65%的员工报告他们的组织提供给他们关于道德工作的信息，占52%的人报告说他们收到了关于利益冲突的信息是什么和如果利益冲突出现了可

---

① 少部分组织（两家代理机构和十家委员会）没有回答这个问题。

以做什么，并且占43%的人说他们已经收到了什么是公共职责的信息。

1/3 的受访者报告说他们收到了关于合乎道德的领导（占35%）、与工作有关的腐败风险（占36%）和腐败预防战略的信息（占33%）。

该种方法的优势：员工回应表明大规模的员工集体可能意识不到有些组织存在的腐败预防战略。从员工那里获得的可能会拓宽组织对其风险的理解。它也提供了一些员工可获得以及被其保留的信息的测量。

组织应该提供和促进信息的推广，从而使得所有组织内进行工作的人都了解（包括短期员工、专业员工、董事会成员、顾问和私人部门合同商），这些信息是关于以下内容的：

- 组织价值；
- 公共职责要求；
- 利益冲突和其他在他们的工作中很有可能面对的腐败风险并且将来有限培训的领域。

结论：建立一个腐败风险档案的好处和局限

本章提供了一个例子：为了形成一个腐败风险概况，组织问卷和员工调查被用于收集关于高风险功能的信息、感知腐败风险、现存的腐败预防战略和员工意识的组合。摆在很多组织面前或者整个部门面前的腐败问题的描述可以通过结合各个组织的视角建立起来。

尽管这个方法不能够计算一个单一的数字来概括存在于组织内部或者跨部门的腐败风险的层级，但是它确实为很多类似的组织或者部门范围的组织提供了一个框架来决定在组织层面从哪里去干预。

该方法可以被用于通知，并且更可以促进各个组织内部和跨部门腐败风险的讨论和腐败预防战略的讨论。研究发现可以协助公共部门主管和内部审计主管，他们对确认、监控和有效处理风险以针对确保他们自己的腐败风险评估是周全的负有责任的。公共部门的主管可以借助研究发现评估自己的机构，确定有待发送的领域以便提升他们机构的"腐败抵抗力"。该方法也可以帮助ICAC去计划如何使用其现有资源最为有效的协助组织建立他们自己的腐败抵制系统。就像其他调查一样，这个方法也有其自己的缺陷，比如，对问卷所做的回应已经被接受为具有表面价值。尽管回收率是非常高的，占所有机构的83%，63%的委员会和董事会以及60%的员工完成了这项调查，但是不可能知道那些没做出回应的人与做出回应的人的差异。在该调查中提及的问题被限制到测量受访者的与风险有关的感知。这些感知是主观的并且是不同群体的，比如CEO和雇员对特殊问题是会有不同的观点的，但是在效力上却是一样的。

参考文献

[1] Galtung, F. Are Anti – Corruption Efforts Making a Difference? Introducing the TI Global Corruption Barometer [R]. TI Q Transparency International's Quarterly Newsletter, 2003, 6: 5.

[2] Gorta, A. Minimising Corruption: Some Lessons from the Literature [R]. Independent Commission Against Corruption, January 1998.

[3] Gorta, A. Research: A Tool for Building Corruption Resistance [M] // Larmour P, and Wolanin N. Corruption and Anti – Corruption. Canberra: Asia – Pacific Press, 2001a: 11 – 29.

[4] Gorta A. Four ICAC Tools for Measuring Corruption Resistance. The 10th International Anti – Corruption Conference Prague, Czech Republic, 7 – 11 October 2001 [C/OL]. http://www.10iacc.org/content.phtml?documents = 101andart = 173.

[5] Gorta A, Forell S. Unravelling Corruption: A Public Sector Perspective – survey of NSW Public Sector Employees' Understanding of Corruption and Their Willingness to Take Action [R]. Independent Commission Against Corruption, Research Report No. 1, April 1994.

[6] Gorta A, Forell S. Layers of Decision: Linking Social Definitions of Corruption and Willingness to Take Action [J]. Crime, Law and Social Change: An International Journal, 1995, 23: 315 – 43. http://www.icac.nsw.gov.au/pub/public/pub2_3r.pdf.

[7] Independent Commission Against Corruption. Corruption and Related Issues: An Annotated Bibliogra [R/OL]. ICAC Research Unit, May 1997. http://www.icac.nsw.gov.au/pub/public/pub2_6r.pdf.

[8] Independent Commission Against Corruption. Strategies for Preventing Corruption in Government Regulatory Functions [R/OL]. ICAC Report, March 1999. http://www.icac.nsw.gov.au/pub/public/pub2_34cp.pdf.

[9] Independent Commission Against Corruption. Corruption Resistance Strategies: Researching Risks in Local Government Research Findings Summary [R/OL]. ICAC Report, June 2001, 2001a. http://www.icac.nsw.gov.au/pub/public/pub2_22r.pdf.

[10] Independent Commission Against Corruption. Corruption Trouble – shooting: Lessons Learnt from ICAC Research about Identifying and Dealing with Corruption Hot Spots [R/OL]. ICAC Report, November 2001, 2001b. http://

www. icac. nsw. gov. au/pub/public/pub2_ 25r. pdf.

[11] Independent Commission Against Corruption. Profiling the NSW Public Sector: Functions, Risks and Corruption Resistance Strategies [R/OL]. ICAC Report, January 2003, 2003. http://www. icac. nsw. gov. au/pub/public/Report_ final. pdf.

[12] Lambsdorff J. Measuring Corruption: State of Art and future Challenges [M] // Andvig J, Fjeldstad O, Shrivastava A. Corruption: Critical Assessments of Contemporary Research – Report from a Multidisciplinary Workshop. [S. l.]: Chr. Michelsen Institute Development Studies and Human Rights, Working Paper 17.

[13] Lambsdorff J. Measuring the Dark Side of Human Nature [R]. TI Q Transparency International's Quarterly Newsletter, June 2003, 2003: 12.

[14] Langseth P. Qualitative versus Quantitative Methods [M] // Andvig J, Fjeldstad O, Shrivastava A. Corruption: Critical Assessments of Contemporary Research – Report from a Multidisciplinary Workshop. [S. l.]: Chr. Michelsen Institute Development Studies and Human Rights, Working Paper 17.

[15] Reinikka R, Svensson J. Measuring and Understanding Corruption at the Micro Level [M] // Donatella Della Porta, Susan Rose – Ackerman. Corrupt Exchanges: Empirical Themes in the Politics and the Political Economy of Corruption. Baden – Baden: Nomos Verlagsgesellschaft, pp. 134 – 46.

第十章

公 众
——反腐败的伙伴

李少光[①]

导 言

  腐败犯罪具有侵蚀性。它会在暗地里破坏生活的质量，引起不公，减弱竞争并且增加经营成本。世界共同体一致地关注到限制腐败的议题上。腐败问题困扰了香港数十年，直到1974年独立的反腐败委员会（香港廉政公署）成立。以此为开端，廉政公署下定决心要对任何腐败犯罪的指控进行调查。与此同时，它决意要通过改变公众对腐败犯罪的容忍程度来治理这一普遍的社会顽疾。

  以政府的委托与大力支持、充分的法律力量以及全面的第三方调查策略、预防和社会教育作为后盾，香港廉政公署促进了香港从腐败成疾的城市转变为世界上最清廉的大都市之一。如今，香港反腐败斗争的故事在全球的舞台上成为成功的典范，是通过坚持不懈与良好策略取得成功的例子。

  如果没有香港社会这一必不可少的伙伴作为支撑，这个故事就不可能发生。香港公众经历了这些年，他们对腐败的容忍态度已经发生了巨大的转变。

  在公众对社会上普遍的腐败越来越没有耐心的时候，香港廉政公署应运而生。腐败调查引发了公众对政府拨乱反正的诉求，致使警察系统的主要负责人落荒而逃。公众对设置于警察机构中的反腐败办公室的信心跌到了最低点。在香港廉政公署成立的初始阶段，香港社会同样对效率和公正性心存疑虑。社会上浮现了许多对香港廉政公署能否缓解公众不满情绪的质疑声音。

---

① 香港特别行政区廉政公署委员。

香港廉政公署如果没有社会的支持将不可能取得成功，因而在一开始其就决定要建立一个透明可信的公众态度测量系统，使社会应该有渠道和信心来到香港廉政公署告发任何可能的腐败行为。香港廉政公署成立的最初几年，面对持怀疑态度的公众，亟须经历困难并且采取果断的强制措施去得到公众的信任、增强公众的信心。这些措施包括一系列的高调逮捕与起诉行动。许多高级政府官员的腐败"大鳄"被起诉，并通过媒体报道在公众心目中留下深刻印象，让公众相信政府与廉政公署的反腐决心。

为了恰当地测量社会对腐败的感知，香港廉政公署开展了常规调查以及组织具有前瞻性的焦点座谈会。此外，香港廉政公署还发展了一个不断拓展中的社会网络网站，用以将触角延伸到社会当中。这些网络覆盖了公民咨询委员会、公众论坛、特定的防止腐败交易的群体以及由协助香港廉政公署开展公开活动的志愿者组成的香港廉政公署俱乐部。

贪污成疾的日子

与当代廉洁城市的名誉大相径庭的是，腐败曾经在20世纪60年代到70年代初时得到香港社会的容忍与接受。对于传统的市民来说，行贿被看作是"成事"所必需的罪恶。20世纪40年代末到50年代，香港人口呈指数式地增长，这归因于中国人口在第二次世界大战和解放战争时期的大规模迁移。香港人口从1945年的60万飙升至1950年的220万①。人们突如其来地去到香港，对香港政府的公共服务造成了巨大的压力。

由于对有限公共资源的竞争越来越敏感，通过"后门"来行贿的行为也越来越多，腐败开始显露出其丑恶的脸。随着一些政府官员的相互勾结，腐败像野火般迅速蔓延，很快充满于社会的各个阶层。政党贿赂沉湎于"满意顾客综合征"，使得1948年颁布的预防腐败条例变成了一个笑话。

20世纪60年代到70年代初期腐败盛行，但没有政府部门去治理这种社会疾病。在一些饱受折磨的部门中，腐败是制度化的，如警察。不幸的是，腐败还侵蚀到包括医疗保障、消防在内的基本公共服务中。居民如果生病或者有就业需要，有时候会被拒之门外，除非行贿。在这个时期，揭露了不少奇闻轶事，其中包括：

- 一位病人为了一杯水而向医院病房的保姆支付了"小费"；
- 一位投考者为了获得驾照而行贿；
- 一位寮屋居民不能获得住房补贴，除非他私底下给官员付钱；
- 一位病人要给救护主任"喝茶费"。

---

① 参见 Chronicle of Hong Kong and Population Policy Paper 2003（2003年香港人口政策文件记事）。

在那个时期，警察受到了恶劣的影响①。腐败官员的联合，公然为非法赌博、毒品窝点等提供保护。诚实度日的人们变成了被勒索的对象。腐败的官员们每个月都能够收到可观的费用，而对身边发生的事情视而不见。艾尔希女士，一位社会活动家，对当时受到折磨的民众进行了简要概括：

> 几乎每个人都受到煎熬。每一位重新安置的店主都必须要行贿；每一位集市的小贩都必须行贿……这种压榨将他们逼到垂死的边缘。小贩们只有行贿，才能获得牌照，然后必须定期地行贿以获得继续经营的机会。（香港廉政公署，1999）②

毋庸置疑，腐败已经侵蚀到社会的每一个角落，而政府却似乎没有能力做任何事情。随着香港的发展，公众不满的情绪不断攀升，特别是对腐败的警察。警察的反腐败机构被认为是当时最腐败的地方，不再能给予公众任何的信心。高级助理法官，阿拉斯泰尔先生，在其1993年的报告中，将警察腐败描述成随处乱撞的巴士：

> 有些人上了车，其他人在车旁奔跑，但是却几乎没有人站在车前③。

当一位总警司因为受到腐败调查而逃到英国时，公众的挫败感爆发了。因此而触发了由大学生牵头的街头抗议浪潮，要求政府采取果断行动。

作为回应，政府委托一个由阿拉斯泰尔法官牵头的调查委员会，去调查逃跑的总警司以及香港更为广泛的腐败问题。后来，阿拉斯泰尔法官的报告指出，需要建立一个独立的反腐败机构。香港总督麦理浩接受了这一重要的建议。他决定成立一个专注于反腐败斗争的机构，并让这个机构独立于警察以及其他的公共部门。他在1973年10月向香港立法会解释道：

> 我认为现在的情况亟须一个组织，在高级别政府官员的领导下，能够致力于消灭这个魔鬼：进一步并具有决定性的理由是，公众信心问题十分棘手。④

---

① 1975年对于警察的投诉几乎达到1/2，2003年则约占所有投诉的13%。
② 香港廉政公署 25th Anniversary Publication（1999年年度出版物）。
③ 参见 First Report of the Commission of Inquiry, July 1993（《1993年7月香港调查委员会的初次报告》）。
④ 参见香港1993年 Legislative Council Hansard（立法会会议纪事）。

目光远大的策略

只认识到威慑的方式并不能获得胜利，行政机构应该从长远考虑，为新生的反腐败力量采取整体的策略。第三方调查的策略（威慑方式）、预防体系（系统控制）以及教育（态度改变）从此而成为香港廉政公署的工作重心。这些策略被证实是随后反腐败斗争成功的关键。在没有双重城市道德准则的共识之下，行政机构还总结到，香港的公共部门即使如何清廉，只要存在私营部门腐败，香港也不可能走出腐败的泥沼。香港廉政公署在预防腐败条例的坚实保障下，还承担起消除商业部门腐败的法律责任。一开始私营部门表现出强烈的抵制，直到商业领袖们确信违法的回扣会阻碍生意的发展，而这些回扣曾经在很长一段时间里被认为是生意的润滑剂。1974年2月15日，香港廉政公署正式成立，这使得反腐败斗争焕发了生机和活力。

难以捉摸的敌人

腐败无处不在且猖獗狂暴，这是人所共知的，香港廉政公署被推入了战场。杰克在20世纪40年代末进入香港政府，曾在政府不同的部门任职，他是廉政公署的发起人。根据他的描述：

> 我一直留心观察，实在无法想到有哪个部门是完全诚实的。[1]

腐败的症状是如此晶莹剔透。然而，香港廉政公署在直面处理其敌人之前，不得不去找出难以捉摸的敌人。警察的腐败勾结是首要的目标，但那些口袋满是不法现金的腐败官员在哪里呢？在其他的政府部门、商业交易中，腐败问题有多严重呢？所有这些遗留的许多问题都令人却步，但却是最实际的问题摆在了香港廉政公署面前。经过多年无效的政府行动，社会对腐败的忍耐相当普遍，这使得任务变得更加困难。整个社会，特别是腐败的受害者，是否相信行政机构在重复地让人失望后的决心与承诺？在资源有限的情况下，我们是否应该将我们的目标首先放在我们的公共教育，以使廉政文化能够灌输到社会中去？

不仅腐败的轮廓难以被描绘，许多腐败的个案也因为各种原因而没有被报道，原因可能是当局缺乏自信或者恐惧报复。

腐败既是一种犯罪，也是一种社会现象。腐败最糟糕的情况有许多形式，轻则看似无害的给下级官员小费，重则通过一段时期的腐败勾结而获得数十万元的

---

[1] 参见香港廉政公署 25th Anniversary Publication（1999年年度出版物）。

金额。无论伪装成什么，腐败是隐秘的并且是一种密谋犯罪，受害者往往难于辨明，也没有人愿意指出腐败的罪犯。正如告诫调查员的那样：

> 没有作案现场让法院进行判断，没有尸体提供线索，没有受害者目击以及几乎没有污点证人。①

破译公众态度

要简单明了地测量腐败，面临着巨大的困难，这包括了早前常规的系统民意调查，这个调查是收集公众对腐败问题的看法与相关信息的可行方法。信息来源于社会，包含了腐败受害者或潜在受害者，这不仅能为执法机构提供帮助，还能反映有关腐败问题的看法和感知，这有助于反腐败策略的持续性调整。

社区关系处——香港廉政公署处理公众关系的部门——被委托承担调研研究以及社会联络工作，有效地把握社会的脉搏。一个调研单元随之成立，并隶属与该部门，其主要的目标是研究以下内容：①腐败行为的动机；②香港的腐败高发区。②

香港廉政公署第一个大规模调查于1977年开展，此时的香港公众已经看到了历时多年的反腐败行动并部分恢复了对行政机构决心反腐的信任。虽然腐败在香港存在已久，但在香港廉政公署成立以前几乎没有具有价值的系统研究。

该调查采用面对面的访谈形式，以助于问题的跟进问题以及检验受访者对贿赂的态度以及他们对不同部门腐败问题严重性的感知。根据1977年的调查基准，于1978年、1980年以及往后每隔两年开展类似的调查。

每一个访谈将会问及120个问题，这些调查让香港廉政公署深入理解不同年龄、家庭背景、职业、教育程度以及收入状况的公众价值观以及对腐败的感知与态度。它们还提供了哪里是腐败多发地区的线索。对行贿受贿的误会以及广泛持有的观念，要么被消除，要么被证实，这使得香港廉政公署工作的重点得以确定。

基准调查结果

1977年开展的基准调查显示了社会各界对政府和私营部门雇员的两极态度。

---

① 参见1994年11月 *Report of the Hong Kong ICAC Review Committee*（《香港廉政公署审查委员会的报告》）。

② 参见1977年香港廉政公署 *Mass Survey*（《民意调查》）。

出于对公务员廉政的高要求，受访者表示无法容忍政府部门腐败。他们相信，腐败存在于大部分或一些部门当中，且公众明显缺乏对非法商业回扣的洞察，即每一位受访者（45.9%）认为腐败在商业部门是普遍的。然而，每四位受访者就有一位认为违法佣金是经商的必要手段。换言之，公众还是认同腐败如果不加以约束就会对香港的商业发展产生负面影响。公众还倾向于不介意向低级别官员支付消费的行为，以及向公务员支付小额的佣金，不认为这些行为算是违反法律的贿赂行为。

行贿的原因

当政府运作的程序与职能相对不透明以及诸如住房补贴之类的公共资源的需求巨大时，采取贿赂行为的原因也就不会让人感觉惊讶了。

表 10-1 贿赂的原因

	1977 年（%）	1978 年（%）
便利	48.9	50.2
更快捷的服务	33.0	32.0
隐藏过失	20.0	26.7
获得问题解决的帮助	12.4	14.7

这些准确的结果（见表 10-1），为理解社会态度提供了有价值的信息。实际上，许多居民拒绝接受访问，这反映了公众还不太信任运作 5 年之久的香港廉政公署。

应 用

这些调查所显示的公众对当局的不信任，对公共部门和私营部门腐败的不同容忍程度，以及行贿的原因，为香港廉政公署校正其三方治理方法树立路标。例如，劝导与教育的努力是强化商业部门防腐败的良心，其传递的信息强调维持长远增长的重要性。调查的信息源自更容易发生腐败的部门或者贸易。香港廉政公署防腐专家还大量分散于目标政府部门程序和运作的细致观察中，以堵塞漏洞并改善透明度。当 1980 年与前两年的调查相比较时发现，公众的态度发生了明显的转变。见表 10-2。

表10-2 对政府内部腐败的普遍感知

	1977年（%）	1978年（%）	1980年（%）
大多数部门	38.3	34.8	16.1
一些部门/一两个部门	45.9	48.3	31.3
没有腐败	1.0	1.1	7.4
没有答案/不知道	14.5	15.8	21.5

注：表内数据为三年大规模调查的比较；1979年没有开展调查。

这些调查的确存在局限性。它们展现了一幅宽阔的图景，但缺乏细节。其他对于腐败的迷惑，只能够通过其他信息源，如腐败统计报告、情报机关以及其他社会联系渠道去获得。

监控机制的进化

20世纪80年代，香港进入了经济腾飞和快速发展的新阶段，两年一次的调查被认为不能对腐败进行充分严密的监控。考虑到资源的限制，香港廉政公署从1992年开始决定选择一种更灵活和经济的方法——电话调查。为了保证腐败测量标准的一致性，一系列核心的问题特别被设计出来并得到反复的使用。只有在为了应对偶尔发生的特别事件时，才会做出修改，这包括了1997年的香港回归大陆。

这一方法被认为是可取的，因为它容许对公众价值观、容忍腐败的程度以及意愿哪怕是最细微的变化进行检测，并将任何可疑的情况报告给香港廉政公署。最重要的是，香港廉政公署能够监控并且进一步回应任何公众信心的突然变化，以及追踪其效果。

从一开始，面对面的调查和电话调查就一直能够被委托给专业和独立的调查公司以保证客观性。为了促进调查的安全性，选择调查公司、收集数据以及随后的调查发现的解释公告的整个过程，被置于一个独立的公民委员会的监督之下。这个委员会由调查专家以及大学学者组成，他们由香港最高行政长官任命产生。

发展趋势的价值

同一套核心问题生成了有价值的数据，这些数据直接反映了公众的价值观以及是否支持反腐败的态度。对腐败进行长期的充分测绘，也可以对公众领域内的波动持有警觉并适时修正策略。例如，当调查得知公众投诉腐败却不愿意提供细节时，香港廉政公署能够及时响应并强化各种渠道以保证所有投诉都能得到处理以及保密性。① 另外，如果调查结果显示越来越少的受访者通过亲身或认识的人遇到或发现腐败交易，香港廉政公署就能够清楚自己走对路了。

倾听社区呼声

测量社会对腐败的看法，是反腐败机构和世界范围内有关组织的最重要任务之一。香港也不例外。香港廉政公署从过去的经验中实现了通往反腐败核心的有效渠道，让大量的公众成为反腐败的伙伴。公众愿意说出真相是其前提条件。为了让这一前提条件成为现实，香港廉政公署必须通过公平、专业地寻觅公众的看法和信息来获得信任和声誉。

常规调查所收集的看法和信息，为战略计划提供了必需的反馈。公众的表达让人欣慰：
- 几乎所有人都支持香港廉政公署；②
- 公众与私人部门越来越无法忍受腐败；
- 公开投诉腐败的意愿不断增加；③
- 对香港廉政公署能公正有效地处理腐败的信任不断提升。④

经验总结

为了强化与社会的伙伴关系，香港廉政公署致力于以社会不同群体为目标的联络计划。通过战略性的地区办事处与社区关系官员所形成的网络，香港廉政公署能够在讨论会、培训会、专家研讨会、工作场所以及区域活动中与公民面对面。通过这些活动，每年平均有超过50万公众认识到腐败的罪恶。此外，各种基于信任和对廉洁社会的普遍观点的各种网络，逐渐形成于区域组织、职业群体以及商贸组织之中。这些组织的成员成为香港廉政公署的眼睛和耳朵。1997年，当成千上万的公民为了宣传廉洁而志愿加入到香港廉政公署俱乐部，反腐败的社区运动进入了高潮。

对香港廉洁文化和公平竞争环境的渴望越来越强烈，以至于各学科的专家满怀热情地与香港廉政公署合作，形成了预防腐败的网络以处理共同关注的问题。香港每一间银行形成了内部人员规范和控制的预防腐败网络，建构并推行行业的

---

① 参见附图10-1。
② 总共98%的社会团体称会支持廉政公署的工作。
③ 从1994年的35%升至2002年70%以上。
④ 见附图10-2、附图10-3、附图10-4。

廉政标准。

香港廉政公署认识到，社会团结需要正义与透明的制衡系统来加以培育。在操作层面上，香港廉政公署所有三个职能领域都受到一个咨询委员会的监督，这个咨询委员会由行政长官任命的社会领袖组成。此外，设立另一个独立委员会来监督调查针对香港廉政公署官员腐败的投诉。所有这些委员会每年都会举办新闻发布会并向公众发布年度报告以接受监督。他们直接向行政长官负责。除了他们的监督责任，委员会的成员会毫不犹豫地履行香港廉政公署分派的任务，并关注于他们所负责专业领域内的任何腐败问题。

具有警惕之心的媒体对香港廉政公署工作的重要性是不容忽视的。香港大量的媒体都致力于与犯罪做斗争。同时，这些媒体通过对任何错误行径的报道，来向公众宣传反腐败的信息。媒体也扮演着检查人的角色，当香港廉政公署推卸其责任时，媒体都会对其哪怕是最轻微的偏离进行批评。

结　论

香港廉政公署于29年前开始致力于反腐斗争，这场战斗并非易事。经过多年的经验积累，只有当社会能够被动员起来并在反贪污斗争中采取行动，才会取得长久的胜利。

香港通过广泛和深入的社会联络计划，寻求社会的协助，打击腐败，已获得公正的嘉奖。

一个可靠和惊喜的制衡系统，在很大程度上，是香港廉政公署取得现有成就的关键。持久的教育应该持续下去，将社会的反腐败斗争坚持到底。香港廉政公署在一开始就采用了正确的反腐败战略以及方法。社会的支持有助于支撑香港作为世界性的廉洁城市这一美誉。

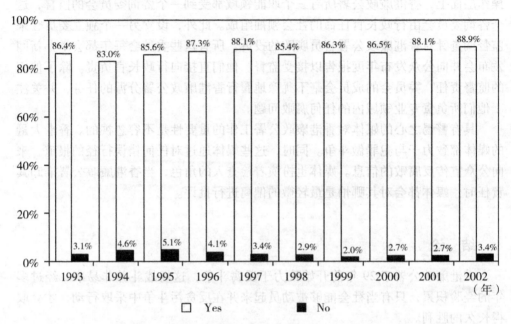

附图 10-1 廉政公署的报告能否获得信任

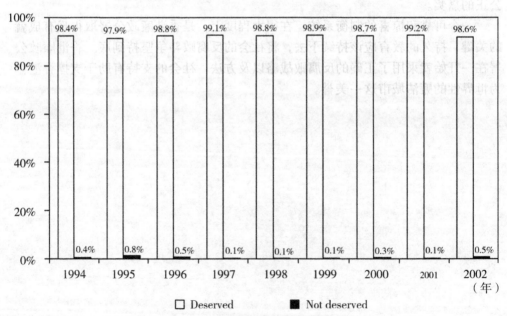

附图 10-2 廉政公署是否值得支持

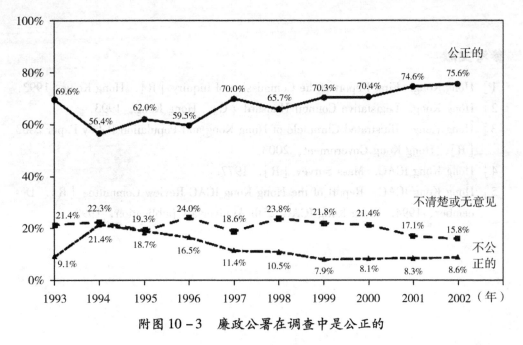

附图 10-3 廉政公署在调查中是公正的

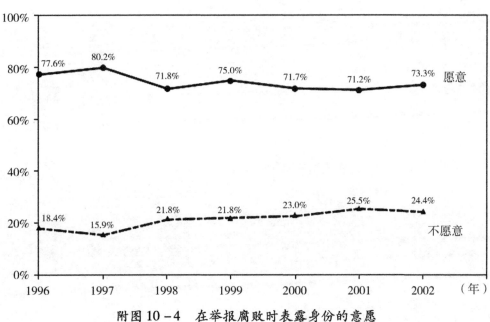

附图 10-4 在举报腐败时表露身份的意愿

参考文献

[1] Hong Kong. First Report of the Commission of Inquiry [R]. Hong Kong, 1993.
[2] Hong Kong. Legislative Council Hansard [C]. Hong Kong, 1993.
[3] Hong Kong. Illustrated Chronicle of Hong Kong and Population Policy Paper 2003 [R]. Hong Kong Government, 2003.
[4] Hong Kong ICAC. Mass Survey [R]. 1977.
[5] Hong Kong ICAC. Report of the Hong Kong ICAC Review Committee [R]. December, 1994. Hong Kong ICAC. 25th Anniversary publication, 1999.

第十一章
公民报告卡

戈帕库玛·坦比 锡塔·塞卡尔

导 言

治理中的一个主要的薄弱环节是在公共服务领域，这个领域中，大多数发展中国家腐败已近猖獗，并直接在日常生活中侵犯公民。在印度，尽管国家在扩大公民对基本公共服务基础设施的使用权方面已经做了许多卓有成效的进步，但是政府工作人员提供的低下的服务质量和高水平的寻租行为，反映了极低的公共责任水平。在我们深入探讨公共服务领域低水平的责任性和回应性的话题之前，有必要理解它们运行的背景（Paul, 2002）。

首先，在印度，国家在公共服务领域方面是传统的支配者，并且也是唯一提供者。这种"垄断权力"的缺陷在于大部分公共服务的使用者没有退出一个供应商改换另一个供应商的选择。它还创建了一个明显的趋势：供应方对顾客隐瞒信息而形成巨大的信息黑洞，导致服务的受用者很难对其问责。

其次，没有证据可以证明负责执行公众问责的当局总是有效并致力于这项任务。市场竞争的缺乏还没有通过任何其他机构机制来补偿确保有效地提供服务。传统的机制，比如政府支出的公共审计和立法监督只专注于输入的单一视角。对支出的审计只用来检查是否一直坚持适当的程序和规范。虽然这是问责的一个方面，但是它并没有告诉我们这些钱是如何被花掉的。这是因为很少注重输入的产出和结果，输出检测和现场活动监测的难度更加恶化了这个问题。广阔的服务范围和缺失对立法者提供有效信息使得立法监督已被减弱。一个更麻烦的问题是服务提供者与监督者的勾结，公共机构的内部工作和决策制定无法轻易被外部系统监督和观察。在这种情况下，对自私狭隘利益的追求和腐败的规模是相当大的。

再次，公民——直接或间接为所有公共服务付费的人——很少有人能够与他们的服务提供者进行持续的集体行动，来要求提高公共责任。这里有一个隐含的假设，一旦人们选举产生一个政府，政府就为所有服务提供者实施问责。也许更重要的一个原因是持这种态度的公民参与集体行动的动机通常很微弱。事实上，人们普遍面对公共服务的问题，而问题的严重性趋向于每天都不同，每个家庭都不同。这表明，维持集体行动是困难的，甚至一小组人能够在某些时间点发起行动也是困难的。在任何情况下，有些人可能不会在集体行动中投入时间和精力，因为他们认为能从别人努力得到的成功中"搭便车"。这就是集体行动的动机不强的主要原因，除了某些关键情况之外。

最后，国家的法律框架有可能成为改善公共责任的一个障碍。管理者通常尝试在他所属组织的法律法规的框架内工作。账户之所以受到审查是因为法律要求它这么做。投资也是根据管理该组织的法律法规做出的。如果法律对于服务的标准或其他要求是没规定的，服务提供机构可能会更少地关注它所提供的服务。

在这种几乎使人无能为力的环境下，通过什么途径才能让"声音和参与"来改变提供公共服务的提供呢？增加公民表达与参与的机会能为这种改变创造更有力的激励：当竞争缺失，正如大多数公共物品的情况，大众的声音可以减少信息不对称，这样可以挑战服务提供者要求供给更好、成本更低的公共服务（Paul，1998）。当低激励和弱监测结合生产出效率低下的公共服务，声音机制可以向公共官员通知问题，并作为要求改善的一种压力（Drez 和 Sen，1999）。

一种有希望的方法是让公众以公民报告卡的形式把他们对服务的评估反馈到相关的公共机构，并在这个过程中发挥监管作用。信息是权力来源的一种，它可以用来创建更强大的公众意识，意识到问题在哪里，需要做些什么。当人们以更集中更相关的信息武装起来时，活动和对话将更具目的性，更有意义。公民社会机构可以在搜集和利用这些信息以促进公共机构改善他们的公共服务方面发挥积极的作用。本章探讨了这样一种方法的效能。

概念构建

"成绩单"的演变，从一个理念的飞越到一个制度化的机制是一个有趣的故事。这一切都始于一个开创性的个人实验，1992年在班加罗尔，塞缪尔·保罗博士，一位在学术和公共部门领域都杰出的国际知名专家，与一些朋友组织了一场公众反馈运动，作为对骇人听闻的公民服务质量的一种回应。这个实验的反馈是，1994年在班加罗尔，诱发了在政府和非政府竞技场组建公共事务中心（PAC），作为国家机构致力于改善印度的治理质量。在过去的9年时间里，PAC通过聚焦知识创造已经成为激发公众行动的资源中心。由 PAC 开创的用于公共事业的公民报告卡（Citizen Report Cards，CRCs），现在作为一个发声强大的机制已被广泛认同。用户反馈的概念，公民报告卡为提高透明度和改善公共责任提供了一种简单而又能被广泛推广的工具。当公民的声音基于与提供这些公共服务机构的第一手互动，从而对不同的公共服务提供了定性和定量两个方面的客观评估，这就使得通过服务质量对机构进行排名成为一种可能。这种"成绩单"可以用来刺激公民的集体行动，并提供组织领导人一个设计改革和引进新的战略定位的机会（Gopakuimar, 1997）。公民报告卡的国内外经验充分证明它们的潜在要求，要求更完善的公共责任和更可靠的数据库来促进公民社会的积极响应。公民报告卡（CRCs）的方法为组织公众反馈给出来一种简单而又高度灵活的方法（Upp, 1995），这个方法支持以下目标：

● 与提供服务的各种服务机构生成公众满意度的反馈，提供对腐败的可靠的估计。

● 通过对服务提供者更多的责任、可获得性、回应性的要求，促使公民采取积极主动的姿态。

● 为服务提供商、外部顾问和分析师/研究人员促进有效的预测和解决方案提供一个诊断工具。

● 鼓励公共机构采取和促进公民友好的实践，设计服务标准，促进运作透明。

在更实际的操作方面，公民报告卡给出了以下战略输入：

1. 提供公共服务在可获得性、充分性和质量方面的基准：公民报告卡超越了这样一个具体的问题，即公民个人在面对每一个问题时，把视角置于服务的设计和交付意外的因素之内，也把它与其他服务做一个比较，因此一系列的战略行动可以启动。

2. 提供公民满意的措施来优先纠正错误的行动：公民报告卡以清晰、简单明了的方式捕获市民的反馈，表明他们满意或不满意的程度。当以比较的视角来看待这种公民满意或者不满意的措施时，它提供了优先纠正行动的非常有价值的信息。比如，一个公民给的关于电力供应最基本的反馈可能是完全不满意，为了重视这个反馈，它必须与这样一个评价关联起来，即同一个人对其他服务的评分。比如，供水的评分可能比供电评分更低。当两条信息进行比较，可以得出结论，电力供应也许是导致不满意的一个原因，但优先要纠正的行为可能是水的供应。

3. 提供公共服务交付中问题区域的指标：公民报告卡调查了服务机构与公民之间互动的特定方面，并寻求识别公民对接服务时所出现的问题。更简单地说，公民报告卡指出了不满意是有原因的，也许与公民享用的公共服务质量有关（比如供电的可靠性或公立医院药品的可得性），当与该机构处理服务相关的问题时，比如超额收费或电源故障的抱怨等，问题就产生了。

4. 提供关于腐败和其他隐性成本的评估：腐败活动尽管分布很广且十分猖

猴,却常常在传闻中出现且缺乏充量计算的基础。腐败的这种"主观性"严重影响了公众对其进行正确的集体性回应。

5. 提供一个机制来探索公民为改善公共服务的方案:公民报告卡超越了从公民就当前状况收集反馈意见的做法。他们也是公民想体验不同选择的一个测试方法,个人的或集体的,以解决各种问题。公民报告卡可以提供信息,如公民是否愿意为更好的服务质量支付更多,或者参与公民的机构在某个区域负责垃圾清除。

一个典型的 CRC 研究按照以下思路来组织:
- 通过焦点小组讨论识别问题。
- 设计工具。
- 为调查识别科学样本。
- 由一个独立机构实施调查。
- 收集定性数据。
- 在公共领域公布结果。
- 实施宣传和伙伴关系的安排。

日益增长的应用报告卡反映了对实证方法的效能的逐渐认可,它为调动有效的、集中的需求选区提供了有用的触发机制。实证方法也帮助量化和修整了许多主题,迄今为止在抽象领域中——腐败是一个很好的例子。

应用实例

在班加罗尔对公民服务的评估与检测

在班加罗尔(1993),第一个对公共服务的报告卡的研究涉及了一个对城市家庭的随机抽样调查,这个城市的居民区由年龄大小进行分层,从其中老的、新的和中间的区域随机选中六个。在每个区域中,样本家庭使用随机数。问卷由所选中的家庭进行填写,只要他们在之前的六个月与一个或者多个公共机构有过互动。单独的样本也从普通家庭(中产和上层收入)或者贫困家庭(低收入)中选取。这些样本容量足够大,以便误差范围控制在公认的统计准则以内。

这个测验遵循以下三个问题:对市民来说,他们对最重要的公共服务满意度如何?满意或者不满意的服务有哪些特定的特征?用户获取服务(包括隐形成本)或者为解决获取服务时伴随的相关问题,需要用户花费什么?

受访者被要求回答他们对公共机构是否满意。让他们的回答能够在机构之间具有可比性,受访者被要求在 1 到 7 的规模之间选择一个接近他们观点的数值。例如,非常不满意的人会选择数值"1",而非常满意的人则选择数值"7"。

对公共机构(一般家庭)的整体满意度的统计情况如表 11-1 显示。在这个表中,"满意"指的是"6"和"7","不满意"指的是"1"和"2"。两者之间是一个"矛盾心理区",这表明受访者还不清楚他的/她的偏好。表11-1显示,在班加罗尔8个服务提供者中,没有一个获得了来自受访者的满意的评分。即使是最好的评价分数(医院4.3和银行4.0),也不会超出3~5的摇摆区间。此外,在班加罗尔,只有1%的受访者对班加罗尔发展机构(BDA)的服务满意,有4%、5%或6%的人对班加罗尔水和污水服务董事会(BWSSB)、班加罗尔大都会公司(BMC)和卡纳塔克邦电力委员会(韩国)的服务表示满意。

这项研究还强调了腐败现象(见表11-2)。与8个服务机构进行事务办理,14%的受访者在班加罗尔支付"速度钱"(贿赂的委婉说法)直接或通过代理人给员工。有证据证明更集中的"速度钱"在某些机构而不是其他地方。因此,每三个与BDA和地区性交通办公室(RTO)打交道的人,每四个与BMC打交道的人都要行贿。受访者还报道说,在50%的案例中,政府官员要求贿赂从而强化了腐败的勒索性质。

这个研究发现引发了大众广泛的兴趣。一个领先的日报——《印度时报》开辟了一个周专题,把每次发现的结果之一都以图表的形式描述出来。这个专题持续了大约两个月,保持了公民报告卡在公共领域中的一个概念。虽然大多数机构的领导和高层政府官员对此反应冷淡,但班加罗尔发展局(BDA),对其服务的交付在定性和定量维度的评分都是最低的做出回应,请求一个后续行动。

表11-1 (班加罗尔)对公共机构的整体满意度(普通家庭)(1993)

机构/服务	平均分	用户满意的比例(%)	用户不满意的比例(%)
电话	3.6	9	28
市政公司	2.9	5	49
电力	3.5	6	31
水	3.0	4	46
健康	4.3	25	19
地区交通办公室	3.5	1	36
农产和加工食品出口发展局	2.5	1	65
公营部门银行	4.0	20	26

表11-2 给班加罗尔各种机构行贿的细节(1993)

机构/服务	样本中声称已行贿的比例(%)	每次事务中的平均花费(卢比)
供电局	11	206

续表 11-2

机构/服务	样本中声称已行贿的比例（%）	每次事务中的平均花费（卢比）
供水局	12	275
地方政府	21	656
医院	17	396
地区交通办公室	33	648
电话	4	110
农产和加工食品出口发展局	33	1850
平　均	14	857

这导致了一种独特的合作，其中，公共服务机构要求外部研究小组在获得对各种类型的服务交付反馈中提供协助。第二项研究试图解决这样一些相关问题：BDA的顾客对服务交付的质量满意吗？腐败现象有所声称的那般猖獗吗？在BDA的运转中，哪些是可察觉的领域的弱点？公众愿意参与到改善BDA服务的进程中来吗？为了给这种努力一个更广泛的感知，BDA官员所体验的功能约束也将通过交互式的讨论得到评估。BDA的员工遵循这个研究安排了培训项目。

这种干预最重要的结果是，由公民报告单催生了公众意识，这种意识是基于公民为了改善公共服务质量而积极参与的需要。报告单一开始运用时，班加罗尔就几乎不存在活跃的居民组织。现在，在班加罗尔有超过100个这样的组织。在这些团体中，网络和常见的一些活动都在增加（Paul, 1998, p.14）。

班加罗尔的干预证明了公民报告卡用来突出定性与定量指标范畴的效能。除了对服务的满意与不满意，数据库也标记了这样一些主题：如员工行为、问题事件和决议，更重要的是量化了诸如"腐败"等抽象的概念。城市内部在城市贫民和一般家庭之间的分裂还帮助到公众专门关注弱势群体。

PAC努力的着手了两轮事业，一个在1999年，一个在最近的2004年（Paul and Sekhar, 1999; Sekhar, 2004）。这些实践的主要目标是明确并统计在过去的这段时期里，哪些方面的服务有所改善，哪些方面的服务有所恶化。更新后的数据库显示了由单个服务机构在过去10年所作出的进步的程度。表11-3叙述了满意度的比较矩阵，表11-4讨论了腐败指数的基准。

最令人惊讶的是，腐败水平第一次在常规事务方面明显下降。公交车和水的可获得性提高，基础设施如天桥和新的道路已得到改善。支付财产税的流水线过程、公交车畅通通行、收到精确的账单，这一切似乎使公众更加满意。所有这些改善的同时，这些机构的职员与公众在互动中满意度得到提高，两者相得益彰。这一转变由以下因素推动：支持这些努力的新制度机制的战略意义，比如班加罗尔的议程特遣部队（BATF）（Nilekani，2003），已经与这些机构在许多举措上携手合作。同样明显的是，更好的技术被运用到提供服务上，管理服务机构的新的投资和信息技术在提高对政府信息的易用性和简化日常事务方面起到了重要作用。媒体在帮助班加罗尔的市民更加觉醒方面也成为一个活跃的利益相关者，突出了需要解决的问题。然而，大的变化是居民协会和公民团体为改善服务交付，与城市机构一道主动发起并广泛参与活动。

表11-3 班加罗尔市民对机构互动的满意度——基准数据①

服务	满意（%）			不满意（%）		
	1994年	1999年	2003年	1994年	1999年	2003年
供水和排水局	4	42	73	46	8	27
供电局	6	47	94	31	17	6
班加罗尔市政公司	5	41	73	49	26	27
电话	9	67	92	28	11	8
地区交通办公室	14	32	77	36	26	23
公立医院	25	36	73	19	6	27
城市发展局	1	16	85	65	36	15
公交	无	32	96	无	18	4

表11-4 班加罗尔的报告单——贿赂矩阵

机构	样本中的行贿比例（%）			每次事务中的评价花费（卢比）		
	1994年	1999年	2003年	1994年	1999年	2003年
班加罗尔供水与排水局	12	35	2	275	584	108
卡纳塔克邦电力董事会	11	18	1	206	929	5000
市政公司	21	52	1	656	3759	无*
电话	4	26	1	110	245	80
地区交通办公室	33	57	10	648	637	395
公立医院	17	43	5	396	500	无效
班加罗尔发展局	33	78	10	1850	7690	630
总体数据	14	22	11			

注："*"由于其服务有多种类型、多个用户的服务，这里计算的是平均数。

---

① 自从公民报告卡运用数值来量化反馈，表中的满意度反映了他们对特定服务完全或部分满意的整体比例；类似的，不满意度反映了他们对服务完全或部分不满意的比例。很有意思的是，在1994年和1999年，受访者中有很大比例的人复述他们的满意评级时是矛盾的。

班加罗尔，孕妇健康中心的腐败[①]

班加罗尔市政公司是由世界银行资助的，在印度人口项目Ⅷ之下的 30 个妇女之家、37 个城市家庭福利中心（UFWCs），以及 55 个健康中心是班加罗尔贫困人口的家庭计划生育、母亲/儿童卫生保健服务的提供者。过去独立的评论，利益相关者磋商和媒体报道明显突出了在孕妇健康中心令人担忧的腐败的水平。各种在城市中为穷人工作的团体表达了一种强劲的需求，即进行用户反馈调查，实证评估医疗服务的质量，尤其是在月子中心（the maternity homes）服务交付过程的质量。作为一个随访，公共事务中心进行了一次在月子中心、IPP 中心和 UFWCs 的公民报告卡调查，整个城市都有五个城市合作建立的非政府组织。一共访问了 500 个病人和 77 个这些机构的职员。调查的目的是为了获得服务质量差、月子中心普遍存在腐败的确凿证据，来加强公民社会组织的宣传工作。

公民报告卡强调了以下问题：

1. 最令人担忧的发现是腐败的普遍性。虽然所有的设施都出现腐败的问题，但月子中心在问题的严重性上表现得尤为突出。大多数的支付是由职员要求或期待的，但主要是生产和看护宝宝。行贿人的比例也根据不同服务有所不同，总的来说，在产屋，90% 的受访者表示平均每个人为所享有的服务要贿赂 700 卢比（1 美元 = 45 卢比）。近 70% 的人要花钱才能看到他们的孩子，1/2 的人要为生产交费。（如表 11-5 所示）

2. 如果一个可怜的女人要支付所有的费用，她生产一次需要花费超过 1000 卢比。据报道，给疗养院 2000 卢比，就可以给她"免除麻烦"和更好的服务质量。粗略估计，每年给这些机构行贿的金额是 1000 万～2000 万卢比。基于这些发现，一项类似的估计是，如果 90% 的女性在月子中心平均花 700 卢比，那么金额总计将达到 1600 万卢比。

3. 大多数工作人员否认腐败行为。他们抱怨设备有限、员工短缺和供应不足。

4. 只有 39% 的病人享受到产房的免费药品，61% 的人在 UFWCs 享受免费药品，63% 的人在 IPP 健康中心享受免费药品。11% 的月子中心的妇女需要花钱买药。在 UFWCs 和 IPP 健康中心，分别只有 3% 和 4% 的人需要支付药费。产科房屋的 94 卢比的药费比在 UFWCs30 卢比的药费价格更高。但是，花钱最少的是 IPP 健康中心，只要 15 卢比。有趣的是，在这三种类型的机构里，所有的医生、护士和其他工作人员都说药物在任何时间对任何病人都是免费的。

5. IPP 健康中心总体来说，比 UFWCs 和月子中心的评价要好。在这三类机

[①] 见 Sekhar, S (2000). *Maternity Health Care for the Urban Poor in Bangalore: A Report Card* (《班加罗尔城市贫苦妇幼保健调查报告》)，公共事务管理中心，班加罗尔。

构提供的同类服务中，IPP 健康中心的评价最高，月子中心的评价最低。

表 11-5 在政府月子中心的行贿细节（班加罗尔）

支付目的	样本中的行贿比例（%）	每次交易的平均花费（卢比）
获得药品	11	94
一次扫描	38	176
血液检测*	13	21
一次尿检*	07	21
生产小孩	48	361
看望刚出生的小孩	69	227
小孩免疫	13	18

注："*"这些服务的法定收费标准是 10 卢比。

检测南亚的腐败①

在南亚，导致重大公共投资项目，如健康、教育、能源等领域收效甚微的主要因素在于缺乏有效的监督机制。事实上，通过妨碍经济发展、降低效率、抑制潜在投资者，更重要的是，为了减轻贫困，还转移了关键资源。种种腐败行为已经严重破坏了南亚国家的发展目标。

在南亚，透明国际（TI）有股强大的势力，现在，透明国际的地方分会在这个区域的大多数国家都非常活跃。透明国际早期就意识到，在设计反腐败方案与各种利益相关者的合作中，目标数据库如公民反馈调查是高度有效的反腐机制。当公民的回馈是基于与服务提供机构的直接互动，而且使用了客观的定量与定性结合的方法，那么，根据他们的业绩表现水平对这些机构进行排名是有可能的。这种"记分卡"能够激发公民联合行动，并为领导设计改革提供基础。这种集体利益催生了南亚一个开拓性项目的设计，这个设计是对该区域的五个国家对其腐败的程度和形式进行客观的评估。这一举措之所以非常独特，是因为它运用了一个常见的调查工具来获取观点和经历，从而使它可以研究在该地区出现的趋势。在南亚，公共服务的范围是很广泛的。一次调查中就涵盖所有内容是很难的，这样不仅会增加大量的调查成本，而且它也测试了受访者的注意力。这项调查的目的是要做出一个对大多数人尤其是社会上的贫困群体、弱势群体的一系列的基础服务的决定。在所有国家中通过一次大众调查问卷检验后，被选中的服务有医疗、教育、能源、土地管理、税收、警察和司法。2001 年 11 月到 2002 年 5

---

① Gopakumar, K (2002). *Corruption in South Asia: Insights and Benchmarks from Citizen* (《南亚腐败：来自市民的洞见和标准》). Feedback Surveys in Five Countries, Transparency International, Berlin.

月，这个调查在孟加拉国、印度、尼泊尔、巴基斯坦和斯里兰卡实施。调查在城市和农村的家庭中进行，斯里兰卡有2278户、印度调查了5157户、巴基斯坦有3000户、孟加拉国调查了3030户，尼泊尔调查了3060户。受透明国际地方分会的委托，在被选中的7项公共服务的关于服务提供和腐败的调查都运用了一样的方法。透明国际所有的南亚分会（All South Asian Chapters of TI had previous exposure to the Citizen Report Card Methodology）对于每个项目、问卷都包括了以下问题：

- 部门的互动和互动的过程；
- 腐败的类型；
- 参与或者没参与腐败行为的角色；
- 腐败导致的不规律的成本；
- 互动的性质；
- 服务交付中导致腐败的原因。

1. 除了突出腐败行为的利益模式、量化这一现象之外，这项调查还提供了有用的基准来衡量进展和变化情况。调查的主要发现包括：在这个区域七项被调查的项目中，教育、医疗和能源是三项最常用的公共服务。对大多数人来说，公共机构是这些服务的唯一供应商。

2. 在这个地区的四个国家中，警察被认为是最腐败的机构。在尼泊尔，警察被认为是继土地管理和海关之后第三大腐败之地。

3. 然而，实际使用这些服务的用户指出，警察和司法是两个最容易腐败的部门，然后是土地管理和教育。

4. 在所有五个被调查的国家中，尤其是孟加拉国、斯里兰卡和巴基斯坦，公共服务的享用仍然是这个国家大多数人口面临的一个主要问题。这个发现也暗示着这个国家的贫困人口被排除在公共服务供给的对象之外，由于高人为的壁垒——经济或其他因素。

5. 这项调查发现，在五个国家中，小腐败盛行于所有的主要公共部门，用户称在他们与公共服务机构的互动中存在中等到高等程度的腐败现象。

6. 在所有被调查的部门中，中低水平的工作人员是腐败的主要促进者。

7. 对腐败的性质进行分析，可以发现敲诈勒索是最普遍的形式。

8. 由于腐败导致的经济开支的证据证明，高水平的收入侵蚀导致高频行贿和大量资金支付。

9. 在公共服务领域，缺乏问责制和权力垄断被认为是腐败的主要原因。

据用户反馈，易于出现腐败的前三个部门如下（详见表11-6）：

孟加拉国——警察第一、司法第二、土地管理第三；

印度——警察第一、司法第二、土地管理第三；

尼泊尔——警察第一、司法第二、教育税收并列第三；

巴基斯坦——警察第一、土地管理第一、税收第三；
斯里兰卡——警察第一、司法第一、土地管理第三。

表11-6 南亚的腐败——部门得分情况

国 家	部门（调查样本中支付贿赂的比例）						
	教育	医疗	能源	土地管理	税收	警察	司法
孟加拉国	40	58	32	73	19	84	75
印度	34	15	30	47	15	100	100
尼泊尔	25	18	12	17	25	48	42
巴基斯坦	92	96	96	100	99	100	96
斯里兰卡	61	92	样本量太小	98	样本量太小	100	100

调查表明，由于行贿的频率高、数额大，行贿已成为南亚家庭中一项沉重的经济负担（见表11-7）。比如，在孟加拉国，公共医院中超过一半的用户说他们已经通过行贿来获取一次医疗服务，平均每次是1847塔卡（33美元）。在巴基斯坦，与公共教育接触过的92%的居民说不得不行贿，并且每次数额平均是4811卢比（86美元）。这些数据在总人口为14亿，其中45%仍生活在贫困之中的区域而言，是非常令人担忧的。

表11-7 南亚的腐败——收入的侵蚀

国 家	部门（支付贿赂的平均金额）						
	教育	医疗	能源	土地管理	税收	警察	司法
孟加拉国（BDT）*	742	1847	950	3509	318	9675	7800
印度（INR）*	745	621	669	1005	1937	754	1540
尼泊尔（NR）*	961	1424	531	1220	12323	1637	8169
巴基斯坦（PR）*	4811	777	1087	6013	3858	2331	9670
斯里兰卡（SLR）*	2700	955	样本量太小	2540	样本容量太小	1379	889

注：①BDT——孟加拉国塔卡（1美元=56塔卡）。
②INR——印度卢比（1美元=45卢比）。
③NR——尼泊尔卢比（1美元=71卢比）。
④PR——巴基斯坦卢比（1美元=55卢比）。
⑤SLR——斯里兰卡卢比（1美元=96卢比）。

当被问到腐败的源头时，大多数受访者回答说，公共服务员向他们索要贿赂（表11-8）。在所有被调查的部门，中低级别的公务员被认为是最主要的腐败促进者。

表11-8 南亚的腐败——敲诈勒索的概况

国家	行贿中声称被勒索的比例*（%）						
	教育	医疗	能源	土地管理	税收	警察	司法
孟加拉国	87	61	79	82	56	84	73
印度	66	55	67	59	63	67	66
尼泊尔	73	74	63	86	72	54	72
巴基斯坦	61	60	72	64	61	74	61
斯里兰卡	62	30	无效	32	无效	14	64

注："*"敲诈勒索被定义为服务提供者直接要求行贿。

调查表明了腐败的猖獗本质，它已祸害到重要的公共部门，包括警察、教育和医疗。结果表明，当人们想要使用这些关键的服务时，许多人成了被敲诈勒索的受害者，这着实令人不安。这项调查强烈支持授权给监管机构，比如反贪办公室，以此来监督公共机构的活动，因为在整个这个地区，这些机构是提供很多基本必需服务的唯一部门。研究结果表明，在那些法律对服务的标准没有规定的地方，公共机构往往提供较差的服务。

影响与经验

用公民反馈调查的观念来评估公共服务的绩效，在印度是一个非常新颖的提法，评估过程仍在发展之中。多种调查的回答表明了四个不同水平的影响，如以下的讨论所述。

建立公众意识

大众传媒在建立和宣传公众意识方面起到了主要作用。公民报告卡的结果一般都被主要报纸显著公布。某种程度上来说，机构具体的发现和这个已用方法的新颖性，对这个回复负有责任。当然，有关腐败的新闻通常提高了报纸的发售量。对于腐败的话题，量化的信息使得个人行动转变为集体发声，因此，提供了一个平台来发表强大的、需求导向的回应。

促进机构改革

公民报告卡揭露了一系列问题，包括定性的和定量的，并给公共服务的供应方发出了强烈的信号。评分量表的使用允许了受访者量化他们对服务或者机构的满意或不满意的程度。这个量表不仅用于一个机构的整体评估，它还用于对其服务的不同项目评估。公民报告卡允许公众满意度和腐败程度进行跨机构的对比，也创造了一个平台，来促进机构在解决潜在问题上的兴趣。定量法和评分排名吸引到了奇闻轶事所不能吸引的注意力。它们将注意力集中在具体的机构和服务上，这对那些负责人来说会有点尴尬，尤其是那些卷入到负面宣传的负责人。

强化公民社会的主动权

公民报告卡提供的信息和结果在促成公民采取主动的、创造性的措施方面取得了巨大的成功。不再作为一个低效、无回应服务的被动接受者而存在，现在的公民更多的以积极活跃的参与者身份加入。对于公民社会组织，这种方法提供了一个强大的、清晰的、可靠的数据库，突出了他们关心的领域，并帮助他们制定战略，提高宣传技术。

民主回应

公民报告卡高度关注定量的项目，如对质量的满意度、期望值等。而在服务交付中，常规的数据仅关注硬性的物理指标，有关满意度、期望值的数据是缺损的。公民报告卡同样促进了政治回应：民主不仅仅是有关选举的，而是选举是怎么选的。在班加罗尔，部长首领对公共机构的监督方案（一个叫作"班加罗尔议程任务"），重复利用公民报告卡对所提议的改革和活动的进度进行评估。这些实践的结果将被呈送给市长和其他被选的官员，并被媒体广为传播。

成功的关键因素

促使这个方法成功运用的因素有以下几点：

1. 需要一个客观、可靠的数据库：所有有效的主张都由对一个可靠数据库的需求发起。大多数的参与组织都有放大他们的发声、让他们更受关注的需求。

2. 关注机构：公民报告卡在图表中标出对服务而不是对个人的反馈。强调创建一个中立、科学的机构数据库，来为体制改革开辟道路，并不是对评分较差机构的 CEO 进行调任等类似做法的"权宜之计"。这使得这个主张受到更少的抵制。

3. 本地拥护者的参加：也许最重要的投入是当地利益相关者，比如那些拥有数据库的 NGO 和公民团体，将结果反馈至当地环境，并策划适于本地主张的行动。

4. 强调经验而不是主观感知的数据：公民报告卡不是民意调查，它们代表使用服务的用户，这种用户的维度使得这个结果更具分量，更有可靠性。

5. 由独立的、专业的、能胜任的团队实施：当地拥护者的可信度对有效的主张必须是无懈可击的。

参考文献

［1］Balakrishnan S. Citizen Report Cards and the Basic Services for the Urban Poor ［R］. Background Paper Prepared for the World Development Report 2004, 2003.

［2］Dreze J, Amartya Sen. Public Action and Social Inequality ［M］. Barbara Harriss-White, Sunil Subramanian. Illfare in India: Essays on India's Social Sector in Honour of S. Guhan. New Delhi: Sage Publications, 1999.

［3］Gopakumar K. Public Feedback as an Aid to Public Accountability: Reflections on an Innovative Approach ［J］. Public Administration and Development, 1997, 17: 281-82.

［4］Gopakumar K. Corruption in South Asia: Insights and Benchmarks from Citizen Feedback Surveys in Five Countries ［R］. Berlin: Transparency International, 2002.

［5］Paul, Samuel. A Report Card on Public Services in Indian Cities: A View from Below ［R］. Bangalore: Public Affairs Centre, 1995.

［6］Paul, Samuel. Making Voice Work: The Report Card on Bangalore's Public Service ［R］. Policy Research Working Paper No. 1921. Washington D. C.: The World Bank, 1998: 14.

［7］Paul S. Holding the State to Account: Citizen Feedback in Action ［M］. Bangalore: Books for Change, 2002.

［8］Paul S, Sekhar, Sita. The Second Report Card on Bangalore's Public Services ［R］. Bangalore: Public Affairs Centre, 1999.

［9］Sekhar S. Maternity Health Care for the Urban Poor in Bangalore: A Report Card ［R］. Working Paper. Bangalore: Public Affairs Centre, 2000.

［10］Sekhar S. The Third Report Card on Bangalore's Public Services ［R］. Bangalore: Public Affairs Centre, 2004.

［11］Upp S. Making the Grade: A Guide to Implement the Report Card Methodology ［R］. Bangalore: Public Affairs Centre, 1995.

第十二章

腐败与政治庇护
——肯尼亚的"Harambee"

安妮·魏格乐

导　言

　　Harambee（齐心协力），是肯尼亚的一种本土自助活动，它需要为社区设施［如学校以及水项目和健康诊所贡献金钱和其他类型的资源（如劳力）］。几乎所有处理肯尼亚的发展前景、面临的问题、做调研或者尝试向外界介绍肯尼亚的人，都发现有必要了解作为一种发展策略的"Harambee"。在肯尼亚，"Harambee"与工作、生活一样，都是一种满足需求的方式。

　　"Harambee"是肯尼亚民族主义中不可分割的一部分。在独立之前，"Harambee"是劳动或其他互助形式的一种草根形式的社会交换。这个概念于1963年6月的Madaraka Day，肯尼亚总统Mzee Jomo Kenyatta正式认同其成为全国性的口号、国家至高的格言、集会的标语。这天之后，"Harambee"被用来表示集体努力、社区自立、企业合作以及多种形式的集体自力更生。

　　理想的情况下，"Harambee"始于一个社区，这个社区先是识别到它的需要，然后组织团体来满足需要。这些团体可以有一个目标或者一个与目标相关的持续性项目。在20世纪70年代早期，Harambee最初的举措是建立学校、健康治疗所、羊圈和道路——后来关注农业和水利工程。在这期间，Harambee并没有正式注册成为社团，Harambee活动在各省之间的水平差异也很大。Harambee通常在那些适合定居与开发的合适的土地上才更加活跃。

　　一个Harambee项目的主要优势是，它反映了一个"自下而上"而不是通常的"自上而下"的项目启动过程，因而促进了所有权和问责制。它确保社区满足了他们的优先目标，同时保证"搭便车"问题控制在最低限度。每个人都被鼓励去志愿捐助，或以现金或其他形式。然而，被逐渐腐蚀的原始的自助概念已逐渐破坏这一崇高的理想。取而代之的是被政客们用来贿赂选民的一种政治慈善文化。

Harambee举措可以分为两大类——私人的和公共的。私人的Harambee通常为婚礼、葬礼、大学学费以及朋友或家人的医疗账单筹集资金；公共的Harambees通常为发展项目，比如为学校、健康中心、水项目等筹集资金。

为什么研究Harambee

据说，Harambee会导致人们，尤其是政客以两种方式滋生腐败：

（1）它为那些窃取公共资金并使其在公众面前变得合法的人提供了途径。一项由治理与民主中心于1991年至1997年进行的肯尼亚公共支出管理的调查表明，政府因管理不善损失了超过4510亿先令（1.17万亿Ksh或150亿美元，通胀调整后），公共资金损失的主要原因是浪费性的支出。这种浪费包括挪用资金给Harambee［治理与民主中心（CGD），2001］。

（2）对捐赠无经营责任，即便有也是很少。捐助者努力使他们的捐赠物用于预期的目的。其结果是没有一种机制来揭露和制裁那些贪污的资金托管人，以及那些以虚假Harambees来筹资的骗徒。

文献综述

对Harambee运动的性质和规模做出的不同解释，被对这个主题进行了研究的少数学者转发。一些学者突出了Harambee在促进社会凝聚和团结方面的角色。其他人则意识到Harambee与传统公共事务方面的联系；他们强调传统组织对动员和组织农村人口的重要作用。其他人则指出，农村地区的穷人在社区自治活动方面的努力使农村的富人得益，自己却变得一贫如洗，并列举了一些Harambee资金滥用的例子。然而，还有一些Harambee的支持者，尽管他们也承认欺诈的情况确实存在，但他们声称，比起促进农村精英发展，自助活动对于创建本地资源来建立设施并提供更具广泛性、适用性的服务来说，是一种合适的方式（Thomas，1977）。

此外，对Harambee活动在肯尼亚繁荣发展的原因也进行了探讨。Mutiso（1975）认为肯尼亚内一个中心——外围，与城乡分割相应，大致反映了不同的文化。自助或Harambee充当了一个外围的防御性策略，从一个看似华丽的、傲慢的中心挤压出它所能挤压的一切（Mutiso，1975）。

Holmquist提出了自助活动在肯尼亚发展的很多原因。一个原因是——除了肯雅塔（肯尼亚独立后第一任总统）的命令——农村的小资产阶级对 Harambee 积极回应，是因为他们发现他们在为了稀缺的政治角色相互竞争，而这些政治角色可以用来提高他们的经济地位，以及一般的社会和政治威望。同时，随着农民对社会设施以及对他们的领导产生影响力的社会需求，后者为了向人们证明他们的价值，不得不通过政府或者私人渠道来帮助社区获取资源。Holmquist 还指出，农村小资产阶级需要自治活动，是因为官僚机构保留了为自身编程式的政策制定的大部分职能。虽然他们之间的竞争会影响到个人的政治命运，但这种选择并没有威胁到他们作为一个阶层的身份。他将农村小资产阶级分子视为对当地生活便利设施发展具有更加直接、长远兴趣的人，而不是在官僚机构集中招募来的，可以调动起着类似作用的那些人（Holmquist，1984）。

另外，Njuguna Ngethe，提出了一个特别的讽刺。肯尼亚的农村小资产阶级独立的和随心所欲的个性，促使总统肯雅塔鼓励并几乎授权自助组织的角色。独立后，肯雅塔对普通议员抨击政府政策越来越失望，他对自己不能执行党的纪律和政治秩序感到非常沮丧。这导致他随意阐述合法选区服务的概念，来协助自治组织数量的增长。这种形式的政治既没有意识形态，又非照章办事，非常方便。肯雅塔称之为"有用的政治"，而不是"有语言没行动"的"无用的政治"。自助会通过"努力工作而不是闲聊"来团结政客和选民。现实的国家意识形态的这一组成部分，巩固了在自助活动的基本规则下"政府只帮助那些帮助自己的人"的国家与社会的隐含的伙伴关系（Holmquist，1984）。

Mutiso 和 Godfrey（1973）、Mbithi 和 Rasmusson（1975）举出了自助运动扩散的两个原因。在 1962 年至 1965 年间，执政党［肯尼亚非洲国家联盟（KANU）］，通过吸收肯尼亚非洲民主联盟（KADU）的领导和 Akamba 人民党（APP）来抑制地方主义。这个合并制造了 KANU 组织（在其成立和独立的时候与党相关的人）和那些刚刚进来的人之间的冲突。这导致一些国家领导人运用已经迅速增长的 Harambee 在地区层面进入竞争。

另一个原因是——在独立之前——民族主义的意识形态用这种口号来表达，似乎承诺在帝国主义剥削者、殖民者离开之后，有一种更舒适的生活、更丰富的物质福利。这导致了人们对独立将会带来什么的不断上升的预期。因此，1962—1965 年这段时间，实际上是对独立后的现实进行自我评估并对领导人明显的违约感到日益失望的时代。因此，在 1965 年的《非洲社会主义第十号》的会议论文上，呼吁自力更生、艰苦工作的文件发表了。这个文件正逢独立后第一个五年发展规划的公布，五年发展规划也强调了发展的严酷现实，那就是减少对政府的依赖，需要艰苦工作、自力更生。

Mutiso 后来基于肯尼亚的变革中的社会结构的动力学解释了 Harambee。他认为，一方面，西方社会价值观定义的分化、社会流动模式、社会指标交互模式的一种新兴的精英形式应被视为代表大多数人口的、对抗着同样良好定义的原著居民的与非原著居民的价值交换模式；另一方面，他认为这种分化创造了社会分裂，因为分化使得本土体制走向边缘，而精英走向了中心。

对 Mutiso 而言，Harambee 运动的理论支柱实际上是对外围政治经济中心的疏远的重新肯定，并且他们渴望从中心或者从外围到中心的开放的流动模式中拉拢领导。从长远来看，如果外围能够对资源和资源可获得性的机会重新建立分配渠道，这将是必要的。

为了支持这个判断，Frank Holmquist 将 Harambee 视作一个先发制人的策略。在他的肯尼亚基西地区的项目选择模式的研究中，他推测这种选择是由政府变革推动者和地方利益集团的持久性的对抗决定的。这一策略还利用了地方标准的独特性和地方设计项目来阻止政府利益的独特性。它假设政府将继续他们传统的规划方法，但是政府能够并且愿意接管本地启动项目。因此，先发制人的策略不是打消政府发展的努力，而是故意企图吸引注意力、取消无关规划和中央集权决策的策略。

Barkan 和 Holmquist 阐述，在他们试图论述自助的社会基础时，假设不同的阶层以及可能的不同的社会阶层将会为自助运动做出不同水平的支持。在验证这个假说时，他们主要的担心是，询问"肯尼亚自我帮助的格言是否是小农场主的一种工具？或者它是否是通过大土地所有者与国家联盟，对农村群众征税的一种工具？"他们得出结论：几乎在农村地区的每一个人都支持自助——唯一不同的是他们参与的程度不同（Barkan 和 Holmquist, 1989）。

尽管 Harambee 运动最初受到鼓励，并且得到肯尼亚政府的官方认可，来转移对农民提供社会服务的成本。但是它最终的结果是，更多的资源从中心转移出来。而如果这个运动的规模没有发展到今天这个程度的话，这种状况就不会出现。

到 20 世纪 70 年代晚期，政府开始对自助运动的扩散变得警觉起来，并且试图降低其发展速度，理由是其发展正渐渐失去控制。政府面临的问题是要解散一个过于活跃的农民群体。官方认为它正失去控制，需要逐渐弱化农民的主动权，并且重申了对当地发展的控制。因此，政府启动了一个程序，通过这个程序，项目必须由社会服务部登记才有资格获得援助。

尽管这些努力以及 Harambee 在数百万的肯尼亚人的生活中扮演越来越重要的角色的事实，而且一直是一个高度政治化的活动，但是 Harambee 运动在以一种无计划的方式发展。Harambee 被排除在政府发展规划的主流之外，它取得的增长几乎很少或者没有政府的协作和监管。

Mbithi 和 Rasmusson 估计 Harambee 的规模，Harambee 已经贡献了农村发展投资的 30%。据估计，仅在 1966—1967 年度的财政中，在 Harambee 运动期间，总共收集了 880 万肯尼亚英镑，1979—1983 年的发展规划宣称 Harambee 是自独立后加速农村发展的关键策略（Mbithi 和 Rasmusson, 1977）。

重要的是，要注意到很少有学者研究这个主题。没有人尝试去测量肯尼亚Harambee运动的实际规模，以往的研究都集中在1980年之前。因此，明显需要对当前运动的规模和趋势进行一个深入的分析。本研究旨在扩大这方面的知识。

研究目标

这个试点研究的主要目标是对Harambee活动编制明确的数据，并研究随着时间的推移，Harambee的演化过程。这个研究的次要目标是对Harambee项目进行一个初步的随访。

研究方法

数据主要来源于两家全国性的日报（*The Nation*和*The Standard*）的报纸档案，从1980—1999年的收集而来，共有以下关键变量：
- 项目的名称和类型（比如学校、健康中心和水项目）；
- 区和选区；
- 老板的个性（比如当地议员、议员和学校主席）；
- 被报道的个人贡献；
- 筹资总额。

由于一个初步调查确定超过90%的Harambee活动都集中在3—9月，由于时间和资源有限，仅收集这几个月的数据。这是基于1987年Harambees样本的数据分析。

在三个地区进行了项目随访（Nakuru、Maragwa和Kajiado）。采用随机检查的方式来验证报纸上报道的金额与实际收集的金额，发现了这两个来源之间的一个合理的精确度。随后对目击者进行采访以获得一个对Harambees更详细的描述。

研究范围和局限

从媒体报道获得的关于Harambee的数据有一定的偏见。比如，一个由知名人士参与的Harambee更有可能被新闻报道。因此，数据将会有一个"VIP"偏见。

数据的另一个局限是在紧随主要Harambees之后的迷你Harambee中对收集资金的重复计算。报纸报道并不总是提供足够的信息，以允许对数据做必要的修正。

其他的错误包括空头承诺和空头支票。那种知名人士把同样的钱流通在几个

Harambee 的例子也不是大家不知道的。然而，迄今为止，这个报告已经持续了相当一段时间，这些数据对广泛的趋势和模式提供了一个相当准确的描述。

主要发现的概要

首要发现

本研究的主要发现是公共 Harambee 在多党时代，已成为一个主导 KANU 竞选的现象。自独立以来，KANU 一直是执政党。其他研究结果如下：

（1）如表 12-1、图 12-1、图 12-2 所示，被报道的 Harambee 数量从 1991 年的 97 个翻倍到 1992 年（第一次多党选举的那年）的 203 个。在随后一年，被报道的 Harambee 只有 74 个。Harambee 活动在 1997 年大选之前从 1987 年到 1995 年再次升温，1996 年和 1997 年分别是 162 个和 205 个。

（2）在 1992 年，筹集的资金总额增长了 6 倍，从 1991 年 2600 万的 Ksh.（8500 万 Ksh/110 万美元，据 1999 年的价格通胀调整后）到 1.42 亿光令（大约 3.62 亿光令或 460 万美元，据 1999 年的价格通胀调整后）。在 1993 年，筹资金额减少到 6000 万光令（1.05 亿光令或 130 万美元，据 1999 年的价格通胀调整后）。

（3）在 1997 年，筹资金额从 1996 年的 2.27 亿光令（2.8 亿光令或 340 万美元，据 1999 年的价格通胀调整后）增长到 13.5 亿光令的记录（14 亿光令或 1800 万美元，据 1999 年的价格通胀调整后）。1997 年筹集资金的数目代表着被报道的五年的捐赠。

Harambee 参与

Harambee 参与显然已经随着时间的流逝而改变。政客是 Harambee 的主要捐赠者，赞助也变得更加集中。前任总统 Moi 先生，作为 Harambee 的主要赞助人出现，他的赞助也随着时间而增长。在 20 世纪 80 年代，据报道，他亲自或者通过使者对 187 个 Harambee 赞助了 2450 万光令，这几乎占了 1% 的总贡献，100 位主要捐赠者捐赠额的 30%。在 20 世纪 90 年代，据报道，他对 448 个 Harambee 捐赠了 1.3 亿光令，构成了 10 年捐赠总额的 5%，主要捐赠者捐赠的 30%。

腐败和政治庇护：肯尼亚的"Harambee"

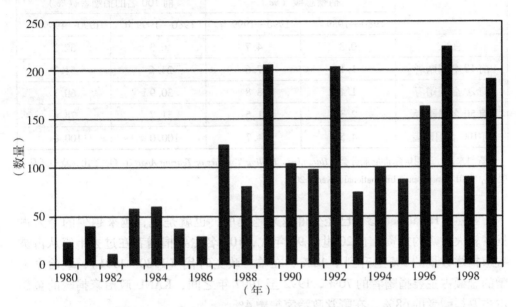

图 12-1 被报道的 Harambee 的数量

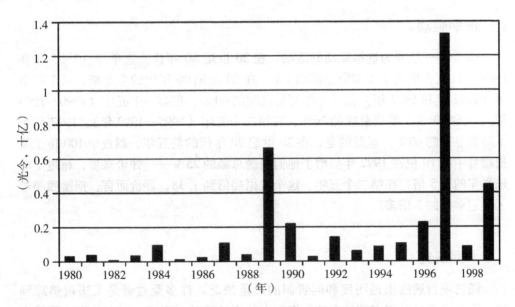

图 12-2 被报道的 Harambee 中的筹资总额

表 12-1 参与的集中程度

	捐赠总额（%）		前 100 名的捐赠者（%）	
	1980—1989 年	1990—1999 年	1980—1999 年	1990—1999 年
总统	0.3	4.7	6.3	32.2
前 10 名捐赠者	1.1	7.6	24.6	51.7
前 20 名捐赠者	1.4	8.8	30.9	60.1
前 50 名捐赠者	2.3	11.5	51.7	78.4
前 100 名捐赠者	4.5	14.7	100.0	100.0

资料来源：透明国际肯尼亚分会：*Harambee, Pooling Together or Tearing Apart*（《哈兰比，集中还是分裂》），2001Transparency International, Kenya 2001.

显然，Harambee 参与已经变得越来越集中，也就是说，越来越少的个人占据了较大数额的筹资。在 20 世纪 90 年代，100 名主要捐赠者在过去十年从占被报道捐赠数量的 5% 上升到了 16%，在单一政党时代（1980—1991），政治家捐赠的金额占主要捐赠者的 70%，1992 至 1997 年之间，KANU 政治家捐赠的金额占主要捐赠者的 68%，在野党政治家捐赠 4%。

选举驱动

Harambee 已成为选举驱动的活动。在 20 世纪 80 年代，选举年（1983 年和 1988 年）仅占据几十年筹资总额的 7%。在 20 世纪 90 年代的多党期，两个选举年（1992 年和 1997 年）占了十年筹资总额的 60%。在第一个五年（1990—1994 年），1992 年占了筹资总额的 26%，在第二个五年（1995—1999 年），1997 年占了筹资总额的 60%。重要的是，在 20 世纪 90 年代的前五年，调查中 100 位主要捐赠者中有 19 位在 1992 年捐赠了他们捐赠总额的 25%——评价来看，超过了非选举年的 3.5 倍；在第二个五年，这个数据翻倍到了 38，评价而言，捐赠额超过了非选举年的 5 倍多。

个案研究

随访项目透露出透明度和问责制的严重缺乏。许多受益者是无法被追踪到的，因为许多自助组织都是在选举期间在特别的基础上形成的，在分享这笔钱之后又解散了。下面的记录生动地说明了所发生的这一切：

一个目击者报告说，一个位于Maragwa地区的妇女自助小组，由妇女们自己通过一个"旋转木马"系统资助该小组承担的几个项目。直到2000年底，该小组建立了一个委员会来组织Harambee以资助一个水箱项目。该委员会提出预算，并决定邀请谁作为尊贵的客人。这些客人包括一名当地议员、知名商人以及有抱负的议会候选人，他们的目标是筹集足够的钱购买所有自助小组成员的水箱。

KANU有抱负的候选人与小组领导交谈并告诉她放弃从反对党邀请客人的想法——一个赞助的案例。议员进一步提出，他将带来KANU更多的顶级官员。妇女接受了他的建议，并安排了融资计划。事项按计划进行，但是所筹资金数目并没有按惯例在募集公共资金的运动中公开宣布。Harambee之后，发现通过Harambee筹集的钱对于计划的项目来说是不够的，然后这笔钱由女性领导人分享了而没有用于最初的目的。

一个政治家报道说，资金募集运动是由一个Gathigi咖啡农民社（coffee farmers'society）组织，目的是为了建立一个咖啡工厂和碾磨设备。这个提议来自一个工厂委员会的主席，那时，他是Nairobi的一个商人。许多人对他的提议表示欢迎，因为他被视为与KANU有很强大的关联。Harambee的目标是筹集一大笔资金，因为这位主席将要从省里邀请KANU的议员和官员。

Harambee如期举办，并且大多数客人都是KANU的政客。所筹资金的数额并没有公布，给出的原因是没有收到前总统捐出的钱。后来。捐赠总额估计有300万先令。然而，在Harambee之后，这个项目由一个咖啡农民社项目转变成了一家私人公司。这位主席破坏了这个计划，通过从农民那里购买咖啡，然后碾磨咖啡，使它成了自己的公司。会员们有所抱怨，但主席答应退还他们的注册费。他进一步承诺通过合作社以高于现行价格的更高价格购买他们的咖啡——一个典型的腐败案例。

后来，人们发现策划这个计划的是KANU一个知名的政治家。他以农民项目的名义从政府获得"资金援助"，并注册了这个公司。他计划把这些资金供自己使用。筹资的实际对象是统辖区的青年和妇女们的Harambee行动。

随访项目

这个地区社会发展办公室（DSDOs）登记了这些自助团体，意味着要批准这些组织的开支。在所采访的三个地区中，DSDOs没有任何关于自助团体的财务记录。所有被采访的受益者没有现成的有效的项目账户。然而，在一个小村庄的环境中，这并不是一个大问题，那里的问题不是那么多，并且每个人私下对组织者都非常了解。对于一个全国性的Harambee，有成千上万的匿名公民作为捐赠者参加的活动而言，由于非正式的社会机制不再有效，唤起了对法律控制的需求。

另外一个重要的发现是，虽然 Harambee 的钱由公众捐赠，但是受益人并不期望公众成员要求建立账户。换句话说，他们并不期望对任何人负责。

Harambee 的伦理及演化

Harambee 运动，将它与世界各地类似运动相比，如美国的政治行动委员会（Political Action Committees，PAC），它的发展引发了各种伦理问题。虽然，与 PAC 运动相似的有几个方面，但是 Harambee 运动有其独特之处。对于 Harambee 运动是肯尼亚政治和肯尼亚选举制度的一个重要组成部分。然而，它的不同在于，虽然 PACs 以合法的形式存在，为诸如公司、工会等组织募集联邦办公室候选人捐款——这是他们不能直接做的——Harambee 的主要目标是运用本地可用的资源满足大众而不是政治家当前的普遍需要。在这方面，该运动的结果截然不同。

值得注意的是，在 PAC 中公众自愿把钱汇集到政治家手中。但是，在 Harambee 中，钱从国库通过政客，向广大公众流出。在 Harambee 中，公众对他们正被用于深造政治家的职业生涯并未察觉，并且，在选举期间，运用 Harambee 运动作为一种竞争工具的现象不断发展。

2006 年出现的另一个伦理问题是，尽管肯尼亚当前处于经济困难的局面，但议会的成员仍运用 Harambee 为增长 150% 的工资（大约每月 4600 美元）而辩护。他们认为增长是合理的，因为他们的选民期待他们捐赠 Harambee。政客们用这种运动作为受贿的工具与选民们运用 Harambee 使未经证实的收入增长合法化是一样的吗？

有一些普遍特征来区分肯尼亚和该地区 Harambee 的自主开发的活动与其他开发活动，这包括一个自下而上而不是自上而下的发展项目的启动。这个自助运动中的个人参与遵循集体最优而不是个体增长的原则，项目的选择遵循满足参与成员和团体的当前需要。这种地方层面的意识形态，可以概括为"开明的社会和集体的利益"，它是选择项目一个非常典型的标准。在大多数情况下，该团体觉得这些是必要的：决定该集团与谁联系在一起，哪种资源动员策略将会是有效的，哪种激励法，什么迷惑人的用词对增加承诺是合适的。

然而，正如报告揭示，多年来，这些特征已逐渐消失。Harambee 已从它原始的、自助的概念转化成政治慈善事业的一种反常文化。一个"自上而下"的倡议已经取代了"自下而上"的过程。事实上，在很多地方，一个民选领导人的有效性，几乎完全由为选民开展 Harambee 活动的次数，以及捐赠金额的数目来衡量。在很多方面，开发项目已经成为 Harambee 的附属事项，政治竞赛才是真正目的，政客参与占主导地位。Harambee 活动中嘉宾的政治声望以及捐赠者的名单,已经成了反映主人政治影响力的量表。因此,Harambee 成为了政客们用来获取选票、保持选民对他们忠诚的政治庇护工具。因此,这是一个重要的竞争场所,因为它可以决定和维持地方层面的政治领导。

此外,Harambee 在突出阶层之间、地区内部以及地区之间的不平等方面扮演了重要的角色——最富有的地区通常最具有政治影响力。这意味着,那些政治上与有权势的政客联系不那么紧密的地方,从长远来看,更少有机会获得发展资金。但也有人认为,相对富裕的人比起那些不那么富有的人,通常对自助项目有更浓厚的兴趣。因为项目一旦开始运作,他们更能提供用户费用。

最重要的是对挪用资金的关注。需要引起注意的是,这种关注并不是近期才开始。在 20 世纪 70 年代中期,当时的副总统 Daniel Arap Moi,在一个筹款会议的讲话中,呼吁为 Harambee 资金建立一个全国性的会计系统,以保证当地群众或工人的钱被合理使用。他还要求成立一个由诚实的人组成的委员会,以确保 Harambee 资金花在他们的目标项目上(Ngethe,1979)。这是从一个接近政府中心的人证实存在不诚实的项目领导人。

Moi 总统的连任和不断升级的世界经济困境,已经转化成肯尼亚合法的财政危机。当政客们寻求政治立场,他们倾向于通过对各种项目尤其是在他们选区的项目捐赠大笔的钱的方式,把注意力更多集中在 Harambee 上。据传,这些基金可能有几个未被公开承认的来源:包括"服务提供"的商人和公共财政。当总统和省级政府的成员举行 Harambee 活动时,首领和助理主管通常会从普通公民那里收集一些钱在会议上展出。这样的收钱不是自愿的,而是税收。

腐败的测量

除了目前由于 Harambee 运动带来的道德问题,这个活动和捐赠的金额可以用来测量肯尼亚腐败的原因有很多个:

(1)1998 年主要捐赠者都是政客。然而,Harambee 活动中捐赠资金的来源是未知的,并且超出了许多政客捐赠者的财产金额。

(2)1999 年 Harambee 活动和受捐金额在选举期间大幅增加,证据表明,Harambee 被政客们用作贿赂选民的一种工具。

(3)2000 年政府由于浪费损失了大笔的钱,这包括在 Harambee 捐赠的钱,尤其是在大选的年份。

因此,Harambee 活动和捐赠款的金额可以用作在肯尼亚衡量这种形式的腐败相对于以前是否有所增加。

结 论

采用多党政治以后，Harambee 已成为贿赂选民的一种工具。如果当前的趋势继续下去，贿赂和赞助将成为公共 Harambee 的主要功能，社区的目标将会完全消失。贿赂选民不仅是对民主的颠覆，它对腐败和破坏公共伦理也提供了强大的动力。

许多人在推动强化公民社会建设的进程，以作为防止国家腐败和暴政的保卫措施。然而，对于 Harambee———一个从公民社会出现的机构，它已经被那些控制国家的同样的政客指派，并成了钝化问责的一种工具。

Harambee 一直是政治性的，但是 Harambee 的政治性质经历了一种逐步从"自下而上"到"自上而下"的转化过程，伴随着对所有权和问责制逐渐侵蚀的合力。然而，Harambee 仍然是肯尼亚的一个重要机构，是这个国家的历史、发展的努力以及社区生活不可分割的一部分。

综上，提出以下建议：

（1）在选举期间，推迟举办 Harambee。

（2）在竞选期间，禁止选举办公室的竞争者对 Harambee 进行捐赠。

（3）指定选举开支上限，包括候选人在选举之前的特定时期（6 个、9 个或 12 个月）对 Harambee 的捐赠。

另一个可以考虑的建议是，通过税收体系对 Harambee 项目进行管理。超过某个阈值时，引入一个对 Harambee 捐赠的预扣税款办法。将会从至少三个方面促进问责。首先，Harambee 项目将被迫坚持财务记录，减少对 Harambee 基金的挪用。其次，它将有助于在公民之中发展一种廉洁财政和责任的文化。再次，它会阻止非法收入运用到政治赞助之中，重振自助原则和 Harambee 精神。

总之，以上推荐的 Harambee 规则，将会确保效率，保护受益者的利益。同时保证参与者观测到某些管理和领导伦理——把项目利益置于个人利益之前。

参考文献

[1] Barkan J D, Holmquist F. World Politics, Peasant State Relation and the Social-Base of Self-help in Kenya [M]. [S. l.]: Johns Hopkins University Press, 1989.

[2] Centre for Governance, Democracy (CGD). A Survey of Seven Years of Waste-Policy Brief [M]. Nairobi: Keitu Enterprises, 2001.

[3] Holmquist F. Politics and Public Policy in Kenya and Tanzania [M]. New York: Praeger Publishers, 1984.

[4] Mbithi P, Rasmusson R. Self Reliance in Kenya [M]. Uppsala: The Scandinavian Institute of African Studies, 1977.
[5] Mutiso G C M. Kenya: Politics, Policy and Society [M]. Kampala: East African Literature Bureau, 1975.
[6] Ngethe J N. Harambee and Development Participation in Kenya: The Politics of Peasants and Elites Interaction with Particular Reference to Harambee Projects in Kiambu Districts [D]. Ottawa: Carleton University, 1979.
[7] Thomas J W. Creating Rural Employment: A Manual for Organising Rural Works Programs [R]. Harvard Institute for International Development, Harvard University, 1977.

第十三章

测量腐败
——对冰山的探索

里奥·胡博思　卡琳·拉斯瑟真　卡雷尔·彼得斯[①]

导 言

研究者和实践者对关于腐败的现有知识只给出了有限的可共享的见解。我们都同意腐败是一个重要且复杂的现象，我们也同意我们对腐败的内容存在分歧。但有许多不同的理论和概念框架，这导致了大量的描述、解释和评估。其结果是，尝试去测量腐败是一个冒险且富有争议的行为。

在一个国际环境里，尤其更是这样。然而，当是在单一国家的环境里研究腐败时——甚至当它关注的是如荷兰有着相对积极的腐败声誉（corruption reputation）的小国家时，这是被支持的。在这章里，我们将对这个有着1600万居民的西欧国家中的腐败研究的相关信息给予陈述。

首先，我们将澄清我们将要一直使用的概念。腐败只是可以被区分的许多违背廉洁（integrity violation）中的一个。阐明它与相关的不道德行为——欺骗、偷窃、利益冲突和资源滥用是十分重要的。我们的目的是通过把腐败概念并入到更为广泛的治理的道德和廉洁理论中来对现有研究和理论进行增进。当然，对于我们将要讨论的合适的研究议程和方法论，这也会有效果。

试图去测量腐败和其他违背廉洁的问题，并且对于腐败研究提出挑战可能性的可用理论有许多，我们已经选择去使用多种理论并通过这个"三角测量法"

[①] 作者在荷兰阿姆斯特丹自由大学的公共管理和组织科学系工作。里奥·胡博思是公共管理和政府廉洁研究的教授。卡琳·拉斯瑟真和卡雷尔·彼得斯则作为研究员工作于政府廉洁研究小组。

来增进我们对于荷兰腐败的知识。我们所关注的是实证方法。通过陈述我们国家中关于腐败的可用研究方法和结果，我们希望对这本书的努力有所贡献。在本章中，我们将通过描述我们已经操作过的不同研究类型对于关于测量和方法论的问题有所钻研。我们还将对我们的结果进行陈述并对不同研究项目和理论有用性和局限性进行回顾。

在第三部分，我们将对腐败声誉的研究结果进行总结，即什么已经是针对荷兰的透明国际的腐败感知指数（CPI）研究结果以及它与已经做出的专家小组研究是如何相关的。因为Galtung和其他人在这卷中对于这一类型的研究有广泛地讨论，有关其对我们关于腐败程度的知识的贡献，我们将进行简单陈述。

在第四部分，我们将对（本地）政府组织内部腐败调查研究的方法论和结果予以呈现和讨论。尽管只有有限数量的真实腐败案例将会被发现，这是不言而喻的，然而，收集关于这些调查的信息是值得的。当跨部门的或者纵向的数据是可用的时候，尤其是这样。我们研究在1991年和2002年市政府中关于腐败和欺骗的内部调查，这些调查的信息在警察机关1999—2000年的记录中，它们是可用的。

研究的第三种类型更直接关注腐败本身。在工作环境中估计腐败行为程度的调查表明，现实中存在着远比内部调查查明的更多的腐败。这也变得清楚了，即行贿似乎是异常的，但是在组织内部与腐败相关的不道德类型却不是异常的。这一信息的有效性明显超过了感知和内部调查的有效性。然而，我们所发现的还是有限的。显然，雇员和经理关于腐败的存在（presence）的知识是不充分的。

自我陈述（self-reports）可能为更多的收集有效信息提供了可能性。在第六部分，我们将展现一个在受害者中进行调查的例子：使公民面对要（需要）贿赂公共部门官员的发生频度是怎样的。另一个有可能的路径是用随机响应技术（Randomised Response Techniques）收集的实际偏差行为的自我陈述，我们将对这一研究进行概述。

最后一部分讨论了我们去测量腐败的所有尝试。我们对于荷兰的腐败（水平）知道了什么？被呈现的这些方法是如何为我们的知识做出贡献的？我们概括到，对于一个项目进行三角测量是有必要的。腐败研究应该涉及从不同的来源和方法，在不同的层次、不同的部门和不同的时间点来对信息进行收集和比较。

概念和方法

在这部分，我们针对研究给出了一个简明的概念上和方法论上的概述。首先，我们概述了腐败定义；讨论了从一个广阔视角研究腐败的优点；展示了一个违背廉洁类型学。其次，我们对于已经进行的或者正在计划进行的不同类型的研究进行了综述，并对这些项目是如何与测量腐败和其他违背廉洁问题相关联的内容进行了解释。

腐败与廉洁

廉洁、伦理和腐败之间的概念明确性是十分重要的，特别是当其关系到国际层面的公共辩论、政策制定和理论发展时。腐败的概念往往是辩论的核心（Barker and Carter, 1996; Bull and Newell, 2003; Caiden, 1991; Caiden, Dwivedi and Jabbra, 2001; Crank and Caldero, 2000; Heidenheimer and Johnston, 2002; Menzel and Carson, 1999; Preston, Sampford and Connors, 2002）。因此，知道腐败的至少三个定义是重要的。第一，在法律框架内对于腐败或者贿赂的定义中是可以经常找到一个更为特定或狭义的解释的。例如，在荷兰，刑法中的腐败等同于"贿赂"（行贿或者受贿）。其假定公务员因允诺给他或者是寄给他的好处而为他人的利益进行行动。第二，腐败被解释为"因出于私人（个人、近亲属、私人圈子）的金钱或地位增进，一个公共角色背离其正式责任的行为；或者针对私利影响下的特定类型的行为的规定有所违反"（Nye, 1967, p.419；也见Caiden, 2001; Gardiner, 2002）。相同的原理可以在针对腐败的国际组织工作中应用的定义中找到：腐败即滥用官职来谋私利（Pope, 2000）。所有这些定义把腐败描述为对涉及私利的道德行为规范和价值的违背。然而，第三者的存在看起来不是条件句。第三个也是最为广义的定义把腐败看作是和所有类型的对于道德规范和价值的违背是同义的。几乎必然地，这一定义把我们带进了一个在许多国家的讨论中变得突出的概念：廉洁（integrity）（Fijnaut 和 Huberts, 2002; Huberts 和 Van den Heuvel, 1999; Klockars, 1997; Klockars 等, 2000; Montefiori 和 Vines, 1999; Uhr, 1999）。我们把廉洁定义为一种行动与一切相关的道德价值、规范和法则相符合的品质。廉洁是个人的（Klockars, 1997; Solomon, 1999）也是组织的（Kaptein 和 Wempe, 2002）品质。此外，伦理可以被定义为价值和规范的集合，在评估一个人行为是否廉洁时充当标准或者尺度（Benjamin, 1990）。

这些价值和规范的道德本质涉及什么被判断为是正确的、合理的和好行为。在一个人对行动做出选择时（做什么是好的，避免做什么坏的事情），价值是对其施加影响的原则。规范揭示在某一特定情境下的道德正确行为。价值和规范引导着行动，并且为论证和评估一个人所做的事和他是什么样的人提供道德基础（Lawton, 1998; Pollock, 1998）。

在我们的研究中，我们使用被 Huberts 等（1999）发展出的违背廉洁种类的模式。这一模式是对关于警察廉洁和腐败的文献进行分析的结果，并对照关于警察机关内部调查的实证研究结果进行了评估。表 13-1 表明了可以被区分的违背廉洁或者公共不当行为（misconduct）的形式（Van den Heuvel、Huberts 和 Verberk, 1999）。

这一模式表明，廉洁或者适当的行为比不腐败意味着更多。然而，不言而喻地，腐败或者"公共部门的官员无论是政客或是公务员所做出的，通过错误使用委托给他们的公共权力而使得他们在其中不合适地或者违法地使他们自己或者那些与他们相关的人变得富足的行为"是组织廉洁的一个关键方面。

表13-1 违背廉洁的类型

1. 腐败：贿赂
   为私人获利滥用公共权力；索要、提供和收取贿赂
2. 腐败：裙带关系、任人唯亲、赞助
   运用公共权力来取悦朋友、家人和团体
3. 欺骗和偷盗
   从组织（没有外部行动者）获得不合适的私利增加
4. （私人和公共）利益冲突
   个人利益（通过资产、工作和礼物等）与公共利益冲突（或者可能冲突）
5. 对于权威的不合适使用
   使用非法的或者不合适的方法来获得组织目标（如在警察内部，非法调查和滥用暴力）
6. 对信息的错误使用和操纵
   说谎、欺骗和操纵信息；泄露机密信息
7. 歧视和性骚扰
   对同事、公民或者顾客的不当行为
8. 浪费和错误使用资源
   不能遵照组织标准行动，不适当的绩效表现；错误或者不良的内部行为
9. 私生活不端
   私人生活中的行为损害了公众对于行政机构/政府的信任

为何会更加复杂和多样

我们已经从腐败和欺骗研究移向了违背廉洁研究。弄懂朝向更"复杂和多样"的发展的原因是很重要的。

第一个也是最为明显的原因是，它增进了我们关于正在研究的现象的知识。个人和组织行为道德维度的描述和分析正在通过更为扩展的概念框架的可用性变得丰富。因此，对于被包括在内的腐败行为的子类型更加清楚的区分看来是值得的。

第二个原因，即是为了我们对个人和组织的腐败和廉洁进行评估，而对更宽范围的行为使用一个整体概念。我们也需要工具（或者概念）来在道德上区分违背廉洁的不同类型。当不当行为的不同类型都被贴上一个标签时，那时它们也就都被放上了等待一个裁定的操作台；不当行为是或者不是腐败。这可能导致过分简单化、过度归纳化和/或者即可裁定（"廉洁"或"腐败"）（Huberts, 2005）。

第三个原因是违背廉洁的深刻理解对于在特定意义上理解腐败的数量和特征是有意义的。"滑坡效应"假说显示，严重的腐败案例是从小的违反开始的（可能在一个没有清楚规范的文化中）。因此，当相关现象也被研究和测量时，我们可能对腐败的程度和特征获知更多。

第四个原因在于我们的包括腐败的原因和反腐败政策的效果的研究议程。我们正在学习的一门课程是伞形概念（umbrella concepts），其正在限制我们增进关于不可接受和非伦理的行为的知识。赞助和徇私可能是由其他因素而非贿赂、私人不当行为、欺骗或者利益冲突引起的。这意味着组织或政府不得不制定新的政策来对付包括腐败在内的其他违背廉洁类型。

第五个原因在于我们所工作的国家。当严重的贿赂、裙带关系和赞助是例外时，对于政治和行政体制的合法性和可信性而言，其他形式的非伦理行为就变得更有决定性。例如，由副业活动、欺骗和私生活不端导致的利益冲突。

测　量

当然，把焦点从腐败和欺骗移向违背廉洁对于我们的测量和测量方法议程是有影响的。在这章的余下部分，我们将展示包括腐败和其他违背廉洁在内的许多研究项目。

同时，我们仍然对于收集关于腐败自身的数据是有兴趣的。我们已经尝试通过挑选腐败现象的不同方面和通过使用不同的方法对某些方面（自我报告、来自工作场合的报告、内部调查、犯罪案例、声誉等）进行测量以取得进展。图13-1阐明了我们将在这章描述的不同方法和它们是如何与像冰山一样坚固的腐败问题结构相关联的。

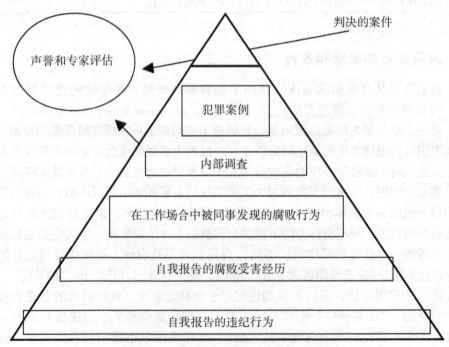

图13-1　荷兰腐败程度研究的类型

腐败声誉研究

最为普遍和被讨论最多的测量腐败的方法是声誉研究。调查对象被要求估计他们的环境、他们的组织、他们社会的部门或他们国家中腐败的数量,这是其一般基础。

包括透明腐败感知指数在内的最后一类研究是最为突出的。作为我们对冰山探索的一部分,关注这条线的研究是不可避免的。因此,我们将加总荷兰的CPI,并且我们将在未来持续长的一段时期内慎重地做这类研究。多年以来,在商人和估计一个国家的清廉的风险分析师眼中,荷兰好像是没有腐败的。通过我们在1994年所做的对包括荷兰在内的来自49个国家的257名专家所做的额外研究,这一形象被确认了。

荷兰的 CPI

在商人和为CPI而估计一个国家的清廉程度的风险分析师眼中,荷兰似乎是没有腐败的。被讨论最多的2004年的腐败感知指数显示,荷兰排名第10,在基于10分的调查中得分8.7,可信度为8.5～8.9。荷兰的积极形象是相当稳固的,如表13-2所示。

表13-2 1980—2004年欧洲国家的腐败声誉

年份 国家	1985 1988	1988 1992	1996	1998	2000	2002	2003	2004
荷兰	8.4	9.0	8.7	9.0	8.9	9.0	8.9	8.7
芬兰	8.1	8.9	9.1	9.6	10.0	9.7	9.7	9.7
瑞典	8.1	8.7	9.1	9.5	9.4	9.3	9.3	9.2
英国	8.0	8.3	8.4	8.7	8.7	8.7	8.7	8.6
德国	8.1	8.1	8.3	7.9	7.6	7.3	7.7	8.2
法国	8.4	7.5	7.0	6.7	6.7	6.3	6.9	7.1
西班牙	6.8	5.1	4.3	6.1	6.1	7.1	6.9	7.1
比利时	8.3	7.4	6.8	5.4	5.4	7.1	7.6	7.5
意大利	4.9	4.3	3.4	4.6	4.6	5.2	5.3	4.8

在与欧盟其他国家的对比中,荷兰被看作是相对廉洁的。斯堪的纳维亚国家

享有更好的声誉，但是荷兰的声誉比德国、法国或比利时等欧盟国家一直以来要更好。

关于荷兰公民和公司涉及国际腐败的行贿指数则要稍微低些。荷兰仍然是在最少被感知有对外国公务员行贿的意愿的10个国家之中，然而得分是7.8，比CPI要少一些"清洁"。

专家小组调查

1994年，我们组织了一个国际专家小组调查，在其中有来自49个国家的257名调查对象对关于公共腐败和欺骗，以及引起那些违反的公共廉洁的条件和被认为是有效对抗公共腐败和欺骗的方法及策略的一个问卷进行了回应。这个调查覆盖了所有三个关于腐败的重大国际会议的参加者和政治科学协会中腐败研究团体的成员。

这个专家小组代表不同的国家和不同的职业背景。其中，75名来自西欧、4名来自东欧、65名来自亚洲、14名来自大洋洲、55名来自北美、37名来自拉丁美洲、7名来自非洲。在他们之中，有科学家（占38%），来自警察和司法机构的代表（占28%），来自公务员和反腐败机构的代表（占12%），审计师、管理者和会计师（占10%）和商人及咨询顾问（占8%）。

如此多样的专家意见所传递的信息必须通过合适的上下文来理解。所有的数据都是调查对象的意见、评估和猜测的结果。通过选择特定的调查对象，这些意见和猜测被认为是"专家"意见和"受过教育"的猜测，但是必须记住的是这个调查是涉及意见研究的。该研究不是关于一个国家里的腐败和欺骗的实际案例，而是这个领域的专家对于腐败和欺骗的观点。这些观点谈到了现实中的某些方面，但是它们不能和现实混为一谈。

我们在这里把专家们对于他们自己国家中的腐败和欺骗的数量的估计报告出来。我们对违犯廉洁行为的定义与之前讨论的定义一致。当公职人员的行动（或者不行动）是为了由有相关的利益私人行动者给予他们的个人回报，他们便是腐败的。公共欺诈是不涉及外人的以公共代价换取私人收益的行为。公共腐败和欺骗都意味着公共权力为了私人利益的增进（包括为其家人、团体或者党派的利益增进）而被错误使用。表13-3显示了由被参加的专家估计的他们自己国家中的腐败和欺骗的数量加总起来形成的世界不同地区的数量。

表 13-3 公共腐败和欺骗的程度（专家小组 1994 年）

地区	数量	政客		公务员	
		中间值(%)	平均值(%)	中间值(%)	平均值(%)
西欧	75	5.0	10.2	5.0	6.5
东欧	4	10.0	15.1	15.0	22.9
亚洲	65	25.0	32.3	15.0	22.1
大洋洲	14	5.0	10.5	4.5	9.3
北美	55	13.0	22.5	5.0	11.3
拉丁美洲	37	40.0	45.2	33.0	37.3
非洲	7	60.0	48.6	50.0	47.9
总计	257	10.0	25.2	10.0	18.0

35 名参加这个调查的荷兰专家对公共腐败和欺骗的估计是，在政客中是 2.5%，在公务员中是 4%。他们对于未来是悲观的。1994 年，79% 的人认为腐败和欺骗的程度将会增加（Fleurke and Huberts, 1995, pp. 392-93）。

讨论声誉研究的可靠性和有效性

关于荷兰腐败和欺骗的声誉的各种调查的结果始终是相差不多的，这一研究类型的可靠性不是问题。不同研究公司和研究者对公众使用不同的类型，但是结果或多或少都是一样的。我们 1994 年对于国家腐败的小组判断和透明国际 1995 年 CPI 数据之间的联系就是例证，揭示这两个数据集相关性度量的斯皮尔曼相关系数，总计为 0.88。

对于声誉数据有效性的估计，另一个数据是有趣的。在专家小组中，我们让每一个调查对象对他们自己国家中的腐败进行估计，我们也让每一个人在一个 7 分制量表上就公共腐败和欺骗水平对 21 个被选定国家进行估计。这使得我们可以对被调查对象所代表的国家的两份结果进行对比（我们合并了有三个或者三个以上参加者的国家）。被整个小组估计的一个国家的腐败水平与专家对于本国的腐败所估计的数量是显著相关的（斯皮尔曼相关系数总计为 0.91，p=0,00）。

然而，这些专家评估的稳定性在有效性上也是有缺陷的。声誉是多年以来建立的，因为就像"声誉"这个术语表明的，它是关于一个国家或者组织是如何被知晓的。因此，声誉指向的是一般感知，而不是特殊（专家）经验。换句话说,问题在于声誉的级别是基于已经事先形成的声誉的,已知或者被感知的声誉把他们自己代入了声誉研究中。这样的观察是有问题的,因为声誉研究的优势被认为在于其使比较成为可能,而不是其对腐败问题的实际水平做出的精确估计的能力。

我们对声誉研究的概述进行总结,一个特别的方面是值得被提及的。因为关于声誉研究的讨论以对于问题的程度的测量失败为中心,而这一方法可能在收集腐败的其他特征上更为有用,但却时常被忘记。在我们的专家小组研究中,我们也尝试找出什么条件和原因被认为是重要的和在不同的国家里对抗腐败的哪种测量是有用的。

对刑事案件和内部调查的研究

腐败声誉研究可以提供关于腐败程度和潜在公共不道德行为之下的机制的观点的有趣数据。然而,这一类型的研究发现其自身是在众所周知的腐败行政行为的"冰山"之外的,因为它所关注的是意见,而不是与腐败、欺诈或其他违背廉洁的真实案例相关的数据或者证据。

这个描绘出了腐败和其他违背廉洁的真实结构的众所周知的冰山,是十分复杂的:在所有腐败的真实案例中,只有一部分让其自身在直接的工作环境中被感知到或者被看到;这些案例中只有有限数量的被报告,并进入偶然的内部调查之中;这些内部调查并不总是会产生令人满意的证据或者作为后续的一个刑事调查;刑事案件也不会总是通向定罪。

我们将在这个冰山的顶峰开始,对荷兰的腐败刑事案例的实证研究提供一个概览。之后的则是我们研究荷兰的市政府和警察机关的内部调查得出的一个观点,在此我们转向方法论问题(将在这一部分的最后被讨论)。

对刑事案件的研究

刑事案件构成了我们腐败冰山的顶端。在这些案例中,发生的证据是最充分具体化的。我们所知道的荷兰的刑事案件来自其他不同的研究者。1991年,Hoetjes(1991)总结了在1965年到1989年这段时间,每年公务人员腐败案件有16到19件为荷兰刑事法官所关注。这些案例中,大约2/3的案件没有刑事定罪,即在1965年到1989年年间每年有6个案件被定罪。

在中央统计局披露的数据的基础上,Bovens(1996,pp. 151 – 52)发现,在1990—1994年年间,几乎没有任何公共领域的腐败被定罪。基于荷兰司法部的数据,Van Hulten(2002,pp. 17 – 18)对1994—1998年年间提到的案子提供了概览。在那段时期,总共有233个案子进入了刑事审判,其中87件随后被定罪,每年大约17件。

当我们比较1994—1999年和前面那些年的数据时，感觉就是定罪数量有了增加。这一趋势也显现在上一年中，这是因为刑法的改变使得证明贿赂变得比以前容易了（Nelen和Nieuwendijk，2003）。

由这些探索得出的图景是荷兰腐败冰山的顶端结构在很长时间内是相当稳定的（每年20起刑事案件，其中有6起被定罪），但是是有朝向更多刑事案件的趋势的（50起案件中有17起被定罪）。对于一个有着1600万居民和由每千人23～61名官员组织的公共部门（取决于哪些部门被归类为"公共"）的国家，荷兰几乎不存在腐败。然而，对于可用数据的解读仍有一些困难的。

首先，被法律指向个人嫌疑人的刑事案件，代表着甚至更少的腐败案件，因为一个腐败案件可能有多个方面。关于这点，是没有可用数据的。其次，数据只在有限程度上是可比的，因为它们是被不同的组织所提供的，在这些不同案件中确切是刑法的哪一章被应用仍是不清楚的。最后，数据过度代表了来自市政体系和警察机关的官员了。当下，我们正在进行对于刑事案件的系统研究来解决这三个问题。

最为重要的，存在着"黑数"（黑数是指已经发生但未被查处的腐败数量）的问题。只有这样的数据，估计这些定罪和实际的流行情况是如何相关的和腐败（及其他违背廉洁的问题）的程度是不可能的。刑事案件的数据和内部调查的数据，只能提供关于流行情况和发生率的间接证据。

对荷兰地方政府内部调查的研究

关于内部调查的研究使得我们向冰山的"中间地带"移动。内部调查可能通过工作环境报告而发展为我们刚讨论过的刑事案件。我们已经在荷兰市政系统和警察机关里对内部调查进行了研究。

为回答与对荷兰市政系统欺骗和腐败的内部调查的数量有关的问题，1991年我们在荷兰不同的城市对市镇书记进行了随机抽样调查（Huberts，1993；1995）。在荷兰的城市中，市镇书记是一个很重要的公务人员。他或者她在市政系统中协助首要的政治实体，对这些政治实体起秘书和建议者的作用。另外，市镇书记对行政人员负责并对官方市政机构的不同部分进行协调。这些特征意味着无论什么时候，当一个欺骗或者腐败的案例被官方调查时，市镇书记是最有可能知道这件事的公务员。在这个调查中，主要的问题是在其职业生涯中，作为市镇书记其知道多少对于腐败和欺骗的调查。

为了对多年以来市政系统内部调查的变化进行考察，这个调查在2003年被重复进行（Huberts等，2004）。那时，所有荷兰市政府的所有市镇书记接到了含有和1991年调查一样问题的问卷。主要问题是，在之前五年内发生了多少次对于腐败和欺骗的调查。表13-4给出了对于1991年和2003年内部调查推测的平均结果。

表 13-4 每年对腐败和欺骗进行的内部调查的数量

	1991 年之前年份的平均值	2003 之前年份的平均值（不含阿姆斯特丹）	2003 年之前年份的平均值（含阿姆斯特丹）
调查数量	102	103	179
比率	—	—	—
腐败	46%	47%	34%
欺骗	54%	53%	66%

由荷兰首都阿姆斯特丹市政府提供的这一数据，证明是特别有问题的，并且揭示了一个可能是"廉洁悖论"的事情。当对前两列数据进行评估时，关键词似乎是"稳定"。腐败的程度和本质都没有什么明显变化。1991 年和 2003 年的调查都表明有一年有 100 个内部调查，其中大约有一半是关于腐败的。考虑到在 1992 年已故内政大臣 Dales 做出了两个把腐败主题放上行政地图的公开讲话，这个结果是值得注意的。从那时起，在公共领域对于腐败和其他官方不当行为的关注和知晓度才开始增加。这个明显的稳定提出了有趣的问题：以腐败为总的形式为人所担忧的行政廉洁在荷兰是否为一个非常有限的问题；或者对该问题是否有着持续的低估。

对于上面提到的问题，2003 年的调查中我们调查对象报告调查的分布提供了一些线索。超过 60% 的调查对象，他们中的许多人来自规模大、人口众多的城市，报告说他们在 1998—2002 年年间没有进行过任何关于欺骗或者腐败的内部调查。他们或许没有进行任何内部调查，但是就此假定没有欺诈和腐败的违背廉洁的行为——尤其是对那些人口较多的城市而言——是不大可能的。来自阿姆斯特丹市的数据让这个问题更加明朗了。

当把阿姆斯特丹纳入考虑范围时，每年内部调查的数量增加了 75%（从 1991 年的 102 起到 2003 年的 179 起），这一增加都是由阿姆斯特丹造成的。在其对公共廉洁的解决方法和关注上，阿姆斯特丹的市政体系是特殊的。自 1997 年起，阿姆斯特丹对于特别设计给追踪、记录和对抗腐败及其他违背廉洁的一些机构、项目和方案进行了投资。由阿姆斯特丹市政管理系统进行了内部调查的增加也与这些多种活动一起类似地发展了。与没有理由相信是免于腐败的，只是还没有进行调查的其他可比较的城市相比，我们可能会发现廉洁悖论的证据：那些对于特定违背更为关注的将会更容易追踪和调查这些违背，因此他们可能显得更为腐败，虽然情况可能并非这样。换句话说：大量调查能够说明关注和公开的程度，而不能说明腐败和其他违背廉洁的实际水平。

因此，我们对于内部调查的研究提出了一个重要的解释问题：对腐败和欺骗做更多的调查是揭示了完美的政策和关注还是一个高度腐败的制度？尽管我们的数据对前一种揭示给出了一些证据，仍需要更多的研究来减少"廉洁悖论"的活动余地。

对荷兰警察机关内部调查的研究

荷兰警察机关由25个区域机关和一个执行某一特别任务的国家警察机构组成。这26个机关雇用了总共约4500名人员。1995年前，大部分机关没有进行内部调查的主要单位。自1995年起，为与内政大臣的廉洁警察政策保持一致，所有的警察机关建立了一个内部调查机构。每当有"一点儿违反记录或者刑法"时，这些机构就会进行内部调查（Lamboo等，2002，p.9）。

在2001年，所有的荷兰警察机关的内部调查机构被要求提交所有在1990—2000年进行的内部调查和违背廉洁（根据早先给出的类型）的数据（Lamboo等，2002）。所有机关都上交了调查类型、被调查的不当行为、调查结果和施加的制裁以及测量的类型的数据。表13-5对这个结果给出了一个概述。

表13-5 荷兰警察机关内部调查和测量的数量1991—2000年

总计	1999—2000年
内部调查	1550
嫌疑人	1705
（其中未知的）	138
被调查的不当行为的特定形式	1876
私生活不端	371
使用暴力	341
滥用组织资源	243
滥用信息	217
虐待	195
偷盗	183
欺骗	53
调查方法	40
利益冲突	32
腐败	25

续表 13-5

总计	1999—2000 年
礼物和优惠	3
其他	134
无信息	39
实施测量或者制裁	862

所有的警察机关报告了1550起对在1990—2000年进行的违背廉洁内部调查，涉及1705名嫌疑人。这意味着在1999—2000年，一年里平均有1.8%的荷兰警察雇员遭到了内部调查，大约0.5%的警察雇员接受了正式的制裁。

私生活不端是最被频繁调查的违背廉洁问题，其次是暴力的使用和组织资源的浪费及滥用。对于腐败的调查几乎没有。尽管，最多实证研究关注的是腐败和权力滥用，但是我们研究的结果表明有许多种类的违背廉洁问题遭到了内部调查。

然而，当一个人想要从这些关于警察廉洁问题程度的数据中做出推导时，他必须要谨慎。多种违背廉洁行为数据上的不同，部分是由于发现的可能性和对可能的违背行为施加调查的意愿所决定的。这部分地导致对如使用暴力（因为发生任何官员对暴力的使用都会被报告和调查）的调查的高发生率和对腐败调查的低发生率。这里，我们也还要涉及"黑数"。

讨论关于刑事案件和内部调查的研究的可靠性和有效性

这部分展示的研究可以在不同方法论基础上被讨论。对所有形式的理论偏差进行讨论超出了这个贡献的范围。相反，我们将研究方法的焦点集中在被展示的研究测量或者估计腐败（和其他违背廉洁的问题）的流行情况和程度的能力上。

对于这些内部研究活动，内部调查研究是有效的，但是却对不当行为的实际流行情况和程度言之过少。组织中有可以被期望是对那些进行调查的人来说也是不知道的不当行为的"黑数"。另外的问题是"黑数"与违背廉洁的类型是不同的，因为它取决于发现的机会和进行内部调查的愿望。

除了"黑数"的问题以外，还有其他问题。首先，在不当行为的多种方式上，无应答（non-respondent）可能有显著不同的行为。无应答偏差特别与我们对市政系统的研究相关，在1991年和2003年的调查中我们分别获得了77%和46%的回答。我们对于无应答没有数据。其次，任何不当行为的形式事实上都是敏感的行为。调查对象将愿意去虚假陈述他们的行为或者他们组织的行为，由此来给出一个对他们自己和其组织更为"积极的"意见。这种逃避的回答偏差是很难去评估的。

尽管，在相关性上我们有一些提示，但是上述方法论上的缺陷使解决"廉洁悖论"变得很难：做许多内部调查意味着警察机关或者市政系统易于腐败，或者这是对于不同形式的不当行为过于关注的结果？进一步的，内部调查研究中的焦点主要是在荷兰地方政府和警察机关。对于整个荷兰公共管理系统内部调查的研究在写这章的时候是正在进行中的。

估计工作环境中的腐败

在这部分，我们对于评估工作环境中腐败行为程度的研究做了更为细致的检验。这种更加直接关注腐败自身的研究的第三个类型，表明存在着远比内部调查发现的更多的腐败。通过使用先前描述过的类型学，贿赂似乎是异常的，但是据雇员所说，组织中腐败相关的不道德行为的类型却发生的更为频繁。

对荷兰警员的调查

在 2003 年，我们通过使用来自荷兰一个地方警察组织的问卷收集收据。我们之前没有对这些数据收集进行过报告[①]。选中警察机关，是因为保卫廉洁是这个部门的重要议题。参加警察组织的所有雇员组成了这个样本。在问卷中调查对象在任何情况下都不需要对自己进行识别，他们保证其组织中的任何人都不能获得他们的个人问卷。被调查对象用密封的信封将完整的调查问卷送回给独立的研究人员。调查问卷的匿名和所收集信息的机密性因此得到保证。总共回收了 755 份完整且可用的问卷，这些问卷被积累成为一个数据集。

这份问卷包括与 64 种不同的不道德警察行为相关的问题，并且要求调查对象回答在过去 12 个月中在他们自己的队伍或者单位（即他们自己的工作环境）中他们感知到的违背廉洁问题的数量。他们不会面对自身的犯罪，因为这些回答的有效性将是有问题的（后面我们还会回到这个问题）。对于异常行为频度回应的数值范围从"0 = 从不"、"1 = 1 次"、"2 = 有时"、"3 = 定期"到"4 = 经常"（每周）。

荷兰警员对于他们自己工作环境中违背廉洁程度的看法是怎样的呢？表 13-6 显示了在总共 9 种的违背廉洁类型中，对 16 种被挑选出来的不当行为的表现的感知程度[②]。百分比代表了调查对象回答"从不"、"一次"或者"有时"、"定期或者经常"的比例。

[①] 我们已经根据所谓廉洁量表对荷兰警察的调查数据做出了许多报告。Kaptein，1998；Kaptein 和 Van Reenen，2001；Kaptein 和 Wempe，2002；Lasthuizen、Huberts 和 Kaptein，2002；Lasthuizen、Huberts 和 Kaptein，2004。然而，这一数据对于腐败相关行为而言不够广泛。

[②] 从我们的调查中所列的 64 种违背廉洁类型中挑选了 16 种。这 16 种腐败和腐败相关行为的表现对于为荷兰警察在其工作环境所感知到的不道德行为的种类给予了一个具有代表性的概览。

表13-6 荷兰警员感知到的违背廉洁程度（n=755）

违背廉洁类型	从未（%）	一次/有时（%）	定期/经常（%）
1. 腐败：贿赂			
作为公职人员（不）行动的交换，收受金钱或好处	96	3	<1
作为公职人员（不）行动的交换，被提供金钱或好处	93	6	<1
2. 腐败：裙带关系、任人唯亲、赞助			
为组织外的亲人或朋友谋利	81	17	2
管理人员的内部徇私	51	38	11
3. 欺骗和偷盗			
为私人目的使用公共资源	39	51	10
在工作时间做私人事情	29	60	11
盗窃组织的财物	82	16	2
试图影响同事撤销对于家庭成员的惩罚	71	27	2
4. （公私）利益冲突			
运用职责谋取商品或者服务的折扣	89	11	1
私生活/副业与组织利益冲突	83	17	1
5. 权威的不合适使用			
不适当的/不合比例的暴力使用	73	25	3
6. 对信息的错误使用和操纵			
泄露机密（警察）信息	71	27	2
7. 歧视和性骚扰			
歧视同性恋同事	88	10	2
性胁迫	91	9	<1
8. 浪费和错误使用资源			
对组织财物的疏忽	43	46	11
9. 私生活不端			
在私生活上树立了一个不好的例子	53	41	6

依照雇员自己的回答，贿赂没有大规模的发生。在调查对象中，过去12个月，96%的人在他们的工作环境中从没有发现以公务员的（不）行动作为交易来收受金钱或者好处（the acceptance of money or favours）的行为，只有4%的人

发现了这一行为。这也差不多是适用于对于被提供金钱或者好处（being offered money or favours）来换取公务员的（不）行动（93%的回答为"从未"，6%的回答为"一次或者有时"，1%回答"定期或者经常"）。请记住，有30名警员报告说他们注意到了他们队伍中的贿赂，这一结果与我们的"真的"腐败在荷兰警察机关并不是普遍现象的预期是一致的。然而，把感知当作是对腐败实际水平的指示也是有问题的。雇员对于实际发生的事情只有有限的观点；腐败的同事将会尽力隐藏他们的"肮脏生意"，并且他们行动的大部分时间是发生在组织之外的，也是远离他人视线的。

当我们移向如裙带关系、任人唯亲和赞助这种在组织内部有着更高发生率的腐败时，我们发现更多的雇员观察到了这些行为。腐败的发生，如对家庭和朋友的偏向，被20%的调查对象所感知，管理人员的内部徇私则几乎有50%的感知率。对如欺骗和偷盗、（公私）利益冲突、权威的不合适使用、错误使用和操纵信息、歧视和性骚扰、浪费和错误使用资源以及私生活不端等不道德行为的其他（和腐败相关）的种类，过去12个月在工作单位中被感知的程度也是很不同的。

在最后一部分，我们将讨论如何对这些结果进行解读：关于组织里诚信违背的实际数量，它们说出了什么？

对荷兰劳动人口的调查

上文描述的违背廉洁和它们的频度并不单单只是警察机关中的独特现象，我们从Kaptein（2001）对荷兰劳动人口的调查中也获得了信息。在这个劳动人口调查中，1000名随机挑选的工人回答了他们在其工作部门或者单位中对15种被认定的违背廉洁问题的感知。我们在表13-7中对他们这些行为中的一些发生情况的感知进行了报告（Kaptein，2001，p. 14）。

当对荷兰劳动人口和荷兰警察机关的结果进行对比时，我们注意到，尽管在劳动人口中有问题的违背廉洁的问题比例要更高，出现的模式却是类似的。

根据雇员自己所说，如因被外部行动者提供金钱或者好处而疏忽任务这样的真的腐败是几乎没有发生过的（93%的调查对象回答"从未"，1%的调查对象回答"定期或者经常"），如徇私这样的腐败，却似乎是荷兰公司内部组织环境的一个固有部分。

表 13-7 在荷兰劳动人口中感知到的违背廉洁程度（n=1000）

违背廉洁情况	从未发生（%）	定期[①]到经常[②]发生（%）
因被外界行动者提供金钱或好处而忽视工作	93	1
滥用权力和位置	50	14

续表13-7

违背廉洁情况	从未发生（%）	定期①到经常②发生（%）
部门的内部徇私	27	33
给组织外的情人和朋友谋利	67	8
安排私下的优惠	69	7
破坏性的副业	63	5

注：①定期＝每季度一次；
②经常＝一周一次。

关于工作环境评估的研究的可靠性和有效性的讨论

在这部分，我们将试图对这一类型研究的可靠性和有效性相关的测量稳定进行认定。问题是：关于组织内腐败和其他违背廉洁的实际水平，雇员的感知告诉了我们什么呢？

确定这类研究的可靠性是不容易的，因为该调查手段常被用来监测雇员是如何看待组织内的廉洁和违背廉洁的，并被用来对组织管理中廉洁政策效果进行评估。雇员的调查在短时期内几乎不会再有重复，当过去一段时间后进行重复时，作为被管理人员实施的政策的产物，结果可能（或者应该）会不同。然而，在这段所讨论的各项调查，确实表明其研究发现是相互一致的，并且与不同类型专悖廉洁行为相关联的模式的相似性。

这就把我们带到了调查研究的有效性上。问题是，关于组织内腐败和其他违背廉洁的实际水平，雇员的感知又告诉了我们什么。

不得不处理的第一个问题就是调查对象能看到什么。雇员对于实际发生的情况能看到的是有限的，这对于一些违背廉洁问题来说要比其他违背廉洁要更为适用。发生在组织外部的不道德行为比发生在组织内部的行为要难观察得多。这点对于私生活不端和发生在办公室之外的工作（例如，巡逻中的警员或者路上的商人）特别正确。罪犯将试图隐瞒他们的行动（如贿赂）和一些没有受害者或者不需要第三方的违背（例如，欺骗或偷盗），上述事实使得依赖于作为对不道德行为实际水平的真实反映的感知的有效性问题变得更加成问题。

第二个需要解决的问题是调查对象将会观察到什么。当问调查对象在他们的工作环境中他们感受到了哪一类型的违背廉洁问题时，他们将其独特的经验表现在了各自的回答中，这也增加了更多的主观印象。调查对象需要标注他们所看到的。他们需要明白（被问的）违背廉洁类型的不同方面，并需要认出与作为问题表现的行为。特别是歧视和性骚扰本身就不总是能被识别的。管理人员对于不道德行为的关注跨越了可以增强雇员认知的（如政策、训练和操作规范等）方面，这也同样地会被反映在他们的观察上。

调查对象的感知不是中立的。除了认知之外，对于行为的可接受性将在评估所发生的事情上扮演重要角色。尽管我们并不确切地知道调查对象对被问到的行为的评估时是如何影响他们的判断的（低估或者高估），但如果在一项组织里行为是被广泛接受或者不被接受的话（如对于工作时间和如电话、网络的那个组织资源的私用）。我们预期是会有有所不同的，同样，圈内人和圈外人现象会影响他们的观察吗？这可能可以解释对管理人员徇私的高流行度感知。

第三个需要被处理的问题是调查对象报告的是什么。调查对象由于对其同事或所在组织的忠诚态度而疏忽对实际状况的汇报。这项观察在那些权威滥用的地方特别适用。

第四个不得不处理的是不道德行为被测量的方式，这是因为大部分调查研究都忽略了涉及个人违反的问题。我们假设这样回答的有效性将是有问题的，但是在这类研究中社会期望总是起着作用。这些问题被表述的有多么精确，这也是重要的。因此，如果我们是通过指向更为一般的行为而非指向特殊行为来问违背廉洁问题的，那么它会有不同吗？例如，我们应该试问对于组织资源的不小心使用还是问对驻军的不小心使用呢？至于调查研究中的其他方法论问题，可以参阅 Podsakoff 等（2003）描述行为研究中的多种问题和补救办法，我们就不在此赘述了。

我们概括道：尽管违背廉洁的调查研究的有效性超过了名誉研究和内部调查研究的有效性，但是我们真正找出来的东西还是有局限的。雇员的感知，最多是对于组织内违背廉洁实际数量的一个指示而已。

个人行为的自我陈述

在填补被腐败测量的其他研究方法留下的空白上，个人行为的自我陈述是一个很有希望的途径。最终，我们真的想知道的是谁是作恶者和有多少作恶者。个人行为直接与和不当行为"黑数"相关联。然而，用于腐败研究的自我陈述只有当没有偏见存在时才是有价值的。被给出的不当行为是隐秘活动，许多研究者需要当心这种从"图景"或是"感知"研究向个人经历研究的飞跃。根据无应答的非抽样偏倚和逃避回答，我们将讨论个人行为研究的两个主要聚焦点：对于受害的个人陈述与对于个体敏感和/或偏差行为的个人陈述。

关于受害经历的个人陈述

荷兰公民在自己的国家里经历腐败的频率是多少？在 1989 年、1992 年、1996 年和 2000 年，犯罪和法律实施的荷兰研究机构（NRCR）参加了一个名为国际返祖受害者调查的大规模国际比较调查项目。在全球超过 60 个国家和包括荷兰在内的 2000 名公民的代表性抽样,被问及了他们在多种犯罪形式上的经验(Nieuwbeerta,2002)。自 1996 年起,调查对象被要求回答他们是否曾是政府机构类型或公务员种类的腐败的受害者。确切的问题是:"在一些国家,有的人有时面临着公务员之中的腐败。有没有如海关人员、警察或者巡视员等公务员曾经期望你为他或他的服务支付贿赂?"如果有:"(最近一次),是哪一种公务员有这样的行为呢?是政府官员、海关人员还是巡查员中的一类呢?"(Nieuwbeerta 等,2002,p. 169)。

结果表明,公务员的腐败最多发生在发展中国家,随后是中欧国家、东欧国家和工业化国家(Nieuwbeerta 等,2002,p. 172)。在亚洲和拉丁美洲,平均 20% 的调查对象报告说他们曾经是腐败的受害者(其中,阿根廷和印度尼西亚因为平均超过 30% 的报告而成为最高的),中东欧以平均 10%~15% 位列其后。在工业化国家,腐败是罕见的:少于 1% 的调查对象报告说曾经面对公务员的腐败。荷兰的平均值约为 0.5%。

对于一个人曾经是腐败行为的"受害者"进行揭露并不像是对于一个人曾经是作恶者那样敏感。受害研究可以收集曾不情愿地为多种不当行为的形式所困扰的人们的数据。然而,这对于披露那些曾经自愿地进入到不当行为领域的人们是不合适的。收集偏差行为的自我成熟数据是有好处的。

对敏感的偏差行为的自我陈述

探索我们的腐败冰山底部的可能路径将是去取得无偏见的关于实际偏差行为的自我陈述。腐败和其他违背廉洁是敏感和隐秘的活动。敏感性意味着许多研究者是回避对个人经历的研究和对这些数据精确性的审问的,因为调查对象将不愿意控告他们自己。克服这一问题的一项技术是"随机响应",我们现在将转向这个技术。

"随机化应答"(Randomised response)指的是其核心特征是通过为在回答敏感性问题时为调查对象提供理想的隐私保护的部分机会,来运用嵌入随机误差的一项技术。Stanley Warner(1965)的初步设想是来自于随机装置的部分机会能够使得回答与敏感问讯相连接,从而减少非抽样偏倚。这个是如何运作的呢?想一下下面这一假设情境:一个人发现自己在一个满是学界同仁的房间之中,发言人要求出席者举起他们的手,如果他们曾经为了结果变得在数据上显著或者可以确证假说而扭曲过数据(案例来自 Lensvelt - Mulders 和 De Leeuw,2002),很可能没有人会举起他或者她的手。但是随后情境发生了改变。在不披露他人抛硬币的结果的情况下,发言人要就每一个参加者抛硬币并看扔出的结果是正面还是反面。接着发言人要求那些硬币是背面和/或曾经改写数据的人用一个"不学术"的方式举起他们的手。从统计上来讲,一半的人将举起他们的手,因为他们抛硬币的结果是背面。如果我们假定有 100 名出席者,那么 50 人将举起他们的手。

如果56人举起他们的手，我们可以计算出场内的100名出席者中，有12人在某种情况下，不科学地修改了他们的数据。但是确切地是谁做了这个事情则是不会被披露的。所有抛硬币结果为背面的人保护了那些承认欺骗的人的隐私。其基本原理是，如果调查对象确认他们的隐私是有所保证的，那么他们将更倾向于去配合来诚实地进行回答。

这一流程也适用于一对一的环境。一个调查对象通过随机装置再次定向到某一问题或者某一回答。随后获取的部分数据将被进行误分类（misclassification）。因为有误分类，个人对于敏感问题的回答就会没有明确的含义，这使得承认某一特定性会少一些危险。但是因为通过利用随机装置，误分类的分配是已知的（要遵守基本概率的法则），一个关于流行情况或者特定行为的无偏见的母体估计值就可以被相当容易地计算出来了。

这些年来，许多的改进已经增加了这项仍然不是很被人知晓的方法的价值和接受度（概览参见 Fox 和 Tracy 1986）。对含35年的随机化应答的比较和验证数据的一个元分析表明，比起其他技术，随机化应答技术给出了更为准确和有效的敏感行为流行情况的母体估计值（Lensvelt－Mulders、Hox 和 Van Der Heijden，2005）。

在公共范围内，该方法还没有用在违背廉洁的测试上，对于作为被广泛应用在犯罪行为、吸毒、逃税和堕胎等流行情况（基本上是二分的："是"或者"不是"）的技术的定量数据，它仍然是敞开的。我们正在打算对计算机辅助的随机化应答技术的一个特殊形式进行测试，以便获得对于荷兰警察机关中腐败和其他违背廉洁问题的流行情况和程度的更无偏见的估计。①

这个研究将是用来看看这一技术和我们在探索我们冰山的底部时的适应性表现是怎样的一个测试个案。通过将其与更加标准化的数据收集技术对比，我们将探索是否这一技术可以深入"黑数"的内部。

关于自我陈述的研究可靠性和有效性的讨论

对一个人曾经是腐败实践的"受害者"进行披露不像对一个人曾经是一个作恶者进行披露那么难。如已经检测过的，受害研究可以获得不愿意被不同形式的不当行为困扰的那些人的数据，但是是不适合去发现那些自愿进入不当行为领域的人的。在不当行为的科学里，个人偏差行为的研究仍是一块地形开阔的地方，这主要是因为研究者不得不克服一个在所有对于潜在变量的研究中都被感觉到的，但是涉及个人行为又变得很紧迫的问题：无应答和逃避回答偏倚。在那愚

---

① 我们将应用定性（二元的）或者定量的"强制"回应方法，这一方法通过使用随机装置将应答者重新定向到一个确定的强制回答。这一项目将与乌特勒支大学的方法和统计系合作完成。

蠢的假设——通过直接的提问可以获得真实的回应——周边来工作的方法是使用随机化回应技术,该技术可以通过使用随机装置获得的误分类数据,对特定行为的"黑数"进行探索。但是这些方法,还是有其缺陷的。

其第一个缺陷就是,对比任何种类的直接问询,随机化应答技术效率是低的。由于随机装置的使用会导致额外的差异(additional variance),在回答中插入随机误差会导致差异膨胀。因此,当与任何一种直接提问进行对比时,使用相似数量的应答,这一数据会没那么可靠(在差异上)。这就意味着为了获得相似水平的可靠性需要更大的抽样样本,并且需要花费的更多。然而,降低偏倚所带来的好处是压过了额外的花费的。降低偏倚这一问题把我们带向了缺陷的第二点。

随机化应答方法在减少逃避回答(应答)偏倚上要比在介绍无应答偏倚上更为有用。这一方法将减少那些对于特定敏感问题感到不舒服的调查对象在指定项目上的无应答(item-specific non-response)。总体中名声不好的(notorious)无应答亚族(subgroup)将不得不是抽样过度的。但是当他们同意配合时,比起直接提问的方法,在那些无应答中,逃避回答偏倚和指定项目上的无应答将被期望会减少。无论如何,在评价敏感主题时,偏倚的任何减少都会带来更多的平衡(leverage)。

第三点问题也与偏倚问题相关。通过不服从规则,在随机化应答方法中还是可以作弊的。由于那些在任何情况下都将拒绝回答或者逃避地回答的调查对象,敏感的行为将总是被低估。然而,在随机化应答条件下,对比其他数据收集的方法,对于敏感行为的低估是可以被期望是——因为其提供的保护的程度——是更小的(参见 Lensvelt-Mulders,2003;Lensvelt-Mulders、Hox 和 Van Der Heijden,2005;Van Der Heijden 等,2000)。通过随机化应答技术获得的敏感行为的自我陈述为关于违背廉洁的研究开拓了一条有前途的道路,因为在评估敏感话题时,任何偏倚的减少将会增加平衡(leverage),由此调整误差。

探索腐败的冰山:概括与总结

在前面的部分里,我们已经概述了荷兰的许多腐败研究项目。在这最后一部分,我们将对结果进行一些概括并且对这些方法的有用性进行思考。如我们在第二部分解释的,我们已经发展出了一个违背廉洁的广阔模式,在其中腐败是一个特别的子部分,而不是使用一个腐败的"伞形"概念。这使得我们在腐败的流行情况和程度上发现是正确的。

我们从腐败的声誉研究开始。测量荷兰腐败声誉的调查提供了一个清楚且稳定的图景,即这个国家被看作是世界上腐败最少的国家之一。2004 年的腐败感知指数(CPI)表明,荷兰以 8.7 分排名世界第 10。在我们 1994 年针对来自包括荷兰在内的 49 个国家中的 257 名专家的专家小组调查中,在政客和公务员中的公共腐败和欺骗的程度分别被估计为是 2.5% 和 4%。

此外，我们对关于刑事案件和内部调查的研究进行了报告。由每年有限数量的刑事案件和定罪组成的荷兰腐败冰山一角的结构是由我们对刑事案件的研究产生的。对刑事案件之前的内部调查的研究显示，在市政系统有关腐败和欺骗进行的 179 起内部调查之中，在 1999—2003 年平均每年有 34% 是关于腐败的。在 1999—2000 年，荷兰警察机关报告的 1550 起内部调查中，有 25 起是与腐败有关的。

员工对于其工作环境中腐败行为程度的评估的调查是第三种类型的研究。在对来自同一区域警察机关的 755 名荷兰警员的调查显示，在调查之前的 12 个月内，4% 的警员注意到了其队伍中至少发生了一次贿赂。对于包含了裙带关系、任人唯亲和赞助的腐败，我们发现比例会更高。在被调查的警员中，19% 的人在他们的工作环境中感知到了至少一次的为家人或朋友谋利的行为，59% 的人感知到了管理人员的徇私行为。一组对于 1000 名随机选择的荷兰劳动人口中工人的类似调查对于腐败的类型显示了相似的结果：被感知到的贿赂是 7%，为家人或者朋友谋私利的是 33%，管理人员的徇私是 73%。

我们所描述的最后一个类型的研究是对个人行为的自我陈述。这一研究有两个焦点：对于受害的自我陈述和对于个人的敏感的和/或偏常行为的自我陈述。来自国际刑事犯罪调查的数据显示，荷兰调查对象中大约 0.5% 的报告说曾经面临过公务员腐败的情况。受害调查可以获得那些不情愿被不当行为的不同形式的人的数据，但是却不适合去发现那些自愿进入到不当行为领域中的人的数据。用随机化应答技术收集个人敏感行为的自我陈述是一条填补由其他关于腐败测量的研究方法留下的空缺的有前途的路径。我们在表 13-8 中概括了我们在关于腐败的不同研究项目中的发现。

表 13-8　我们关于荷兰腐败研究项目的概览

研究焦点关注点	时期	组织关注点	对腐败的发现
1. 声誉 CPI 专家小组	1985—2004 年 1996 年	荷兰公共和政治部门 荷兰公共和政治部门	荷兰被感知是相对廉洁的
2. 刑事案例	1965—2000 年	荷兰公共和政治部门	在每年 20～50 刑事案件中，有 6～17 件被定罪
3. 内部调查	1999—2003 年 1999—2000 年	荷兰市政系统 荷兰警察机关	179 件关于腐败和欺骗的内部调查，每年平均有 34% 是关于腐败的 在 1550 件内部调查中有 25 件是直接与腐败相关的

续表 13-8

研究焦点关注点	时期	组织关注点	对腐败的发现
4. 在直接工作环境中进行评估	2003 年	某荷兰地方警察机关	4%的人注意到了贿赂，对于如裙带关系、任人唯亲和赞助的腐败我们发现有更高比重的感知
	2000 年	从劳动人口中随机选择的工人	7%的人注意到了贿赂，对于如裙带关系、任人唯亲和赞助的腐败我们发现有更高比重的感知
5. 对于个人行为自我陈述的受害研究	2000 年	荷兰人口中的代表性样本	0.5%的荷兰被调查对象报告曾面临过公务员的腐败
随机回应技术	—	某荷兰地方警察机关	对测试正在进行准备

一个重要的问题是如何来解读这些结果。他们对于荷兰的腐败实际水平又说了什么？基于这些不同研究方法的结果的可靠性和有效性又是如何呢？

专家所做的估计荷兰腐败数量的腐败声誉研究，显示了无论何时这一研究被做结果都是相似类型的。在估计这个国家的廉洁的商人和风险分析师眼中，荷兰似乎是没有腐败的。在一个专家小组调查中被问的专家则对这一印象进行了确认。换句话说，这类研究的可靠性不是问题。然而，这些专家评估的稳定性可能也涵盖了声誉研究有效性的风险。所谓声誉，是关于一个国家或者组织是如何被人知道的，因此声誉指向的更多是大众感知而非特定经历。已经被知晓或者被感知的声誉被其代入了声誉研究之中。当我们想要把这些结果看作是腐败问题实际水平的精确估计时，这些结果是有问题的。

基于刑法的腐败章节对于刑事案件和定罪的研究支持了在荷兰腐败问题是十分有限的这一印象。然而，我们必须要记住，这样的数据只是提供了关于被发现、调查和起诉的案件的"冰山一角"的信息。

在这些刑事案件之下的是内部调查。我们对于荷兰市政体系的研究清楚地表明，对于内部调查的数量的解读是很困难的。需要考虑的关键方面是，调查的数据似乎反映了组织对于腐败斗争的重视而不是对腐败数量的指示。我们把这一现象称之为"廉洁悖论"。

为了开始一个内部调查，一些人将不得不报告（可能的）腐败行为。在我们所进行的调查研究中，雇员们提供了在他们工作环境中腐败和他们所观察到的腐败相关行为的数量。从中的发现产生了一个结论，即雇员感知到的只有一小部分成为内部调查的主题。

上述所有来源和研究方法的最大缺点自然是腐化者和被腐化的人（corruptor and the corrupted）将会在可能的地方试图隐藏他们的行为。因此，自我陈述研究也许能增添有用的信息。迄今为止，一些受害人研究正在进行，其显示了荷兰公民面临（需要）像公共部门官员进行贿赂的比例是很低的。在不远的将来，我们希望对"随机化应答技术"收集的数据进行报告。

然而，我们必须记住，我们永远无法揭露所有的腐败。对腐败的研究将不得不在"黑数"的重压下进行。我们探索冰山的不同部分，目的是更多地找出其特征和程度。我们关于腐败现象的复杂性和多样本质的知识，所有我们的研究都有做出贡献。因此，对相同的研究项目进行三角测量是有必要的。腐败研究应该涉及在不同的层次和不同的部门以及不同的时间点对不同来源和方法的信息进行收集和比较。并且，当我们想要找出更多对不同方法的发现之间的关系时，在同一时间统一组织使用这些不同方法是十分有用的。

对于未来的研究议程，似乎下列事项是值得去做的：①增加清晰度并因此增加关于腐败概念框架的可比性；②使用试图通过自我陈述来测量腐败程度的方法；③增加关于报告腐败的意愿的研究；④对关于腐败过程的操作这一促进测量腐败程度的关键变量予以理解的研究问题进行投资。关于腐败的未来研究议程可能会试图解决这个所有问题中最为重要的问题：我们冰山的斜坡到底有多么陡峭？

参考文献

[1] Barker T, Carter D L. Police Deviance [M]. 3rd ed. Anderson, Cincinnati, 1996.

[2] Benjamin M. Splitting the Difference: Compromising and Integrity in Ethics and Politics [M]. Kansas: University Press of Kansas.

[3] Bovens M A P. De Integriteit van de bedrijfsmatige overheid (The Integrity of Businesslike Government) [M] // Bovens M A P, Hemelrijck A. Het Verhaal van de Moraal. Boom, Amsterdam/ Meppel, 1996: 150 – 70.

[4] Bull M J, Newell J L. Corruption in Contemporary Politics [M]. Hampshire and New York: Palgrave Macmillan, 2003.

[5] Caiden G E. What Really is Public Maladministration? [J]. Public Administration Review, 1991, 51 (6): 486 – 93.

[6] Caiden G E, Corruption, Governance [M] // Caiden E, Dwivedi O P, Jabbra J. Where Corruption Lives. Kumarian Press, 2001: 15 – 37.

[7] Crank J P, Caldero M A. Police Ethics: The Corruption of Noble Cause [D].

Anderson, Cincinnati, 2000.

[8] Fijnaut C, Huberts L W J C. Corruption, Integrity and Law Enforcement [M]. Dordrecht: Kluwer Law International, 2002.

[9] Fleurke F, Huberts L W J C. Bestuurlijke integriteit: ervaringen en perspectieven [J]. Bestuurswetenschappen, 1995, 49 (5/6): 385 – 402.

[10] Fox J A, Tracy P E. Randomized Response: A Method for Sensitive Surveys, Sage University Paper Series on Quantitative Applications in the Social Sciences [M]. Beverly Hills: Sage Publications, 1986.

[11] Gardiner J A. Defining Corruption [M] // Heidenheimer A J, Johnston M. Political Corruption: Concepts and Contexts. New Brunswick and London: Transaction Publishers, 2002: 25 – 40.

[12] Heidenheimer A J, Johnston M. Political Corruption: Concepts and Contexts [M]. New Brunswick and London: Transaction Publishers, 2002.

[13] Heijden P G M, Van der Gils G, Van Bouts J, et al. A Comparison of Randomized Response, Computer – Assisted Self – Interview, and Face – to – Face Direct Questioning: Eliciting Sensitive Information in the Context of Welfare and Unemployment Benefit [J]. Sociological Methods and Research, 2000, 28 (4): 505 – 37.

[14] Hoetjes B J S. Over de schreef: Het schemergebied tussen ambtenaar en burger [J]. JustitiëleVerkenningen, 1991, 17 (4): 8 – 32.

[15] Huberts L W J C. Omvang en bestrijding van bestuurlijke criminaliteit [J]. Justitiële Verkenningen, 1993, 19 (1): 51 – 69.

[16] Huberts L W J C. Public Corruption and Fraud in the Netherlands: Research and Results [J]. Crime, Law and Social Change, 1995, 22: 307 – 21.

[17] Huberts L W J C. Expert Views on Public Corruption around the Globe, Research Report on the Views of an International Expert Panel [M]. Amsterdam: PSPA Publicatons, 1996.

[18] Huberts L W J C. Integriteit en integritisme in bestuur en samenleving [R]. Amsterdam: Oratie Vrije Universiteit, 2005,

[19] Huberts L W J C, Van den Heuvel J H J. Integrity at the Public – private Interface [M]. Maastricht: Shaker Puplishing, 1999.

[20] Huberts L W J C, Hulschebosch H, Lasthuizen K, et al. Nederland fraude – en corruptieland? De omvang, achtergronden en afwikkeling van corruptie – en fraudeonderzoeken in Nederlandse gemeenten in 1991 en 2003 [R]. Amsterdam: Vrije Universiteit, 2004.

[21] Huberts L W J C, Pijl D, Steen A. Integrity and Corruption' [M] // Fijnaut

C, Muller E, Rosenthal U. Police: Studies on the Organization and its Functioning, Alphen aan den Rijn: Samsom, 1999: 57 – 79.

[22] Kaptein M. Ethics Management [M]. Dordrecht: Kluwer Academic Publisher, 1998.

[23] Kaptein M. De integriteitsbarometer voor organisaties, Special Organisatie – criminaliteit [J]. Bedrijfskunde, 2001, 73 (3): 12 – 18.

[24] Kaptein M, Van Reenen P. Integrity Management of Police Organizations [J]. Policing: An International Journal of Police Strategies and Management, 2001, 24 (3): 281 – 300.

[25] Kaptein M, Wempe J. The Balanced Company: A Corporate Integrity Approach [M]. Oxford: Oxford University Press, 2002.

[26] Klockars C B. Conceptual and Methodological Issues in the Study of Police Integrity [R]. Paper presented to the Advisory Panel Meeting of the Project on Police Integrity, December 16, Washington DC, 1997.

[27] Klockars C B, Kutnjak, Ivkovich S, et al. The Measurement of Police Integrity: Research in Brief [R]. National Institute of Justice, May 2000.

[28] Lamboo M E D, Huberts L W J C, Van der Steeg M, et al. The MonitorInternal Investigations Police: Dimensions of Police Misconduct, Paper Presented at the 2002 American Society of Criminology Conference, 12 – 16 November 2002 [C]. Chicago.

[29] Lasthuizen K, Huberts L W J C, Kaptein M. Integrity Problems in the Police Organization: Police Officers' Perceptions Reviewed [R] // Pagon M. Policing in Central and Eastern Europe, Deviance, Violence, and Victimization. Leicester: Scarman Centre University of Leicester and Ljubljana: College of Police and Security Studies, 2002: 25 – 37.

[30] Lasthuizen K, Huberts, L W J C, Kaptein M. Analyse van Integriteitsopvattingen [R] // Huberts, L W J C, Naeyé J. Integriteit van de Politie, Verslag van onderzoek naar politiële integriteit in Nederland. Te verschijnen in 2005 als publicatie van Politie and Wetenschap, Uitgeverij Kerckebosch, Zeist, 2004.

[31] Lawton A. Ethical Management for the Public Services [M]. Buckingham and Philadelphia: Open University Press, 1998.

[32] Lensvelt – Mulders G J L M. Randomized Response Technieken voor het Onderzoek van Sociaal Gevoelige Onderwerpen MarktOnderzoeks – Associatie [R]. Ontwikkelingen in het Marktonderzoek Jaarboek 2003. Haarlem: Uitgeverij de Vrieseborch, 2003: 59 – 74.

[33] Lensvelt – Mulders G J L M, Hox J, Van der Heijden P G M. Meta – Analysis

[34] Lensvelt - Mulders G J L M, Leeuw E de. Vragen naar gevoelige informatie [J]. Facta, 2002, 34 -5.

[35] Menzel D C, Carson K J. A Review and Assessment of Empirical Research on Public Administration Ethics: Implications for Scholars and Managers [J]. Public Integrity, 1999, 3 (3): 239 -64.

[36] Montefiori A, Vines D. Integrity in the Public and Private Domains [M]. London: Routledge, 1999.

[37] Nelen H, Nieuwendijk A. Geen ABC: Analyse van Rijksrecherche - onderzoeken naar ambtelijke en bestuurlijke corruptie. [M]. Den Haag: Boom Juridische Uitgevers, 2003.

[38] Nieuwbeerta P. Crime Victimization in Comparative Perspective, Results from the International Crime Victims Survey [M]. Den Haag: Boom Juridische uitgevers, 2002.

[39] Nieuwbeerta P, de Geest G, Siegers J. Corruption in Industrialised and Developing Countries [M] // Nieuwbeerta P. Crime Victimization in Comparative Perspective, Results from the International Crime Victims Survey 1989 - 2000. Uitgevers: Boom Juridische, 2002: 163 -82.

[40] Nye J S. Corruption and Political Development: A Cost - Benefit Analysis [J]. The American Political Science Review, 1967, 61 (2): 417 -27.

[41] Podsakoff P M, MacKenzie S B, Lee J Y. Common Method Variance in Behavioral Research: A Critical Review of the Literature and Recommended Remedies [J]. Journal of Applied Psychology, 2003, 88 (5): 879 -903.

[42] Pollock J M. Ethics in Crime and Justice: Dilemmas and Decisions 3rd ed. [M]. Canada: Wadsworth, Belmont, 1998.

[43] Pope J. Confronting Corruption: The Elements of a National Integrity System [M]. Berlin: Transparency International, 2000.

[44] Preston N, Sampford C, Connors C. Encouraging Ethics and Challenging Corruption: Reforming Governance in Public Institutions [M]. Sydney: The Federation Press, 2002.

[45] Solomon B. A Better Way to Think about Business: How Personal Integrity Leads to Corporate Success [M]. New York: Oxford University Press, 1999.

[46] Uhr J. Institutions of Integrity: Balancing Values and Verification in Democratic Government [J]. Public Integrity, 1999, 1 (1): 94 -106.

[47] Van den Heuvel J H J, Huberts L W J C, Verberk S. Integriteit in drievoud,

Een onderzoek naar gemeentelijk integriteitsbeleid [M]. Utrecht: Lemma, 1999.

[48] Van Hulten M. Corruptie, Onbekend, onbemind, alomtegenwoordig (Corruption. Unknown, Disliked, Omnipresent [M]. Amsterdam: Boom, 2002.

[49] Warner S L. Randomized Response: A Survey Technique for Eliminating Evasive Answer Bias [J]. Journal of the American Statistical Association, 1965, 60: 63-9.